日本最初の英語教本と英和辞典

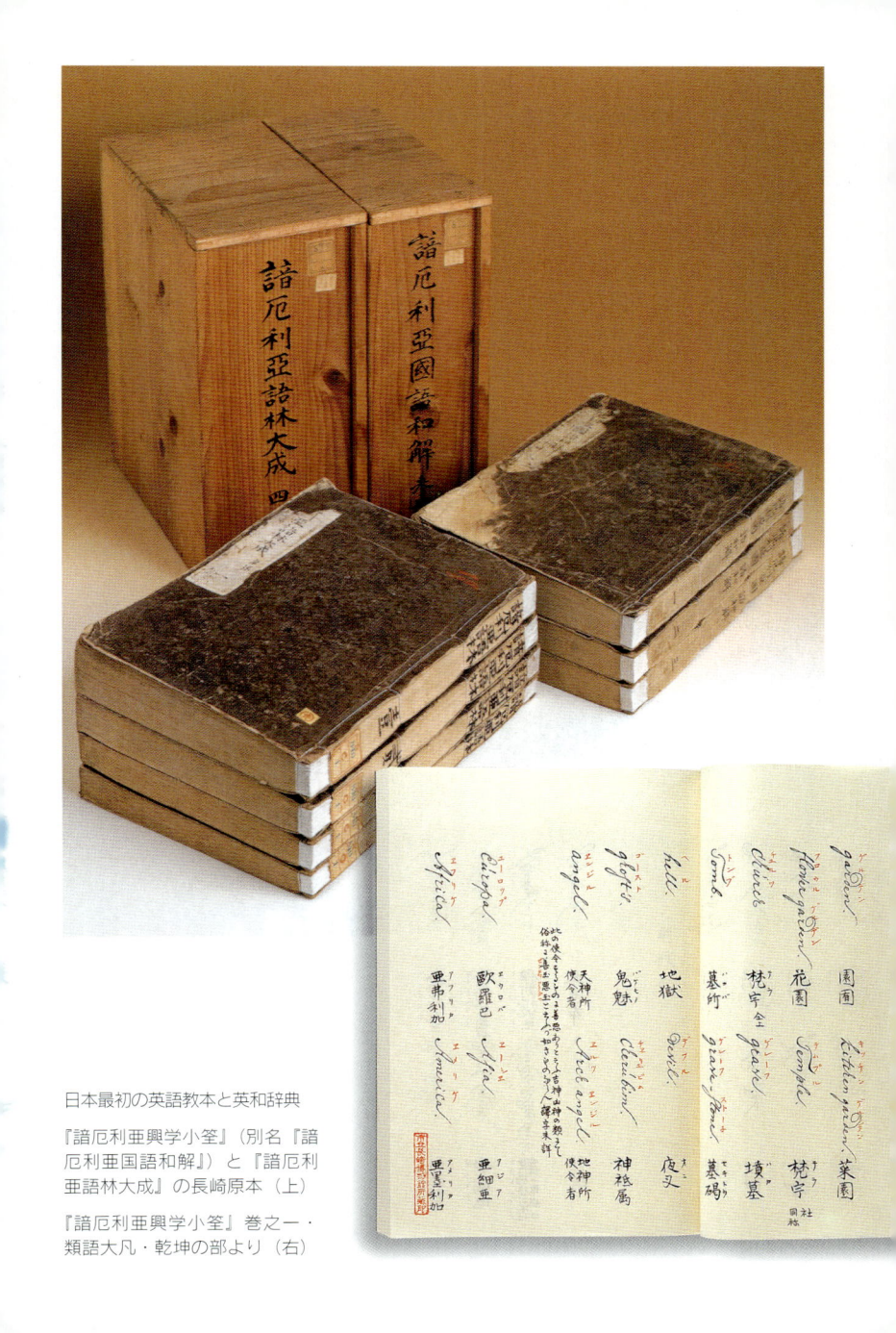

『諳厄利亜興学小筌』(別名『諳厄利亜国語和解』)と『諳厄利亜語林大成』の長崎原本(上)

『諳厄利亜興学小筌』巻之一・類語大凡・乾坤の部より(右)

明治時代の代表的な舶来教科書

National Readers 全5巻

手前左から、第2巻のLesson 1、第1巻の扉。

英語教育21世紀叢書

日本の英語教育200年

伊村元道——著

大修館書店

はしがき

　本書は日本の英語教育の歴史を概観したものです。次のような方々に読んでいただこうと思って書きました。
　まず第一に，日頃から英語教育に対して不平不満，あるいは恨みなどをもっている人々。このところ英語教育，とりわけ学校英語教育に対する風当たりは強いようです。日本の英語教育にさまざまの問題があるのは事実ですが，それにはそれなりの理由があるのです。目先の現象にばかりとらわれないで，少し歴史を調べてごらんになれば納得できることもあるはずですが，それもしないで世間の人たちは勝手な熱ばかり吹いているように思われてしかたがありません。本書はそのような風潮に対する英語教育界からの異議申し立てであります。
　第二に，このところバッシングがひどくて，元気が出ないでいる英語の先生たちへの応援歌にもなればと思って書きました。英語教師の英語教育史に対する関心は高くはないようです。英語の先生たちは前を見るのに忙しくて，後ろを振り返っているひまなどないようですから，古い本などには興味を持とうとはしません。英語教育史など年寄りの道楽か，好事家の趣味だと思い込んでいるようです。海のかなた，遠い未来に思いをはせて，英語を学ぼうと志したのですから，それも当然かも知れませんが，たまには過去を振り返ってみてはどうでしょうか。
　第三に，英語教育史の研究者諸氏にです。歴史を書こうとするほうも，単なる懐古趣味であってはいけないでしょう。江戸時代から明治・大正・昭和と時代の流れにそって書きおろすと，どう

しても,「昔はよかった」史観か「今がベスト」史観かのどちらかになりがちです。現代の問題意識で過去を再検討するにはどうしたらよいでしょうか。いっそのこと時代別のヨコ割りではなく,分野別のタテ割りにしてみてはどうだろうか。

この本を書くきっかけとなったのは,大修館書店の池田恵一さんが「英語教育21世紀叢書に書いていただけませんか」と声をかけてくれたことです。歴史の本が21世紀叢書に仲間入りするなんて,すばらしいことではないか,と喜んでお引き受けしました。そうして,2人して知恵を絞って生まれたのが,この本です。

固有名詞の羅列は読む人に負担をかけるので,人名・書名などは思いきって精選しました。総花的では問題点がぼやけるからです。その代わり,取り上げたテーマについては判断材料を十分に提供し,できるだけ詳細に記述しました。じっくり考えてもらえる本,安易な結論よりも問題提起的な本にしたかったからです。

とはいうものの,果たして狙い通りになっているか。どれだけ読んでくれる人はいるか。読んで面白いと言ってくれる人はいるかどうか。あまり自信はありません。

本書をお読みくださった方が「日本人はどのようにして英語を学んできたか」に興味をもってくださり,英語教育を語るとき,少しでも歴史的観点に立って発言してくださるようになれば,と願いはふくらむばかりですが,今はただ祈るような気持ちで,本書を世に送り出すだけです。

『日本の英語教育200年』目次

はしがき ——————————————————————— iii

第1章 イギリス船がやってきた——英語学習ことはじめ

1　三浦按針——最初の来日イギリス人 ————————— 3
2　フェートン号事件 ————————————————— 4
3　英語学習始まる ————————————————— 10

第2章 日本人にとっての英文法

1　英語が話せないのは文法のせいか ————————— 17
2　オランダ通詞の文法発見 ————————————— 17
3　明治以降 ———————————————————— 24
4　科学文法の出現と普及——大塚高信 ———————— 26
5　科学文法と学校文法の橋渡し——江川泰一郎 ——— 27
6　宮田幸一と「クエスチョン・ボックス」——————— 28
7　教科書と文法 —————————————————— 30
8　コミュニケーションと文法 ———————————— 31

第3章 カナ発音はどこまで通じるか

1　カタカナ発音の今昔 ——————————————— 33
2　最初の英語教師マクドナルド ——————————— 34
3　ジョン万次郎のアメリカ英語 ——————————— 37
4　ウェブスター式の発音表記 ———————————— 42
5　発音記号の登場 ————————————————— 46
6　英音か米音か —————————————————— 47
7　カナ表記の再評価？ ——————————————— 49

第4章 唯一の国産教授法「訳読」── 教授法（1）

1 訳読は訳「毒」か ─────────────── 51
2 会読 ─────────────────────── 51
3 訳読に「変則」の烙印が ──────────── 57
4 昭和の訳読 ─────────────────── 61
5 ヨーロッパの訳読：文法・翻訳教授法 ─── 64

第5章 輸入教授法の時代── 教授法（2）

1 Audio-Lingual Methods（オーディオ・リンガル教授法）── 67
2 革新教授法の誕生 ───────────────── 67
3 革新教授法前史──「個人的改革者」 ──── 69
4 オーディオ・リンガル教授法 ────────── 71
5 オーディオ・リンガルからコミュニカティブへ ── 78

第6章 制度としての英語教育── 学習指導要領（1）

1 学校制度に入る英語教育 ─────────── 81
2 開成所から東京大学まで ─────────── 82
3 文部法規の中の外国語（英語）教育政策 ── 87
4 外国語教育の要旨と目標 ─────────── 90
5 「目標」とはなにか ─────────────── 101

第7章 授業時数と言語材料・言語活動
── 学習指導要領（2）

1 反比例する目標と授業時数 ───────── 103
2 授業時数の変遷 ──────────────── 103
3 分科，学習活動，そして言語活動へ ──── 109
4 英語教育はどこへ行く ──────────── 123

第8章 戦前の「リーダー」── 教科書（1）

1　検定以前 ─────────────── 125
2　外国輸入教科書 ─────────── 126
3　外山正一の『ナショナル・リーダー』批判 ── 137
4　外山の理想を具体化した教科書 ──── 138
5　パーマーの *The Standard English Readers* ── 143

第9章 戦中・戦後の「コース」── 教科書（2）

1　戦時下の英語教科書論議 ──────── 151
2　英語の国定教科書 ──────────── 152
3　*Let's Learn English* ───────── 160
4　戦後の検定教科書 ──────────── 163
5　1970年代以後の教科書 ────────── 171

第10章 試験問題の変遷と受験英語

1　近代日本と試験 ──────────── 173
2　明治時代の試験問題あれこれ ────── 174
3　受験英語 ─────────────── 177
4　戦後の新しい風──単語集の盛衰 ──── 192

第11章 世界に誇れる学習英和

1　日本最初の英和辞典はどれか ────── 195
2　幕末の『英和対訳袖珍辞書』 ────── 196
3　明治前半の本格的辞書『英和字彙』 ── 199
4　美国平文先生編訳『和英語林集成』 ── 201
5　その後の英和大辞典 ─────────── 203
6　学習英和辞典の今昔 ─────────── 204

| 7 | 学習辞書名人河村の『クラウン英和』 | 205 |
| 8 | 柴田徹士の『アンカー英和辞典』 | 210 |

第12章 御雇外国人からALTまで

1	外交官と宣教師	215
2	明治の御雇外国人	216
3	大学の英語・英文学教師たち	218
4	高等・専門学校の外国人教師	219
5	YMCA English Teachers（青年会英語教師）	221
6	パーマーの英語教授研究所	222
7	地方の中学の場合	223
8	戦後のFulbright Teachers	224
9	フリーズとELEC	226
10	MEFとBETS	227
11	JETプログラムとALT	228
12	ALTとJTEによるTeam Teaching	230

第13章 小学校英語の歴史は古い

1	公立小学校での英語教育	233
2	高等小学校の英語	234
3	2つの具体例	239
4	私立小学校での実態	244
5	公立小学校への英語の再導入	246

第14章 英語教師が読む雑誌

1	明治・大正の代表的英語雑誌	247
2	最初の英語教育専門誌『英語教授』(1906-17)	249
3	英語教授研究所の『ザ・ブレティン』(1923-41)	250

4　東京文理大の『英語の研究と教授』(1932-47) ──── 252
　5　『英語教育』(1952-) ──── 254
　6　『現代英語教育』(1964-99) ──── 256
　7　『英語教育ジャーナル』(1980-82) ──── 258

第15章　日本人にとって「英語」とは

　1　日本人にとって英語とはなんだったのか ──── 261
　2　翻訳で足りるか──幕末の福沢・村田論争 (1859) ──── 262
　3　森有礼の英語国語化論 (1872) ──── 263
　4　井上毅は英語力低下の元凶？ (1896) ──── 264
　5　受験英語の発生 (1903) ──── 265
　6　岡倉由三郎の『英語教育』(1911) ──── 266
　7　大正期の英語存廃論 ──── 271
　8　藤村作の「英語科廃止の急務」(1927) ──── 274
　9　英語教育界の反響 ──── 278
　10　戦時下の英語教育論 ──── 281
　11　戦後の英語教育論争 ──── 282

　　日本英語教育史年表 ──── 287
　　参考文献 ──── 291
　　あとがき ──── 296
　　索引（人名/書名/事項）──── 298

●コラム──日本人が書いた英文 ①〜④
　　ジョン万次郎が恩人に宛てた手紙 ──── 80
　　幕末江戸の一少年の書いた送別の英文 ──── 102
　　津田梅子（8歳）が初めて書いた英作文 ──── 150
　　漱石の学生時代の英作文 ──── 214

図版提供者一覧

口絵(表) 『諳厄利亜興学小筌』『諳厄利亜語林大成』長崎原本
　　　　 長崎市立博物館所蔵
　　　　 『諳厄利亜興学小筌復刻本』(大修館書店) 撮影：渡辺泰司
口絵(裏) *National Readers* 全5巻　音在謙介氏所蔵　撮影：渡辺泰司
p. 127　『ウィルソン・リーダー』竹中龍範氏所蔵
p. 130・131　*National Readers* 全5巻　音在謙介氏所蔵
p. 148　*The Standard English Readers*　(財)語学教育研究所所蔵
p. 159　墨塗り教科書　江利川春雄氏所蔵
p. 217　デイビッド・マレー肖像　吉家定夫氏所蔵
p. 236　高等小学校における英語の加設率グラフ　江利川春雄氏提供

日本の英語教育200年

凡例

文献から引用するに当たっては，下記の原則に拠った。
1. 仮名遣いは現代仮名遣いに改めた。
2. 字体は常用漢字表に拠った。
3. 適宜改行を増やし，句読点および括弧を補った。
4. 代名詞，副詞，接続詞などは原則として平仮名に改めた。(例：其，此，亦，於，雖，など)
5. 引用文中の [　] は，引用者注である。

1 イギリス船がやってきた
——英語学習ことはじめ

日蘭交流400周年記念切手

1 三浦按針——最初の来日イギリス人

　日本に来た最初のイギリス人は，シェイクスピアと同い年のウィリアム・アダムズ（William Adams, 1564-1620）だといわれている。1600年（慶長5）九州大分の臼杵にリーフデ号というオランダ船が漂着した。アダムズはその航海士だった。当時，オランダの商船隊がイギリスの乗組員を雇うのは珍しくなかった。

　20年にわたって徳川家康・秀忠の外交顧問として仕え，三浦按針の名と領地をもらった。三浦は領地の所在地，按針は水先案内人（パイロット）のこと。今でも横須賀市に安針塚というのがあって毎年祭りが催される。「按針会」というのは日本で英語を教えたイギリス人たち（BETS[1]）が帰国してから作った会である。

　アダムズは英国王ジェイムズ1世からの手紙を和訳し，家康の返書を英訳したといわれている。これが最初の英文和訳・和文英訳である。しかし，彼が英語を教えたという話はない。というわけで，日本人の英語学習は，200年後のフェートン号事件をまって始まる。

---

1) BETS = British English Teachers and Scheme

2 フェートン号事件

2-1 異国船の来襲

　江戸時代が3回目の世紀を迎えて間もない1808年（文化5）の8月15日早朝，長崎湾の沖合に3本マストの不審船が1艘，前触れもなく姿を現した。その異国船（当時日本との貿易を許されていた中国・オランダ以外の国の船を指す）は，日が傾きかけた頃，オランダ国旗を掲げて，港内に侵入して投錨した。

　そこで長崎奉行所は，それがオランダ船であることを確認するための入港手続きである「旗合わせ」をするために，検使の役人と通訳，それにオランダ商館員を派遣した。ところが異国船は一行のうちオランダ人2人を捕らえて，人質にしてしまった。

　奉行は激怒して「紅毛人たりとも，在留の者なれば日本人同然たり。死力を尽くして取り戻せ」と叱責した。その年の長崎警護の当番は佐賀藩だったので，直ちに出兵を命じると，久しくオランダ船の入港がなかったので，1,000人いるはずの藩兵が大部分帰国してしまっていて，残っているのは100人足らずとのことだった。

　夜になると本船からボートが3艘おろされるのが月明かりに見えた。舳先には大砲2門が据えられ，小銃を構えた兵が乗り組んでいて，湾内深くまで侵入した。出島や佐賀藩の番所前などを我が物顔に行き来して，港内にオランダ船がいないかを確めてから，引き上げていった。奉行は出島のオランダ人たちを奉行所内に収容し，自らは甲冑を着用して臨戦態勢を固めたので，長崎の町は大騒ぎになった。

　明くる16日朝，異国船はオランダの三色旗をおろすと，英国旗

をマストと船尾に翻した。やがてこの船は英国軍艦フェートン号（His Majesty's Ship Phaeton, 350人乗り）で、艦長はペリュー大佐（Fleetwood Broughton Reynold Pellew、東インド艦隊司令長官の息子で当時19歳）だということが判明した。「本艦は明日出帆するが、本日中に薪水と食料（野菜、果物、牛、山羊など）を供給しなければ、オランダ人を殺害し、港内の船舶ことごとくを焼き払う」と伝えてきた。これではまるで海賊行為であるが、こちらには撃退するだけの備えがないので、奉行はやむなく相手の要求を受け入れることにした。オランダ商館からも牛と豚を送った。夜になってやっと2人のオランダ人は無事に戻って来た。

　要請に応じて諸藩の藩兵もおいおい到着し始めたので、奉行はフェートン号に対する攻撃を検討した。まず出港を阻止するために、港口に石を積んだ小舟を多数沈める。さらに小舟100艘に芦と藁を満載して周囲を取り囲み、足軽の腰に爆薬をつけて敵船を炎上させるという、まるで自爆テロのような計画が立てられた。しかし実際に動員されたのは、大小あわせて45艘750人に過ぎなかった。

　17日午後、異国船焼き討ちの準備が進められている間に、フェートン号は錨を上げて、港口へと向かって移動を開始した。「日本に対しては敵意はなかった、要求に応じてくれて感謝する」と伝えて湾外へと去り、5時過ぎにはその姿を完全に消した。

　その日の夜11時ごろ、長崎奉行松平図書頭康英（1768-1808）は、3日間も港内を外国軍艦に蹂躙された責任をとり、危機管理体制の不備などを訴える5カ条からなる遺書を残して自害した。庭に毛氈を敷いて、臍下一文字に薄く引き、鍔元まで喉を刺し通して、自刃しているのが発見された。

2-2 隠されていた事件の背景

 確かにフェートン号の突然の侵入に対して、日本側が適切な対応を取れなかったのは、奉行の遺書にもある通り、警備態勢に不備があったためである。しかしそれと同時に、ヨーロッパの最近の情勢についての正確な情報を、奉行はもちろん幕府も把握していなかったということも大きな理由だった。鎖国政策をとった江戸幕府は、海外事情などにはまったく無関心だったろうと思っている人も多いが、決してそんなことはない。

 いわゆる「鎖国」体制というのは、幕府が情報を独占し、貿易を一元的に管理する体制のことなのである。ヨーロッパとの貿易をオランダ1国に限り、その窓口を長崎の出島に限ったのは、幕府による管理を容易にするためであった。それがまた、オランダ側の利害とも一致した。ジャワのバタビア（今のインドネシアのジャカルタ）に本拠を置くオランダ東インド会社の取引先の中では、対日貿易の利益は常にトップだった。そのオランダに対して、幕府は最初から海外情報の定期的な提供を義務付けていた。その報告書を「オランダ風説書(ふうせつがき)」と呼んだ。

 もちろん情報の伝達速度は今日とは比べものにはならなかったが、それでも早ければ1年、遅くても2、3年の時差でヨーロッパ情勢の変化は日本（もちろん幕府だけだが）にも伝えられていた。ところが、フランス革命でヨーロッパが混乱し始めた頃から、次第に情報の遅れが目立ち、情報の精度も落ちてきた。1789年に起こった革命の第一報が日本に届いたのは5年も経ってからだった。しかもその内容は不正確で、自国に不利な事実はなるべく知らせない、という政治的配慮がありありだった。

 その頃のヨーロッパでは、フランス革命後の1795年オランダ本国がフランスに占領され、国王はイギリスに亡命した。イギリス

はフランスの属国となったオランダに宣戦して、あちこちのオランダ植民地を占領した。ジャワのオランダ総督はそれを拒否したので孤立した。イギリス艦隊はジャワ―長崎間でオランダ船を見つけ次第拿捕していた。フェートン号はマカオ占領計画の一環として、長崎の防備体制を偵察に来たものとされている。いってみれば、ヨーロッパでの対立がアジアに飛び火し、その火の粉の一つがオランダ植民地の奥座敷ともいうべき長崎に飛んできたというわけだった。1811年になるとジャワ島もついに占領され、一時は世界中でオランダ国旗が翻っているのは長崎の出島だけという有様になった。ナポレオンが没落して、1816年にオランダに親英政権ができると、ジャワは再びオランダに返還された。

このような情勢の中で、1796年にはオランダ船の長崎入港はなく、翌年から1803年にかけてはアメリカの商船を雇って長崎に来航させ、どうにかオランダ商館の面目を保っていたのだが、それは幕府には秘密だった。だから商館長はフェートン号がオランダ船ではありえないことを、最初から知っていて、入航当日密かに奉行にも申し出ていた。

ところが、フェートン号にオランダ語を話せる船員がいて、交渉に出向いた日本人通訳に「フランス皇帝ナポレオンの弟がオランダ国王になっている」ともらした。通訳たちはそれを聞いて驚き、後でオランダ商館長に問いただした。彼は「真実ではありうるが、敵であるイギリス人の話だから、自分にはそれを確言にできない」とていよくかわした。これは1806年の事件で、1809年の風説書には「フランス国王の弟、ロウデヴェイキ・ナポウリュム［ルイ・ボナパルトのこと］と申すもの、オランダ国に養子つかまつり、国王に相立て申し候」と、あたかも事は平和裡に運んだかのように記されていた。

2-3 オランダ通詞

　フェートン号事件は単に一奉行の悲劇に留まらず、国家の威信そのものが傷つけられた出来事として受けとめられた。したがって、これに対する善後策をきっかけにして、半世紀後に来る開国への助走が始まったといえる。

　とりあえずオランダ船を識別するために、翌年からあらかじめ定められた秘密の信号旗（例えば白地に赤の斜線）を掲げさせることにした。幕府はまた国防体制全体の再点検をせまられ、長崎湾周辺のお台場（砲台）の数を倍増することにしたのを始めとして、お膝元の江戸湾の防備強化にも着手することになった。また、幕府は長崎奉行に海外事情の再調査を命じ、通詞が商館長にいろいろと質問した結果、「アメリカの独立」(1776)などもこの時初めてわかったような始末だった。また一方では、言語が通じないための不利不安を思い知らされたので、オランダ通詞たちには、幕命により新たに、外交折衝用言語としての英語の兼修が命じられることになった。

　その彼らの英語研修について語る前に、「通詞」というものについて少々説明しておこう。彼らは奉行所に所属する地役人の一種で、長崎ではオランダ貿易とともに中国貿易も行われていた。オランダ船の年2隻に対して唐船は30隻と、むしろ唐のほうが盛んだった。当時の中国は「清」の時代だったが、日本では「唐船」「唐人」という具合にもっぱら「唐」と呼んでいた。中国貿易のための唐通事というのも当然存在した。唐通事は格も上で、オランダ「通詞」に対して唐「通事」と別の文字を用い、人数も多く、手当もオランダ通詞の5倍も貰っていた。しかし純粋の日本人は少なく、中国からの渡来人の子孫というのが多かったようである。中国貿易の関係者たちは、出島ではなくて市中の「唐人

屋敷」と呼ばれる一角に、まとまって居住するように定められていた。

さてオランダ通詞（当時は「阿蘭陀通詞」と書き、略して「蘭通詞」）は侍の身分ではなく長崎町年寄の支配に属した。江戸時代の他の多くの職業と同じく、世襲制で代々同じ名前を名乗り、その数も30数家に限られていた。もちろん後になるほど、有能な人材を養子にとって家を継がせる、あるいは金銭で家の株を売買することも多くなった。大通詞4人、小通詞4人、稽古通詞若干名というふうにいくつもの職階にわかれていて、順次昇進していく仕組みだった。

通詞の仕事は、一口でいえば、長崎奉行所とオランダ商館との間の外交および貿易の事務を取り扱う通訳官兼商務官であった。その職務内容は多岐にわたっていて、まず語学修業に始まって、入港する蘭船の臨検、オランダ風説書、人別改や乗船人名簿、積荷目録などの和訳（当時は「和解」といった）、関税業務（荷改めや値組み）など。その他にも、年番通詞（各年度の当番幹事）、江戸番通詞（商館長の江戸参府に付添う）、御用方通詞（将軍以下幕閣や長崎奉行からの注文手続き）などの臨時の業務もあった。総勢50人前後で、他に貿易業務の下働きをする「内通詞」が数十人いたが、これは正規の役人ではない。

それまで長い間、オランダ通詞はオランダ語だけを学んでいればよい、というかそれ以外の言語を学ぶことは許されなかった。ところがこの頃（19世紀）になると、オランダ語以外の異国語の研修を次々に命じられるようになる。フェートン号が来る半年前、まずフランス語の研修が命じられた。そのきっかけとなったのは、前年北海道に来たロシア船の残していったフランス語の書簡である。それを訳せる者がいなかったので、オランダ商館長に頼んで翻訳してもらった。聞けば、フランス語はヨーロッパでは国際語

で,「文章の本宗(ほんそう),言語の大規範」だというではないか。それではフランス語をやらせよう,ということになった。ついで,フェートン号が去って僅か2ヵ月半後に,今度は英語とロシア語・満州語の研修の内示があった。だが学習はすぐには始まらなかった。適当な先生がいなかったからである。

3 英語学習始まる

3-1 最初の英語教師ブロムホフ

　フェートン号が来た1808年の秋,幕府から通詞たちに英語学習の命が下りた。翌年2月には6名の通詞が指名された。続いて6月に2名,8月になってさらに6名が追加指名されて,計14名になった。9月には人数が増えたので,その世話役を設けようということになり6名が任命された。そして結局10月になると,幼年期からやったほうがより効果的だろうというので,蘭通詞全員に英語(とロシア語)の稽古を命じることになった。

　オランダ商館長に教師の周旋を依頼したが,適任者がいない。6月に入港した船(これは本物のオランダ船)で,ブロムホフ (Jan Cock Blomhoff, 1779-1853) という男が副商館長として赴任してきた。アイルランドの英国陸軍に4年間勤務したことがあるというので,館長は早速これを推薦した。

　ブロムホフによる授業が何時から始まったか明かではない。彼の来日以前に,指名された通詞たちが自主的に学習を始めていたかどうかも分からない。彼の教え方は,世話役の一人,大通詞本木庄左衛門正栄(しょうえい) (1767-1822) の作った『諳厄利亜興学小筌(アンゲリアこうがくしょうせん)』という,後で紹介する本の「凡例」(はしがき)を読むと,およそ

の見当がつく。「我方の平仮名四十八字イロハと同じき彼の国のABCの音釈［音声解説］，呼法[こほう]［発音法］を習い，類語［単語のこと］，言辞［短文］に至ることあたかも10歳の童子に等し」というから，これは入門期の口頭教授法（口授[くじゅ]といった）で，教科書は使わなかったらしい。

　このような教え方は学習者にとってはどうだったか。「若年の強憶［記憶力］ありといえども，先務する蘭学理解の未熟なれば，彼に質問するに力なし。かなり蘭学習熟の者をしても，また容易にその要領を得がたし」という有様だった。

　ここには2つの問題点が提起されている。1つは幼年期から始めたほうが効果的だとして年少の通詞にもやらせてみたが，オランダ語もまだ未熟なので，先生に質問もできず，かえって両方を混同してしまって，本業にも支障をきたす結果になった，という。もう1つの問題は，教師はブロムホフ1人なのだから仕方がないが，年少者から年長者まで通詞全員（50人近いはず）が，同じ授業を受けていたらしい。このような口頭から入る教え方は，先の長い若者には良いかもしれない。現に通詞のオランダ語は以前からそのようにして教えられてきた。しかし，ベテラン通詞たちは1日も早く英語をものにして対外折衝に役立てたいと願っていたのだから，これでは時間がかかりすぎるという苛立ちがあったに違いない。クラスの最年長は世話役の本木43歳で，最年少は彼の10歳の息子だった。親子で同じ授業を受けて，両方が満足するはずはない。

　結局この混成クラスは，わずか半年で，非能率的で効果なしというので取り止めになった。第2期ともいうべきこれ以後は，中堅以上の通詞6名だけが本腰を入れて研修することになった。そして，今後は督励のため通詞部屋に出勤簿を備えて出欠をとることにする，とあるのは，全員必修がすでに有名無実になっていた

ことを物語る。

　そこで本木大通詞(おおつうじ)は家伝の古書の中から，先代が50年も前にオランダ人から借りて写しておいたオランダの英会話教本（後述セウェルのものらしい）を見つけ出して開いてみた。「字形はオランダに大同小異なりといえども，さらに東西を弁ぜずして誠に暗夜を独行するが如く，一句片言分(ぶんみょう)明ならず。」それをブロムホフのところに持っていって質問し，また先生が持っている別の本も使って学習することにした。それでやっと英語というものが少し分かってきた。そして1年後には入門者用のテキストまで作り上げてしまう。というのも，この選抜クラス（といっても個別指導だったらしい）は，自ら学ぶだけでなく，後継者養成のための教材づくりも担当することになっていた。次に紹介するのがそのテキストである。

3-2 『諳厄利亜興学小筌』

　本木庄左衛門正栄の訳述した『諳厄利亜興学小筌』(1811)は「アンゲリアこうがくしょうせん」と読む。アンゲリアというのはイギリスのこと，悪い国だから，わざと暗い印象を与える悪字を当てている。「筌」は手引き，案内。これは，英語入門用の単語・成句・会話集で，全10巻48編390葉（1葉(よう)は和綴(わと)じで2ページ）からなり，第1巻が「文字呼法・類語大凡(1)」，2，3巻が「類語大凡」の(2)と(3)で，4，5巻が「平用成語」，6巻以下は「学語集成」という構成になっている。

　「類語大凡」(Vocabulary)というのは乾坤(けんこん)［天地］，時候，数量，官位人倫人事，支体［肢体？］，気形［動物？］，器材，服食［衣服食物］，生植［植物］，言辞の10部門に分類したシソーラス式の単語集で，語彙の総数は2,339語。「平用成語」(Familiar

Phrases)は挨拶や時間などに関する日常会話表現572例をまとめたもの。「学語集成」(Dialogues)は「兄弟姉妹の問答」,「医師病人の問答」などの題の下に対人・場面別問答1,431例を収めたもので,両方を合計すると2,003例となる。

　1つだけ例をあげてみよう。オランダ人とイギリス人の会話である。

are you an English man
　エレ　ユー　エン　エンギルス　メン
汝は　諳厄利亜人　なるや

yes, sir, at your service.
　エス　シル　アト　ユール　セルウィス
しかり,君に仕うる為の

how long have you been in holland?
　ホウ　ロンク　ヘビ　ユー　ビーン　イン　ホルレント
汝は久しく和蘭国に居りしや

but a few months.
　ビュット　エ　ヘウ　モンツ
ただわずかの月

did you pass by Rotterdam
　ディット　ユー　パス　ベイ　ロットルデム
汝はロットルダム(地名)を通りしや

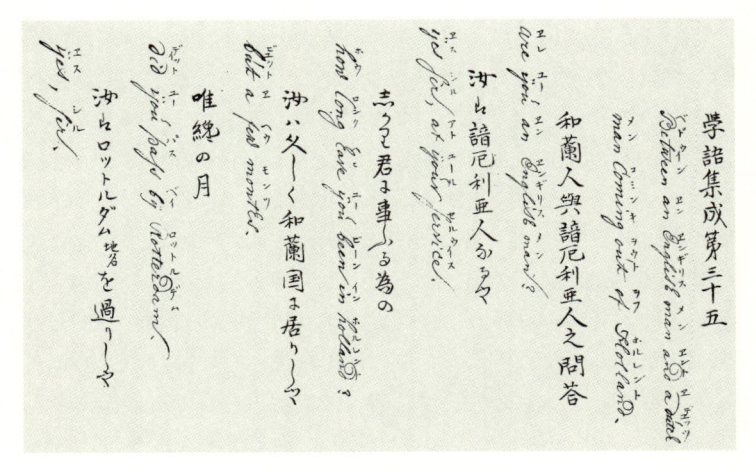

yes, sir
　エス　シル
然り

『諳厄利亜興学小筌』第35巻より

まだ続くが，大体こんな調子である。原文はすべて縦書き，カナ発音だけが朱書で，その他は黒書。訳文はすべて文語体。写本で伝わったものであるから，ご覧の通り，大文字の使い方や疑問符の有無などに怪しいところがあるが，内容はいかにもオランダ人から習ったという感じで，発音にもオランダなまりらしい点が見受けられる。例えば，アロネ (alone)，ビベール (beer)，クレール (clear)，ヘーヘン (heaven)，レイト (light)，ロート (road)，シル (sir)，スケイ (sky)，ダット (that) といった具合。

3-3 『諳厄利亜語林大成』——日本最初の英和辞典

『諳厄利亜興学小筌』が完成した文化8年（1811）の9月，今度は英和辞書編集の命が下った。それは3年後に完成し『諳厄利亜語林大成』と名づけられた。写本15巻，527葉。名前は「大成」だが，収録語数は約6,000語（後記には7千有余とあるが）という。今でいえば受験用の単語集くらいのものに過ぎなかったが，当時としては大事業だった。編集の中心になったのは本木正栄，楢林高美，吉雄永保，協力者として馬場貞歴と末永祥守の計5人の通詞の名が記されている。完成は3年後だが，翌年5月には一応初稿が成立していたというから，僅か8ヵ月の集中作業であったことがわかる。その後2年をかけて訂正増補が行われ，文化11年（1814）6月に完成した。

正栄の署名のある序文には「アンゲリア所有の言語ことごとく編集訳釈し，かたわらオランダの書を参考にして，なおその疑わしきものは，フランスの語書を使って反訳再訂して，最後に訳して皇国［日本］の俗語にたどりつき，これに漢字を配して，さらに年を経ること2回にして，この書初めて成る」とある。

各ページの構成はどうだったかというと，語数は1ページ6語ずつで，英語は横書き，日本語と発音（朱書）は縦書き。写本によってはオランダ語も併記されている。珍しいのは，動詞の前にはいちいちTo（トとカナが振ってある）という不定詞の印がついていること。

　いくつかの単語をひろって，その扱い方を見てみよう。

　school 書塾；society 侶伴；match 火縄；handkerchief 洟巾；
　　スクール　テラ　　　　ソシーテ　　　　　　メッチュ　　　　　　　　ヘントケルチーフ　ハナフキ
　dictionary 語集・言語集；sweetheart 恋思女；kiss 相呂；
　　デイキテイヨナーレ　　　　　　　　　　　　スウイートヘールト　コイメ　　　　キス　クチスウ
　pocket 嚢（西洋ノ衣服筒袖ニシテ袂ナシ，故ニ其腋下ニ小袋ヲ
　　ポーケット
　縫合シテ脱巾・洟巾等ヲ置キ，造次平生ノ用ヲ便ス）
　　　　　　　　　　　　ナド　　　　トッサ

　なお，この辞書には「凡例」と題する全11項目からなる品詞解説が載っている。これが日本最初の英文法ということになっているが，それはまた章を改めて取り上げることにする。ただし『語林大成』本文の各単語には品詞の別は示されていない。

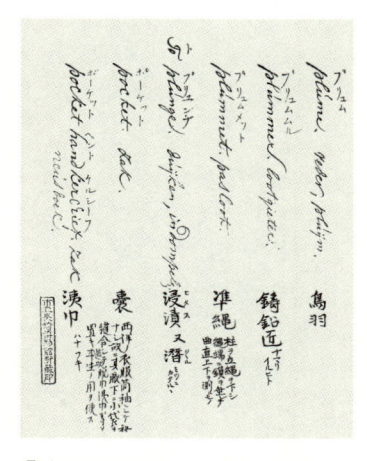

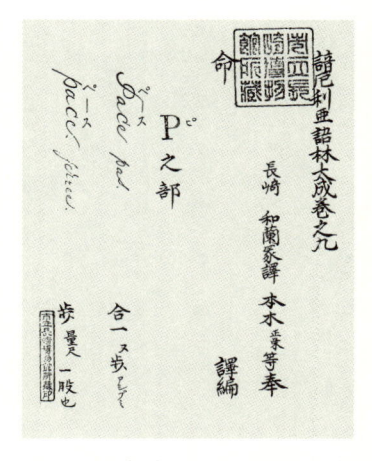

『諳厄利亜語林大成』第9巻より。pocketの部分（左）とP の部先頭（右）

第1章　イギリス船がやってきた —— 15

以上 2 冊に共通の底本は，正栄の父が写したという Willem Sewel：*Korte Wegwyzer der Engelsche Taale*（英語小筌，1724）だったとされている。この本の第 1 部が『大成』の文法解説で，第 2 部が『小筌』の対話，第 3 部が両書の語彙にあたる。第 2 部は原本では2,832例載っているが，そのうち2,003例が『小筌』に採られている。

　『語林大成』にはブロムホフの名はないが，文化 8 年（1811）に木炭50俵，文化10年帰国に際しては，酒と醬油が各25樽奉行所から贈られたとあるのは，これら 2 書への協力にたいする褒美としてであろうか。

　この日本最初のテキストと辞書が実際にどの程度利用されたかというと，なにしろ写本の形で幕府に献上して褒美（各銀10枚と15枚）を賜るとそれで終わりという時代だから，人々の目に触れることはまずなかっただろう。ところが，170年後の1982年に『諳厄利亜興学小筌』と『諳厄利亜語林大成』（本木自身の草稿本）の影印本が大修館書店から複製出版されて，今日では容易に目にすることが可能になったのである。

2 日本人にとっての英文法

斎藤秀三郎

1 英語が話せないのは文法のせいか

　近頃文法はすっかり悪者扱いされているようである。「英語が話せないのは文法ばかりやったからだ」,「英文法なんかやらなければもっと上手に話せたのに」,「文法こそは諸悪の根源だ」と口をそろえて言う。これはごく最近の現象で，ひと昔前までは日本人は文法が大好きで，英語の勉強イコール英文法，文法抜きで英語が学べるなどとは，思いも寄らなかった。

　では，日本人が初めて西洋の言語の文法を知ったのはいつだったのか。

2 オランダ通詞の文法発見

2-1 2つの外国語学習法

　江戸時代のオランダ語学習法には，大きくわけて2つの方法があった。通詞がコミュニケーションに必要な語学力を養成するためのものと，学者がオランダ語の書物を翻訳するための読解力を

つける方法とである。

　前者はABCの読み方・綴り方から始めて会話文の暗唱に進み、最後はオランダ文の書き方にいたるという、今でいう4技能をまんべんなく学ぶというやり方である。通詞の教育は8，9歳の頃から始められたようで、特に入門期には耳と口の訓練に重点が置かれ、発音が重視された。

　後者は、例えば『解体新書』（1774）のような専門書を翻訳するのが目的だから、読解力の養成に重点が置かれた。オランダ商館長の一行が江戸に来た時、「江戸の蘭学者、交話せしに、一言半句も通ぜざりし」とある。彼らは長崎通詞に通訳してもらって質疑応答をしたのである。

　オランダ通詞は通訳するだけだから、「長い間、オランダ語をカタカナで書きとめて、それを丸暗記して通訳していた。文字を習ったり、本を読むことは許されていなかった」と杉田玄白は『蘭学事始』（1815）に書いているが、それは事実ではない。第一、通詞の職務の中には翻訳に関する仕事もいくつかあって、耳と口だけのオランダ語でそれが勤まったはずがない。

　翻訳専門の江戸の学者たちはどのような手順を踏んだのか。はじめの頃は蘭和辞典などなかったから、まず自分で語彙を集めて自家用の単語集（グロッサリー）を作る。それを使って文中の単語に訳をつける。次にそれを適当な順序に並べて、日本語として意味の通る文にする。その「適当な順序に並べる」というのが容易ではなかった。というのも、彼らはまだ「文法」というものを知らなかったからである。

　彼らは主語・述語や品詞の区別も知らなかったらしい。名詞・形容詞・動詞・副詞などには訳語がつけられたが、de（英the），het（英the, it），als（英as），welke（英which）などには一定の訳語は当てにくい。それらの語を漢文の「助字」にならって

「助語」と呼んで別扱いした。

> 助語はその数とその転意とはなはだ多端なり。よくこれを会得せざれば、その書貫通し難し。然れども、前後文章の応接に従って、その意転ずるをもって、一定の義を得がたし。

これは今でいうところの「機能語」のことで、それらは多種多様、語義も様々で、文脈によって意味や働きが異なる。このような助語の機能を教えてくれる文法はまだ知られていなかった。

『解体新書』の訳者たちは文法知識なしで翻訳に取り組んだのだ。助語の用法に通じるには、何度も何度も口で言ってみて、自然に慣れるよりほかない、といわれていた。帰納的方法といえば聞こえはいいが、それは容易なことではなかった。そこに文法という便利なものを教えてくれる人が現れた。

2-2 中野柳圃（志筑忠雄）

日本に最初に西洋語の文法を紹介した人物は長崎通詞出身の中野柳圃（志筑忠雄, 1760-1806）。彼は養父の跡を継いで通詞になったが、学者肌だったので1年で辞職して、学問に専念、特に天文学を研究した。「地動説」という表現は彼に由来するといわれている。その彼がオランダ語を正確に読むために文法を研究した。彼の残した語学関係の著作は10冊近くあるが、ほとんどに成立年が示されていない。フェートン号事件の2年前には亡くなっているので、彼の晩年、19世紀初頭のものだろうといわれている。内容は各品詞の個別的説明から、現在でいうところの名詞の性や格、動詞の時制や直説法・命令法・接続法・不定法にまで及んでいる。彼の参照したのは前章にも登場したセウェルの文法書などだったようだが、日本語への訳し方を説いているので一種の比較

文法になっている。

通詞たちは中野に入門して文法（当時はガランマチカと呼んだ）の指導を受けた。先輩の通詞たちにも分からなかった難解な個所も中野に質問すれば，いつでも詳しく説明してもらえたので，弟子たちは歓喜した。「自ら知らずして拍手して喜声を発すること数回あり。実にこの書は，我が業における千金の鴻宝なり」と書いているのは，門下生で語学の天才といわれた馬場佐十郎である。

その馬場が江戸勤務になって，原書の訳読に悪戦苦闘していた蘭学者たちにオランダ文法を教える塾を開いた。手探りで意味を模索していた彼らにとって，文法は暗夜の光明だった。これ以後の翻訳は飛躍的に正確さを増した。「都下の旧法廃して，新法正式に一変せるなり」と記されている。従来の旧法が経験に基づくただの訳読法にすぎなかったとすれば，ここで初めて文法・訳読式という革命的な新法が成立したことになる。英語でも glamour（魅力）という語は grammar（文法）がなまってできた語だといわれている。その昔は「文法」と「魔法」は同じ語だったともいう。江戸の蘭学にとっても，文法こそは魔法の杖であり，スグレモノであったのである。

2-3 『語林大成』の英文法概説

日本最初の英和辞典，『諳厄利亜語林大成』の冒頭には簡単な英文法概説がついているということは前の章で述べた。『大成』の編集が始まったころ中野はすでに亡くなっていたが，編者の一人吉雄永保が中野門下で，彼にはすでにオランダ語文法という下地があった。だから，新たに英語の辞書を作るにあたっては簡単ながら文法の解説をつけることができた。オランダ語の場合にはかなり長い暗中模索の後でやっと文法の存在を知ったのに対して，

英語学習においては最初から文法知識が与えられていた，というのは大変な違いであった。

そこに掲載されていた英文法概説がそれほど役に立つものでなかったのもまた事実だった。それは品詞論（当時は「詞品」と訳した）が中心で，こんな具合である。「諳厄利亜は詞品を区別して8種となす。これを訳すればすなわち，静詞・代名詞・動詞・動静詞・形動詞・連続詞・所在詞・嘆息詞」とあるが，8品詞は8品詞でも，今とはその中身が異なる。「静詞」は名詞のこと，「形動詞」は副詞のこと，あとの「連続詞」，「所在詞」，「嘆息詞」は見当がつくであろう。これらの訳語は中野柳圃のものと同じである。形容詞が見当らないが，それは「静詞」の中に含まれていて，「実静詞」が名詞で，「虚静詞」が形容詞だという。逆に，余分なものは「動静詞」で，これは分詞のことである。

2-4 『英文鑑』

このような品詞分類は訳者，あるいは原著者の個人的な考えによるものではない。当時のヨーロッパ語の文法は中世のラテン語文法以来の文法範疇をそのまま踏襲して，そのように分類していたのである。1冊本の本格的英文典が出るのは，26年後の1840-41年。幕府の天文方見習で26歳の渋川敬直が訳述し藤井質が訂補した『英文鑑（えいぶんかがみ）』という文典の品詞分類では，分詞は姿を消し冠詞と形容詞を独立させて9品詞になっている。この本は「英文法の父」といわれたマレー（Lindley Murray, 1745-1826）の *English Grammar, adapted to the different classes of learners*（1795）の第26版をオランダ語訳（1822, 29）から重訳したものである。上編が品詞論，下編が文章論で，写本なので260丁（1丁は美濃紙1枚を指す）。この頃になるとイギリスでも

やっとラテン語文法の影響を脱して，英語そのものの特質に基づいて品詞を分類するようになったのである。

2-5　木の葉文典

『伊吉利文典』(1857?)，あるいは幕府の外国語学校である開成所が出した『英吉利文典』(1862?)の原本はどちらも中浜万次郎がアメリカから持ち帰った14冊の英書の1冊 The Elementary Catechisms, English Grammar (1850, London) である。前者は木版だが，後者は鉛製活字を使って復刻したもの。「カテキズム」というのはキリスト教の教理問答のことで，これは問答体の文法書である。中身はこんな具合である。

Q: What is grammar?
A: Grammar is the system or body of laws and rules by which we express thought in correct language. The word is from the Greek *gramma, a letter.*

63ページの薄い本だったので，「木の葉文典」という風流なニックネームがついた。この薄さで60課もあったのだから，定義や規則ばかりで例文が少ないので味気ないが，これはオランダ語

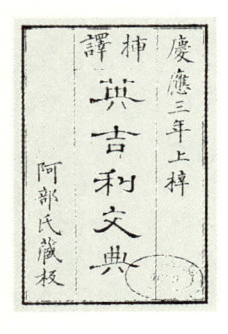

英吉利文典
扉〈左〉と序文〈右〉

抜きの最初の英文典であった。この教科書は幕末から明治にかけて9種類もの版が出たほど流行し、訳本や虎の巻もたくさん出まわった。

第58課には Exercise on Parsing（パーシング、文の解剖）の例が出てくる。

> **Q**: Parse the following sentence — A bee amongst the flowers in spring is one of the most cheerful objects; its life appears to be all enjoyment?
>
> **A**: *A* — is an indefinite numeral adjective, referring to the noun *bee*.
> *bee* — common noun; common gender; singular number; nominative case to the verb *is*.
> *Amongst* — preposition, showing the relation between *bee* and *flowers*.

まだまだ続くが、このように文中の単語を一つひとつ取り上げて、この品詞はなにか、どう活用するか、他の部分との関係はどうか、などといった「文法のための文法」を学ばせるのは、ラテン語の入門期学習のやり方で、いわばヨーロッパの漢文訓読法であったが、イギリスでは1950年代まで行われていたという。明治初期・中期までの英学生はこんな七面倒くさい課題をやらされて、英語ギライにならなかったのだろうか。（詳しくは松村幹男『明治期英語教育研究』pp. 299–316を参照）

明治最初の女子留学生津田梅子の父仙は、この本と格闘した頃をこう回想している。

> この文典を読むのに、一字一字かのピカルト（H. Picard: *A New Pocket Dictionary of the English and Dutch Languages,* 1843, '57）で引くが、意味につけた蘭語からして分からない。でまたその蘭語の訳を引く、それで読んで見るけれど、どうして

も通じない。半日ぐらい座禅をして考えるけれど,何の事だか解らない。今でも覚えているが,こういうことが書いてあった。
". . . dialects differ from the standard . . ."
という文句があった。この「スタンダード」[ここでは標準語という意味]という字を辞書で引いて見ると「フラフ」(Du. Vlag, = flag) という註がある。そこで「方言は旗から違う」といっても,ちっとも解らない。また「本営」という註もある。で,「方言は本営から違う」これでも分からない。また座禅だ。が,いくら座禅したって,解る筈のものでない。正そうにも先生はなし,コンナ困ったことはなかった。かくしてドウヤラ,コウヤラ読みこなして,半年ばかりかかって,極小の文典を1冊読んだ。

([洋学の伝来(下)]『英文新誌』1−4,1903)

3 明治以後

　幕末から明治における日本人の英語研究の歴史は,そのまま英文法研究の歴史だったということができる。慶応義塾系の教科書ピネオ (Pinneo) 英文典,大学南校のカッケンボス (Quackenbos) 英文典,斎藤秀三郎(ひできぶろう)が訳したスウィントン (Swinton) の英文典などの翻訳文法書をへて,明治から大正にかけてよく読まれたネスフィールド (J. C. Nesfield, 1836-1919) の英文法と斎藤秀三郎 (1866-1929) の『実用英文典』にいたる英文法は,英語学習の主要部分を占めていた。日本人の文法好き・文法信仰はすでにこの頃から始まっていたのである。

3-1 斎藤秀三郎の『実用英文典』

　斎藤は生涯に一度も海外に行ったことはなかったが,明治初期の人によくあるように,数え年6歳で英語を習い始め,10年あま

りも外人教師について学んだ。語感のよさ，語学的センスは抜群だった。文章は英語で書くほうが自然という斎藤だったから，『実用英文典』も日本語訳以外はすべて英語で，むしろ *Practical English Grammar* と書いたほうがいい。全4巻，1,000ページもある大冊で，1898年から99年にかけて出た。

> この文典は日本で読まれた英米の文典作文修辞書を広く取り入れて，渾然と融合統一したものである。雑然と寄せ集めたものでない。引用例の語句には，日本で読まれた書中から解釈用法に苦しんだものを選んで，明晰に説明している。頭が使ってある。組織の上に真理を見出している。日本で初めて出た語学的の著作である。
>
> （喜安璡太郎「明治三十一年―湖畔だより」
> 『英語青年』1948年4月別冊）

というのが50年後の評価である。具体的な特色をまとめておこう。

1. 文法のための文法ではなく，文法という骨組みの中に慣用語句を織りこんだ Idiomology（慣用語法学）になっている。
2. 「かゆいところに手が届く」ような適切な例文と豊富な練習問題。
3. 懇切で要を尽くした説明。
4. 特に前置詞の用法には詳しく，全体の3分の1を占める。

本書はその後の学校文法（スクール・グラマー）の枠組みを決めたといわれ，説明の仕方や例文まで本書を踏襲したものが数多く出た。戦後まで読まれた受験参考書のロング・セラー，山崎貞『自修英文典』(1913) なども本書の簡約版を底本にしている。英語学習者なら誰でも知っているあの「5文型」というのも斎藤の動詞分類にすでにその発想がある。5文型の設定には「補語」の発見が不可欠だが，斎藤はこれを「完意語」とか「補助言」と呼

んでいた。「不定詞」という名称も斎藤に始まる。それまでは「不定法」と呼んでMood（法）のひとつとされていた。

4 科学文法の出現と普及──大塚高信

　明治が終わって大正が始まるのと時を同じくして，英語学の時代が幕を開ける。明治の末にイギリスからジョン・ロレンス（John Lawrence）という学者が東京帝大にやってきて，本場の英語学（当時はLinguisticsではなくPhilologyだったが）を教えた。その一番弟子が市河三喜（1886-1970）で，彼がまだ大学院生のときに出した『英文法研究』（1912）は科学的な文法研究書の最初だといわれている。以後文法は単に英語を正しく話したり書いたりする術ではなく学問的研究の対象となり，時代は斎藤から市河へと移る。斎藤と市河の違いを，大塚高信（1897-1979）はこう説明している。

　　斎藤文法は多くの事実を収集してこれを整理したには違いないけれども，それを整理するにあたっての基準に原理的な考察が乏しかったのに対して，市河博士の方は，集められた事実こそ斎藤氏に及ばないにしても，英語の語法を説明するにあたって，当時の欧米において有力になっていた歴史的，心理的原理をふまえたものであった。

（『日本の英学100年・大正編』p.195）

　市河のような新しい「科学文法」に対して，従来の文法は「学校文法」と呼ばれた。科学文法を集大成したものとしては，戦前には市河三喜編『研究社英語学辞典』（1940），戦後では大塚高信・岩崎民平・中島文雄監修「英文法シリーズ」（全26巻，1954-55）がある。

　科学文法と学校文法の間に立って啓蒙的な役割を果たしたのは

大塚高信だった。1930年代に理論と実践とを結ぶ100篇以上もの論考を雑誌に執筆した。彼の文章は明快で，比喩をたくみに使って，分かりやすく解説してあったので，英語教師が文法的な考え方を学ぶのには最適だった。

5　科学文法と学校文法の橋渡し —— 江川泰一郎

　大塚の仕事を別の形で引き継いだのが江川泰一郎（1918-2006）である。ライフ・ワークである『英文法解説』はもともと受験参考書として書かれたものであるが，「解説」の部分は教師向けだった。初版（1953）の「まえがき」には，こうある。

> 　本書はいわゆる『学校文法』と『科学文法』の立場とを直結させて一書にまとめる点に，新しい特色を求めようとしたものである。（中略）
> 　本書の〔解説〕は主として次の5つの観点から加えられている。1．文法理論，2．英語の（文法の）歴史，3．文語と口語の相違，4．英米語法の相違，5．文法と発音，リズムその他の要素との関係
> 　以上の事項の記述に当たっては，つとめて欧米及びわが国の学者の説を多く紹介することを旨とした。（中略）
> 　要するに，読者がこの〔解説〕を通じて，学校文法の盲点を知り，本格的な学問としての英文法への orientation を行い，併せて英語教授または学習上の参考としていただければ，著者の幸いこれに過ぎるものはない。ただ，学校文法の立場から科学文法の実用性に疑問を抱き，科学文法の立場から学校文法の非合理性を非難することだけは，お互いに慎しまなければならないと思う。

　本書は異色の文法書として注目され，高校生・受験生ばかりか，高校教師たちからも支持を得た。
　改訂新版（1964）の「解説について」には，こうある。

この改訂版では文法理論を少なくし，具体的な語法の解説とその扱い方を多くしてある。(中略) 標準的な文法書を参考にしたが，語法上の正否および usage level の問題は別として，各文法事項の扱い方に関しては，決して英米の学者の説を丸のみにはせず，日本人の英語学習者の立場から見て，英文法の問題点がどこにあるかを常に考慮しながら，[無生物主語など]著者自身の考え方を大胆に述べてみた個所も少なくない。

　この版では「間投詞」の章が消えて，「比較」と「動詞の時制」「動詞の法」，「動詞の態」そして「特殊構文の研究」の章が独立あるいは新設された。この頃入試では文法問題が大流行で，この改訂新版が一番受験色が濃い。
　さらに改訂3版（1991）になると，「句と節」と「文の種類と変換」が消えて，「副詞」から「否定」を独立させ，機能文法の立場から記述した「疑問文と命令文」の章が新設された。巻末には「文型一覧」（28文型）も付けられた。オビには「より深く知りたい人に，最新の学問的研究を盛りこんだユニークな解説」とうたってある。

6　宮田幸一と「クエスチョン・ボックス」

　「英文法シリーズ」の執筆依頼にあたって編集部は，過去40年間に『英語青年』に掲載された質疑を集めて担当者に配った。同じころ，前の年に創刊された雑誌『英語教育』に「クエスチョン・ボックス」という欄が設けられて，分詞構文についての質問の解答を宮田幸一（1904-89）に依頼した。往復葉書で頼んだくらいだから，編集者はごくありきたりの解答を期待していたのであろうが，宮田は葉書では書ききれないので，原稿用紙数枚にもおよぶ長いものを書いて送った。それが昭和28年（1953）6月号

にそのまま掲載された。

　宮田の解答は従来の質疑応答には見られない型破りのものとして注目され、以後毎月執筆するようになった。「私は、解説を書くにあたって、ただ先人の研究を参考にするだけでなく、自分でも深く考える必要があると思い、そのためにはかなり時間をかけた。また、実証的研究をする必要があると思い、いろいろな英文を読んでは、そこから資料を採集した。それらの資料はひとつひとつカードに写したのであるが、そのカードの数はすでに2万以上に達している」と書いている。

　読者からの質問は文法そのものに関するものよりは、個々の語法診断ともいうべきものが多かった。宮田の解答ぶりは実に至れり尽せりで、微に入り細をうがつ、という調子だったので、読者はそれを宮田節と呼んで喜んだ。文法とは直接関係のない発音や句読法、英習字など、教壇で立ち往生しそうな問題はなんでも取り上げたので、英語教師の身の上相談のようだった。「クエスチョン・ボックス」はこの雑誌の呼び物のひとつになった。時には「重箱の隅をほじくる」といった批判もあったが、宮田は12年間1ヵ月も休まずに執筆を続けた。

　宮田は自分の執筆した解答267編を集めて『教壇の英文法――疑問と解説』(1961)を出した。中には日本人しか考えつかないような質問もあって、例えば「"I had my wife die"という英文はあるか。'die'なのに受動の意味が出てくるのはなぜか」(宮田はこれに8ページを使って答えている)とか、「関係代名詞を『ところの』と訳すのはなぜか」など。昭和40年(1965)宮田は引退にあたって、「思えばこの12年近くの間、公務以外のすべての私生活はこの欄への執筆を中心として展開したようなものだった」と述懐した。

　この欄は宮田が辞めた後、解答者にも解答ぶりにも何度も変化

があったが，今でも相変わらず人気がある。「クエスチョン・ボックス・シリーズ」『英語語法大事典』『英語語法活用大辞典』（いずれも大修館書店）など，シリーズや辞典形式にまとめられたものもいくつか出た。

7 教科書と文法

　戦後の英語教科書（と授業）は，高校では「読本」と「文法・作文」に分かれていたが，中学では1冊で全部やる総合英語になっていて，文法を別に教えることはしなかった。だから，高校教師は中学卒業生が文法（用語）を知らないことにいつも不満をもらしていた。

　しかし，一口に「文法」といっても，戦後は中身がかなり違ってきた。昔は品詞論（形態論）が中心だったが，次第に文章論（統語論，シンタックス）に重点が移った。「5文型」は斎藤やアニアンズ，細江逸記などに由来するが，パーマーとかホーンビーは「動詞型」ということを言い出して25文型を設定した。アメリカの構造言語学も「構造型」（パタン）を重視し，オーラル・アプローチでは「文型練習」をやった。中学の教科書も文型を中心に構成されるようになった。だから知らないのは用語だけで，まるきり文法をやっていないわけではなかった。この頃学校文法は「学習文法」と呼ばれるようになった。

　戦後50年で1度だけ高校に文法専用の検定教科書ができたことがある。1973-81年の9年間で，江川泰一郎も *A New Guide to English Grammar* という『英文法解説』の英語名と同じ教科書を作った。TM（教師用指導書）も全部自分で書くほどの熱の入れようだった。大好評で圧倒的な支持を得たが，じきに制度が変わって文法教科書は使わなくなったので，副教材に衣替えをして

出したらまた売れた。「文法」という時間があってもなくても，高校（特に受験校）では文法を教えつづけた。次の次の学習指導要領では「オーラル・コミュニケーションＡ・Ｂ・Ｃ」の時間が登場したが，受験校では勝手に「オーラル・コミュニケーションＧ」などと称して，文法を教え続けた。

8 コミュニケーションと文法

　1970年代から，学校でももっと「使える英語」を教えるべきだというので，「言語活動」，「コミュニケーション」，はては「実践的コミュニケーション能力」を目標とするようになった。コミュニケーションにも文法は必要で，語用論（pragmatics）とか談話文法（discourse analysis）といった新しい文法も生まれたが，世間では「文法などやっているからダメなのだ」という声のほうが大きくて，文法は目のカタキにされた。

　昔から英語の達者な人にかぎって，文法などやったことがない，とうそぶく人が少なくなかった。特に最近は「学校では文法ばかりやっていたので，英語がモノにならなかった」などと口にするのがかっこいいことみたいに思われている。英語教材の広告などにも「文法を忘れたほうが，英語は早く上達しますよ」といった宣伝文句が目立つ。

　文法かコミュニケーションか，という問題の立て方ははたして正しいのだろうか。文法は本当に諸悪の根源か。文法抜きのコミュニケーションでは，その昔長崎通詞がフレーズを丸暗記したのと同じではないか。外国人学習者の場合，文法という心棒のないブロック塀ではすぐ壊れないか。文法抜きの土台ではすぐ液状化してしまわないか。

　従来の文法中心の英語教育こそ，若者の知的訓練に役立ってい

た。外国語と格闘するのは，論理的思考力を養う貴重な機会だった，と主張する人もいる。そういう人は難しすぎると評判の悪い入試問題や悪名高い訳読一点ばりの講義にも肯定的だ。それをやめてしまったら，日本人の知的水準は低下する。大学教師の大半は心の中ではそう思っている。予備校や受験校の教師・生徒も黙って文法をやっている。逆風の中，学校の文法はいま舞台裏にじっと身を潜めている。専門の英語学者の文法研究は遙か遠くに行ってしまって，英語教師には手が届きそうもない。

　英語教育における英文法はこれからどうなるか。われわれは英文法とどうつきあっていけばいいのか。

3 カナ発音はどこまで通じるか

中浜(ジョン)万次郎

1 カタカナ発音の今昔

「ヘー・コメス・ヘーレ・ソメチメス」どういう意味かお分かりだろうか。明治の人は"He comes here sometimes."をこう読んだという。あるいは先生がよく「テヘ」「テヘ」と言うので何のことかと思っていたら the だったとか。固有名詞の読み方がわからないときは，「コレコレ」といってすませてしまうとか，こんなウソのようなホントの話は星の数ほどある。戦後になっても「ピー・テー・エー」(PTA) と発音する人は大勢いたし，今でも D 組を「デー組」と呼ばせている学校は珍しくない。

日本人はオランダ語学習の最初から発音をカナで表記していた。それでどこまで通じるか，というのは長崎の話で，江戸では，この字は何と読むかを示す，という程度ですんでいた。調音法への関心もなかったわけではなく，こんな記述がある。「l は r に似て非なり。l は舌頭を歯後上顎にあてて呼ブルなり。r は舌頭を弄して呼ぶ音なり。」(大槻玄沢『蘭学階梯』, 1783) この説明は今でも立派に通用する。

2　最初の英語教師マクドナルド

2-1　母の国を訪ねて

　フェートン号事件から40年たった。ハワイを基地に太平洋で鯨を追う捕鯨船が年々増加し，日本近海にも異国船が出没することが多くなった。

　そのうちの一艘が，日本最初のネイティブ・スピーカーの英語教師を送りこんできた。といっても当時の日本は外国人の入国など認めなかったから，沖合いで捕鯨船から小舟に乗り移り，漂流民をよそおって，北海道の離島に上陸した。

　その人の名はラナルド・マクドナルド（Ranald MacDonald, 1824-94），23歳の若者だった。このアメリカ青年は，スコットランド人で毛皮商人の父親とインディアンの首長の娘である母親との間にできた混血児であった。生まれたのは太平洋岸，今のオレゴン州の辺りである。母は生後間もなく亡くなった。

　インディアンの原郷は日本であると信じ込んだ彼は，母の国日本に行ってみようと捕鯨船に乗り込んで，日本の近海でボートを下ろしてもらった。1848年6月北海道に上陸した彼は，当時の慣例によって，長崎に護送され，そこで奉行所の取調べを受けることになった。その時通訳にあたったのが，ほんの少しだけ英語が話せたオランダ通詞の森山栄之助（のち多吉郎と改名，1820-71）だった。

2-2　長崎通詞に英語を教える

　マクドナルドは日本にあこがれて潜入したくらいだから，北海

道にいたときから，日本語の習得に強い意欲を示した。耳にした日本語をひとつひとつ紙に書きとめていた。それを知った森山は日本語と英語の交換教授を思い立ち，仲間の通詞たちにも声をかけた。17歳から74歳までの総勢14人が英語を教えてもらうことになった。その中で最高位の通詞だったのが，第1章で紹介した『諳厄利亜語林大成』を作った本木正栄の息子（ブロムホフに習った庄八郎の弟）だった。

　といっても，マクドナルドは国禁を犯した犯罪者だから，寺の四畳敷きの座敷牢に軟禁されていた。通詞たちは牢格子の前に並んで授業を受けた。その授業風景を彼はこう書き残している。

　　　私に英語を音読してみせることが，生徒たちの習慣で，1回に1人ずつ音読した。私の仕事は彼らの発音を直すこと，そしてできるだけ日本語で，英語の意味や構文などを説明することだった。われわれのある種の発音，とくに子音を彼らに聞き取らせるのはむずかしかったし，ある種の組合わせ［子音連結のことか］は，ほとんど発音できなかった。

　　　たとえば，彼らはlの文字を発音できない。できたとしてもきわめて不完全だ。彼らはlをrと発音する。そこで彼らは私の名前のなかのlを強い喉音で読んで「ラナｒド・マクドナｒド」にしてしまった。彼らはまた，語尾の子音の後にi(イ)やo(オ)のような母音をつけて発音する習慣があった。母音に関しては，なんの困難もなかった。母音はすべて，口を十分動かして，語尾のe（oe）まで全部発音した。

　　　彼らは英文法などの面でかなり上達した。とくに森山がそうだった。彼らはそれを私からさほどの困難もなく学びとった。大変呑みこみが早く，感受性が鋭敏であった。彼らに教えるのは楽しみだった。

　　　言葉の意味やさまざまな使い方に関する議論は，ときには多少骨が折れるものだったが，辞書の助けをかりて，また私には生まれつきその面での素質があったおかげで——その素質は，努力に

よって開発されるまで気がつかなかったが――大体満足のゆく結果を得た。自慢するわけではないが,私は日本語を比較的容易に覚えた。彼らの言葉の多くは――多分母方の祖国の言葉であったため――私にはなじみ深く響いた。
(『マクドナルド「日本回想記」』pp. 148-9)

森山は35年前に作られた英和辞典『諳厄利亜語林大成』をマクドナルドのところに持っていって,そこに出ている単語を片っ端から発音してもらった。ネイティブ・スピーカーの生きた発音を聞いて,1語ずつカナをふり直したのである。

その場面を,吉村昭は小説『海の祭礼』の中で,こんなふうに描いている。

> 森山は,マクドナルドに Head と紙に書くよう求めた。マクドナルドは,羽ペンを走らせた。森山は,それを手にして牢格子の外にみせ,マクドナルドに発音するようううながした。うなずいたマクドナルドが口をひらいたが,それは森山が信じていた発音とは異なっていた。かれの得ている英会話の知識は,『諳厄利亜語林大成』が基本になっていて,それにオランダ商館長レフィソンから教えられたものが加えられている。『大成』には,Head の発音がヘートと記されているが,マクドナルドの口からもれた言葉は,ヘッ,としかきこえない。最初の単語から,発音が自分の信じているものとちがっていることに衝撃をうけた。
>
> 通詞たちは,一人ずつマクドナルドの口を見つめながら発音する。森山も,マクドナルドの口の動きに視線をすえて声を発し,ヘッ,のつぎにdの発音をのみこむようにすることに気づいた。通詞たちは,紙に発音を片仮名で書きとめていった。

しかし,このような有意義な授業も足掛け半年,正味100日ほどで終わる。翌年4月マクドナルドは,漂流者を引取りに来たアメリカ軍艦プレブル号に引き渡されることになった。「私は日本にとどまって英語を教え,通訳になりたかった」と言って,日本

で覚えた 'Soinara'（さよなら）という別れの言葉を残して去っていった。

　4年後の1853年にペリー提督が来航した。翌年再び訪れた時の『遠征日誌』に，こんな1節がある。

> 新しい優秀な通訳がやってきた。森山栄之助という。彼は英語をりっぱに話すから，他の通訳は不必要なほどだ。これなら我々の交渉も大いにはかどることだろう。彼はプレブル号の艦長や士官たちのことをたずねた。そしてラナルド・マクドナルドは元気でいるだろうか，もし知っているなら教えてもらいたいと言った。

3　ジョン万次郎のアメリカ英語

3-1　数奇な運命

　マクドナルドが日本を去ってから2年後の1851年に，今度はアメリカで英語を学んだ日本人青年が10年ぶりに帰国した。土佐中ノ浜出身の漁師の息子万次郎で，こちらは本物の漂流民だ。漁に出て遭難し，伊豆諸島の最南端の無人島，鳥島でアメリカの捕鯨船に救助された。最年少の彼は「ジョン万」と呼ばれて，船長に気に入られた。北米の東海岸まで連れて行かれて，高校まで行かせてもらった。日本語もろくに読めなかった漁師の卵が，英語で教育を受けて，捕鯨はもちろん，西部でのゴールド・ラッシュにも参加した。24歳の青年になって日本に戻って来たが，この時彼が持ち帰った書籍については前章でふれた。長崎で森山栄之助らの取調べを受けた後，土佐に帰った中浜万次郎（1827-98）は侍の身分に取りたてられた。

1853年7月，ペリー提督がアメリカ東インド艦隊の軍艦4隻を率いて江戸湾にやってきた。幕府のお膝元への黒船の出現に，太平の眠りは完全に覚まされた。軍事力を背景に開国を迫り，条約を締結しようと迫った。

　浦賀沖に投錨した米艦隊に近づいていった奉行所からの船には，オランダ通詞の堀達之助が乗りこんでいた。彼は"I talk Dutch."と呼びかけた。彼の話せる英語はそれだけだった。アメリカ側もそれを知っていて，オランダ語と中国語の通訳をつれてきていた。

　翌年の再訪時には森山が通訳にあたった。彼の英語も外交交渉に役立つほどのものではなかったので，談判は日本語→オランダ語→英語という3段階でやるしかなかった。このように，内容はもちろん手続き的にも条約交渉は難航をきわめた。その表舞台にこそ姿を見せなかったが，隣室に控えていて蔭で大いに活躍したのが万次郎であった。今や彼は貴重な人材として幕府に登用されて江戸に出てきていた。ただ，アメリカで教育を受けたという理由で，公式の場に出ることは許されていなかったのである。Commodore Perryのことを，他の通詞たちはオランダ語なまりで「コムモドール・ペルリ」と呼んでいたが，万次郎だけは「カマダ・ペリ」とアメリカ式に発音したという。

3-2　『英米対話捷径』

　万次郎は本場仕込みの英語（いや米語）をもとに『英米対話捷径』(1859) という最初の英会話書を出版した。16×11cmの小型の和本で，全39葉。ABCと数から始まって安否類・時候類・雑話類・往来音信類に分かれ，約200の会話文が収められている。逐語訳が付いていて，それを番号や返り点（レ）の順に並

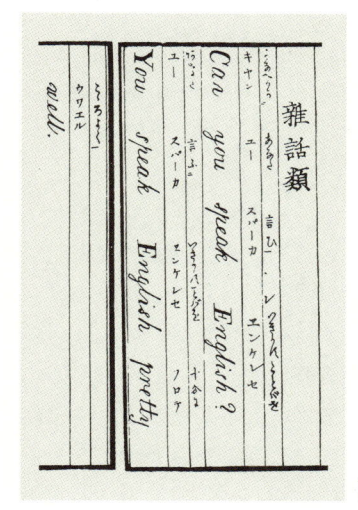

『英米対話捷径』雑話類(左)と扉(右)

べると直訳ができる漢文訓読式だが、これは蘭学以来の伝統的方法であった。この本にはまたアメリカ英語の生きた発音が載っているというので、評判になった。

Can you speak English?

You speak English pretty well.

発音表記の点から注目すべきものを、単語として取り出してみよう。

the（スイ）, this（ゼシ）, what（フッチ, ハッタ）, very（ウエレ）, certainly（シャテンレ）, first（ホイスト, ファシタ）, family（フハマレ, ファマレ）, think（センカ）, morning

第3章 カナ発音はどこまで通じるか —— 39

(モーネン), church (チョチ), country (カンツレ), clear (キリヤー), happy (ハペ), little (レツロ, レツル), book, (ボック), sun (シャン), son (ション), water (ワータ), coming (カミン), gentleman (ジャンツルメーン), children (チリレン), アルファベットのDは（リー）

これだけの例からも分かるように、それまでのオランダ語なまりや綴字発音と比べて、たしかに耳からの英語、感覚的な表記だといえる。ただし例文中のスパーカ（スペーケもある）はオランダ式か読み違いかも知れない。「プロテ・ウワエル」などは何度も口に出して言ってみると、万次郎の耳に残っている音を、何とかカナで表わそうとした苦心の表記であることが分かる。中には、文としての発音、文強勢を念頭においたと思われる表記さえある。

本書のカナ表記を仔細に検討した田辺洋二は、次のように評価している。

> この書での表記はかなり自由である。短文例を見ただけでは、音声的な細かさと省略の大胆さとが同居し、むしろ、でたらめな印象さえ受ける。同字異表記の多いのもこの印象を強める。しかし、片仮名への音価の与え方が一貫している事実もある。/s/は「シ」、/h/は「ヘ」、/t/は「ツ」、/d/は「ヅ」などがそれで、アメリカ型の発音が再構できる。
>
> また、アルファベットの表を見ても、G「ヂー」とZ「ジー」のように、タ行とサ行で区別を施し、更に、Z「ジー」はC「シー」とS「エシ」に関連させ、/s/に「シ」を当てることによって全体の音体系を組みたてた工夫も出色のものと思う。
>
> （「英語教育史に於ける発音の片仮名表記」）

なお、本書と同じ1859年に出た、本木正栄の孫が作ったという『和英商売対話集』という本は、日本で初めてアクセントを記したものといわれている。また、Vに「ヴ」をあてたのは福沢諭吉（『増訂華英通語』1860）の創案だという。

3-3 咸臨丸で米国再訪

　1856年ハリスが初代アメリカ総領事として来日，やがて日米修好通商条約が締結される。この時も森山が通訳をつとめた。ハリスは日本人通訳の語学力をこう評している。

>　馬鹿らしくも日本人はオランダ文の訳語をすべて日本語の字句の排列通りに並べようと欲する。慣用語や文法的構造を彼らに説明し，あるいは字句の排列が日本語と一致しなくても，その意味は同じだということを彼らに知らせるのはなかなか難しい。日本人のオランダ語の知識は不正確である。
>
> 　　　　　　　　　　　　（『ハリス日本滞在記』，岩波文庫）

　その批准書交換のため1860年日本最初の使節団が渡米することになった。使節一行はアメリカの軍艦で太平洋を渡るのであるが，幕府海軍の咸臨丸もこれに随行することになった。この時勝海舟，福沢諭吉とともに，万次郎も通訳として9年ぶりにアメリカの土を踏んだ。この時，福沢と万次郎はウェブスターの辞書を持ちかえった。『福翁自伝』には「初めて日本に英辞書を入る」との見出しで「これが日本にウェブストルという字引の輸入の第一番」とあるので，そう信じられてきたが，これは簡約版で，いわゆる大辞典ではない。

　なお，万次郎の購入した本は，彼の弟子細川潤次郎に贈られ，昭和初年からは英学史家の岩崎克己が所蔵していたが，第二次世界大戦中の空襲で焼失した。

4 ウェブスター式の発音表記

4-1 ノア・ウェブスター

「ウェブスター」といえばアメリカでは辞書の代名詞だが，それを作ったノア・ウェブスター（Noah Webster, 1758-1843）はコネテイカット州の生まれで，独立2年後の1778年にエール大学を卒業，著述家として名を残した。彼は多くの小学校教科書を執筆したが，中でも有名なのが英語入門書である。初版は1783年，日本でいうと『諳厄利亜興学小筌』が完成する28年も前だ。1789年と1829年に改訂改題されて The Spelling Book という書名になった。100年間に8,000万部出たとかで，聖書の次に売れた本といわれている。辞書の編集に没頭していた20年間，彼はこの教科書の印税で一家の生計を支えることができた。

「スペリング・ブック」（綴字書）というのは英米の子供が小学校で読み書きを学ぶための入門書である。「文字あるいはその組み合わせをどう読むか」から始める指導法（phonics）は，日本では口頭導入法の普及とともに廃れてしまったが，最近になってまた子供を海外の小学校で学ばせた親たちが，その価値を再発見して日本での普及に努めている。

この種のものは他にもあったが，ウェブスターのが一番有名だった。アルファベットの読み方から始まって，1音節の単語から，2音節，3音節と次第に長い単語の綴りと発音の関係を学んでいく仕組みになっていた。各課の終わりには，既習の語だけで読めるリーディング教材もついている。

1828年に An American Dictionary of the English Language が完成した。これが一連のウェブスター辞書の元祖である。その

発音表記法は見出し語のスペリングに発音を区別する符号を直接付けるというやり方だった。辞書の1859年版の発音表記がスペリング・ブックにも1866年版から採り入れられた。

4-2　スペリング・ブックから辞書の発音表記へ

　このウェブスターのスペリング・ブックは明治初年の日本でも広く用いられ，翻刻版や自習書も数多く出た。日本では『ウェブストル氏スペルリングブック』と呼ばれたが，原題は *The Elementary Spelling Book, Being an improvement on "The American Spelling-Book", Revised Edition*, by Noah Webster, LL.D.,, The cheapest, the best, the most extensively used spelling-book ever published., D. Appleton & Co., New York, 1866. とずいぶん長い。全170ページ。

　ウェブスターの辞書が発音表記に使ったのは'diacritical marks'（発音区別符号）と呼ばれるもので，これは同一文字の異なる音価（読み方）を示すために，その文字の上または下に付ける点（dot）・線（macron, breve）・弧（arc）などのことである。実際にどんなふうになるのかは，次ページの表を見ていただきたい。

　このような発音表記法は「表音見出し」（pronunciation without respelling）といってウェブスターの専売特許ではなく，他の辞書でも広く行われている。記号は多少違うが，イギリスの *COD* や *POD* も最近までこれを使っていた。日本の辞書で初めてウェブスター式の diacritical marks を採用したのは，明治4年(1871)に出た『大正(たいせい)増補・和訳英辞林』（英語名を *An English-Japanese Pronouncing Dictionary* という）だといわれる。（アクセント表記を初めて組織的に取り入れたのもこの辞書である。第11

章の2参照))明治の代表的な輸入教科書『ナショナル・リーダー』でも新語の発音を示すのにウェブスター式が使われていた。

　以後辞書の発音表記にはウェブスター式が広く用いられるようになり，辞書を使うにはウェブスター式の理解と練習が必要になった。しかし，初心者にそれを要求するのは無理だというので，依然としてカナ発音の辞書も多かった。編者はウェブスター式で正確な発音を確かめるが，辞書にはカナ発音に微調整を施して載せる，という時代が続いた。微調整のやり方としては，カナの大小で区別するとか，rとlを片仮名と平仮名で区別するとか，ルの肩に小さな丸をつけるとか，vにヴをあてるとかである。

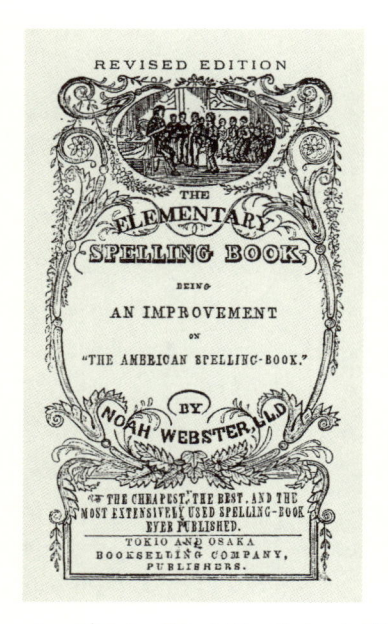

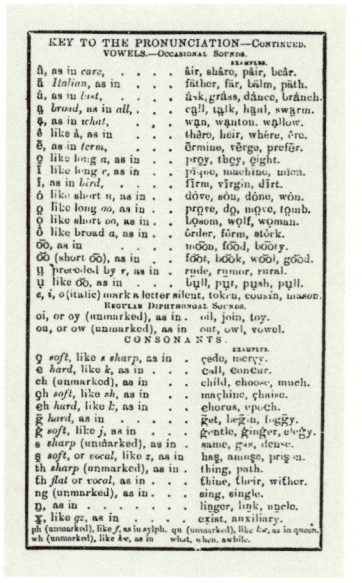

ウェブスター「スペリングブック」翻刻扉（左）と表記解説のページ（右）

1. 母　　音

ā	as in	nāme	ē	as in	hēr	ū	as in	ūse
â	,,	villâge	ī	,,	īce	û	,,	Jûly
ă	,,	căt	ĭ	,,	ĭt	ŭ	,,	ŭp
ạ	,,	ạway	ị	,,	sịr	ụ	,,	circụs
ä	,,	ärm	ō	,,	ōld	û	,,	tûrn
ạ	,,	ạll	ȯ	,,	ȯbey	ew=ū	,,	new
ȧ	,,	ȧsk	ŏ	,,	bŏx	oi	,,	oil
â	,,	âir	ȯ	,,	sȯn	oy=oi	,,	boy
ē	,,	hē	ô	,,	fôr	ou	,,	house
ĕ	,,	bĕfore	ǫ	,,	devalǫp	ow=ou	,,	owl
ĕ	,,	bĕd	o͞o	,,	to͞o			
ę	,,	paymęnt	o͝o	,,	bo͝ok			

*　　*　　*

ạ=ŏ	as in	whạt	ǫ=ạ	as in	seldǫm
ạ=ụ	,,	Christmạs	ȯ=ŭ	,,	sȯn
ę=ā	,,	thęy	ô=ạ	,,	hôrse
ê=â	,,	thêre	ụ=o͞o	,,	rụde
ę=ạ	,,	paymęnt	ụ=o͝o	,,	pụt
ī=ē	,,	bīrd	û=ĕ	,,	chûrch
ï=ē	,,	polïce	ȳ=ī	,,	flȳ
ọ=o͞o	,,	dọ	y̆=ĭ	,,	sy̆stem
ọ=o͝o	,,	wọlf			

2. 子　　音

c=k	as in	cake	si=sh	as in	mission
ç=s	,,	içe	ci=sh	,,	special
ch	,,	child	s̲i=zh	,,	occas̲ion
g	,,	go	th	,,	thin
ġ=j	,,	paġe	t̲h̲	,,	t̲h̲is
gh=f	,,	laugh	ti=sh	,,	station
n̳=ng	,,	in̳k	wh=wh	,,	why
ph=f	,,	photo	x=ks	,,	box
qu=kw	,,	quite	x̲=gz	,,	ex̲act
s̲=z	,,	is̲			

（『日本の英学100年・大正編』より）

5　発音記号の登場

　発音器官の説明や口形図を示した科学的・組織的な音声学が日本に紹介されるようになったのは，明治30年代，20世紀に入ってからである。phonetics は初期には「発音学」とか「声音学」と訳された。ウェブスター式表記法は英米人のための便法だから外国人には適さない。カナ表記では英語の音声を表わすことは不可能だから，発音学を科学的に研究する必要がある，といった。当初紹介された発音記号（音声記号）は現代のものとは異なる。今のような記号（IPA，この頃は万国音標文字といった）は，国際音声学協会が1888年に制定したもので，これは1記号1音だから正確である。日本に入ってきたのは大正の中頃からで，イギリスのダニエル・ジョーンズの発音辞典（Daniel Jones: *An English Pronouncing Dictionary*, 1917）と外国人のための英語発音の解説書（*An Outline of English Phonetics*, 1918）によって広まった。ジョーンズが標準的として記録した発音（いわゆる Received Pronunciation, 容認発音）は南部イングランドのパブリック・スクールの英語の発音だった。ジョーンズは「これは客観的な記述であって，決して規範ではない」と断っているのに，ジョーンズの弟子のパーマーが来日すると，日本ではそれを「正しい発音」「手本とすべき発音」と受け取って，懸命に真似しようとした。「ジョーンズそっくり」というのが最高の賛辞だった。

　これを契機に日本の英語界では空前の音声学ブームが起こった。発音関係の研究書が何冊も出た。三省堂の『袖珍コンサイス英和辞典』（1922）をはじめいくつかの辞書が発音記号の採用に踏み切った。発音の専門辞典（市河三喜『英語発音辞典』1923）まで作られた。強勢のある音節の前に付けていたアクセント符号を，母音字の上に付けたのはこの辞書が最初である。

教室では教科書にカナをふることが禁じられ，カナ発音の載っている辞書（例えば，斎藤秀三郎の『熟語本位英和中辞典』など）は使用を禁止された。当時（旧制）高校の入試問題は全国共通だったが，大正13，14年度にアクセント問題が出題されると，「アクセント早分かり」式の対策本がたくさん出た。ジョーンズの辞書は簡略表記（broad transcription）といって，ネイティブ・スピーカー用のものだから，約束事が多い。それを知らないで使うと，とんだ怪我をする。発音記号をローマ字読みにして「ポキット」（pocket）とか「チョカリット」（chocolate）とするのがそれである。市河は大正15年（1926）にすでに「有能ならざる教師の手に於いて音標文字は有害無益の道具たるに過ぎない。武器が鋭利であればあるだけ，余程心してこれを使わなければ，いたずらに人の子を損なう結果に陥るであろう」と警告している。

6　英音か米音か

　敗戦の翌年1946年NHKラジオで平川唯一の「カムカム英語会話」が始まって，32％という高聴取率をとったが，そのテキストにはカナで発音が示してあった。

> Now go ahead. Eat it.
> ナウ ゴーアヘッド イーレット
>
> I　knew　you would love it.
> アイ ニュー ユー ウッド ラヴェット
>
> Be careful. Don't spill it on the floor.
> ビー キャフル ドン スピレロ ン　ザ フローア

　日本がアメリカに負けると，アメリカ英語が優勢になって，イギリス発音かアメリカ発音か，がよく問題になった。日本人はイ

ギリス英語に一番近いボストンの発音を真似るのがよい，という人もいた。日本人の発音は英米の中間だから，アトランティック・イングリッシュだ，などとシャレをいう人もいた。

辞書では，『最新コンサイス英和辞典』(1951)が米音に切り換えたが，1回でやめてしまった。英音・米音の順序も研究社の『新英和大辞典』(1953)が米音を優先したかと思ったら，7年後には元に戻った。米音を載せるのに参考にすべき発音辞典はケニヨン・ノットのもの (Kenyon & Knott: *A Pronouncing Dictionary of American English*, 1944) しかなかった。ジョーンズは簡易表記だが，こちらは精密表記だったので，記号が異なる。中学・高校の教科書も米音中心になったが，教科書の表記は米音をジョーンズ式で表記し，r-coloring などアメリカ英語の特徴を補足的に加えるというのが一般的だった。

辞書の表記にも進化があった。従来は第1アクセントだけだったのが，第2アクセントも表記するようになった。単音節語の母音の上にもアクセント符号をつけるようになった。2語以上の見出し語にもアクセントをつけるようになった，などなど。初版以来半世紀近く記号を変えなかったジョーンズの辞典も，彼の死んだ1967年に出た13版以降は改訂のたびに表記法が変わるようになった。しかし，この頃になると類書がふえて，必ずしもジョーンズは絶対視されなくなった。

中学校では，必要に応じて発音表記（音標文字）を用いて指導してもよい，という程度だったから，中学生用（最近では高校初級用も）の辞書にはカナを併記するのが普通だった。テープ教材が普及すると，発音は文字からではなくて，耳で覚えるもの，というのが常識になり，発音の指導書はもちろん，辞書にまでテープやCDがつくようになった。『カセット英単語辞典』（研究社1969）というのはそのはしりで，すべての単語の発音と例文が音

読されてテープに入っていた。電子辞書やCD-ROMの時代になると，音声記号の部分をクリックすると発音が聞こえてくるものまでできた。学習機器にも，自分の発音した音がどこまで正しいのかが，画面に図示されるものまで出現するようになった。

7　カナ表記の再評価？

　カナ表記はもう時代遅れだ，所詮は必要悪だ，というのが一般的な見方だったところへ，1998年になって「カナ発音表記」をめぐって，雑誌『英語教育』（8，10月号）でちょっとした論争が起きた。前年出た若林俊輔主幹の『ヴィスタ英和辞典』（三省堂）のカナ表記について，島岡丘が批判したのだ。島岡は少し前から「英語の発音カナ表記は音声記号より優る」と主張して，英語発音表記学会を主宰して，その普及と定着に努めていた。若林は「カナ発音入り」（音声記号も併記）をうたい文句に，高校生の負担を減らす学習英和辞典を作ろうとした。若林は「そのまま素直に読めば，原音にかなり近い響きが再生できる」を目標に，表記に工夫をこらした。それに対して島岡が自分の方式との優劣を問題にしたのだ。

　若林がカナ表記は（ニセ）近似音しか表わせない，sとth，rとlは自分のカナ表記では区別しない，とするのに対して，島岡はこれを一種の中間言語ととらえ，工夫次第ではかなり精度を上げられると考えた。島岡は表記に微調整を加えては，「近似カナ発音」から「最適カナ表記」，「標準的カナ表記」，と呼び方も次第に格上げした。

　個々の表記の優劣についてここで論じる余裕はないが，いくつか例をあげると，girlを若林は「**ガーォ**」とするのに対して，島岡は「**ゲァ～ウ**」がいいという。（後に「自分は中学時代アメリ

カ人の発音を「グロ」と聞いていた」という投書も載った。著者は「ゴロー」と聞いた記憶がある。）happy は若林が「ヘァピ」で島岡が「ヘアッピィ」（ついでながら，中浜万次郎は「ハペ」），bought は若林が「ボート」で島岡が「バート」である。実際にどんな音になるのか，読者も口に出して言ってみてほしい。

　「片仮名発音は，原音の上に厚手のトレーシング・ペーパーを置き，その上からうっすらとなぞったものであるにすぎない」といった人がいるが，だとすれば，カナ発音表記の工夫というのは，トレーシング・ペーパーを限りなく薄くして，できるだけ強くなぞれるようにするための努力だ，ということになろうか。

　島岡の「微調整」という言葉で思い出すのは，明治のカナ表記のことだ。音声学の知識が増えるにつれて，つぎつぎに微調整が加えられ，カナ表記は明治の末にひとつのピークを迎えた。しかし，行きつくところまで行きつくと，あまりにも複雑になりすぎて，そんな約束事をいちいち覚えるくらいなら，いっそのこと音声記号を覚えたほうがいい，ということになったようだ。21世紀のカナ表記はどうなるのだろうか。

4 唯一の国産教授法「訳読」
―― 教授法（1）

福沢諭吉

1 訳読は訳「毒」か

　「読んで訳す」という訳読は，近頃文法とともに大変評判が悪い。訳読なんて時代遅れだ，訳読なんかやっているから英語が身につかないのだ，と訳読は今や目のカタキである。英語のよくできる人で「訳読」は「訳毒」だ，あれを止めない限り日本の英語教育はよくならない，とまで極言する人がいる。ところが聞いてみると，その人自身が中学・高校で受けた授業は，ほとんどがその訳読だったというではないか。

　この古くてしぶとい教授法はどのようにして生まれ，どのようにして今日まで生き延びてきたのだろうか。

2 会読

2-1 漢学・蘭学・英学に共通の教授法

　江戸時代の英語の学習法を調べてみると，蘭学の影響が強い。最初に英語を学んだのが，オランダ通詞や蘭学者だったから無理

もない。そこで蘭学はというと、これがまた漢文の学習法の影響が強い。漢文は古代日本人が最初に学んだ外国語だから、歴史の長さが違う。古くから漢文訓読法というのが発達していた。その歴史を全部おさらいしていると長くなるから、要点だけにする。

江戸の中頃に荻生徂徠（おぎゅうそらい）という儒学者がいた。漢文も中国語の発音（唐音といった）で読むべし、と主張した最初の人だ。彼はまた教師の講釈を聞いているだけではだめだといって、弟子たちに「会読（かいどく）」というのをやらせた。これは、幾人かが1カ所に集り、ある者が書物の内容を論じ、他の者たちが質問をする、いわゆる質疑応答による共同学習である。今ふうの言葉でいえば、共同研究であり、輪講、輪読会であり、ゼミでの演習みたいなものと考えてよい。

徂徠以後、漢文の学習では、入門期はまず「素読（そどく）」、それを卒業すると次は「会読」という教育課程が一般化した。素読というのは「漢籍などを、意味を考えず、字だけを追って、声を出して読む」ことである。この素読から会読へというやり方は、漢学の広瀬淡窓から蘭学の坪井信道、緒方洪庵へ、やがて英学にも踏襲されて、明治初期の慶応義塾にまで及んだ。

2-2　蘭学における会読——福沢の場合

漢文の会読の例をあげてもしかたがないので、蘭学の場合をあげる。杉田玄白の『蘭学事始』には『解体新書』を翻訳するにあたって、彼らが集ってグループ（社中と呼んでいた）を作って討論をしながら、疑問を一つひとつ解決していった様子が、目に見えるように書かれている。「会読」とは呼んでいないが、その精神は明らかに会読である。江戸中期1770年代のことである。

それから80年たった1850年代、福沢諭吉が大阪の緒方洪庵の蘭

適塾の大部屋

学塾,適塾(てきじゅく)に入った。そこでの授業風景は次のようなものだった。

　まず,会読の前段階である素読について。当時江戸で翻刻になっている和蘭(オランダ)の文典が2冊あった。一つを「ガランマチカ」(grammar のこと),一つを「セインタキス」(といっても今のような構文論ではなく False Syntax〈誤用文法,誤文訂正〉だったが)といった。初学の者にはまずその「ガランマチカ」を教え,素読を授けるかたわら講釈もして聞かせる。これを1冊読み終わると「セインタキス」をまた同じようにして教える。どうやらこうやら2冊の文典が理解できると文法は卒業で,今度は訳読である会読の段階へと進む。

　会読は一六(1日,6日,11日,16日,21日,26日)とか三八とかいって,毎月6回行われ「六斎(ろくさい)の会読」と呼ばれた。会読の予習は教材を筆写することから始まる。何しろその頃はテキストといったら先生所蔵のもの1冊しかなかったから,塾生はみな順番にそれを写さなくてはならなかった。1回の会読分は半紙にして

3，4枚程度。それを写すと，次はわからない単語を辞書で引く。最初のうちは冠詞，前置詞以外には，知っている単語は1つもないのだから，片端から字引を引かなくてはならない。ところが肝心の蘭和辞典が塾全体で1セットしかない。『ヅーフ・ハルマ』という6巻本の写本で，「ヅーフ部屋」と呼ばれた6畳間に置いてあった。会読の前夜ともなると，そこへ塾生たちが次々にやって来て，夜おそくまで奪い合うようにして辞書を引いた。

さていよいよ会読の当日である。籤（くじ）でもってまず順番を決め，最初の担当者が数行を解釈する。次の番の者から質問をし，順次最後の者に至る。担当者が答えると1問毎に会頭（塾頭，塾監あるいは上級生）が勝敗を判定し，勝者には白点，敗者には黒点をつける。担当者が負けると次の者と交代する。これを「奪席」という。担当部分を完全に講義できた者には白い三角が与えられる。これは白点の3倍の価値がある。予定した講義の範囲が終わると会読は終了するが，普通は午前中が素読・講義で，午後からの会読は夕方までかかった。1ヵ月毎に点数を集計し，それによって翌月の席順が決まる。

塾の等級は7〜8級に分かれていて，3ヵ月続けて上位だと進級できる。塾では塾生1人に畳1畳ずつを割り当てたが，実力主義の世界だから，成績順に好きな場所を取る。壁際の薄暗い所や人の出入りの多い所ではたまらないから，塾生は必死になって勉強した。会読以外の時には先輩も親切に教えてくれるが，会読の準備だけは他人に聞いたり教えたりするのは恥だとされていたから独力でやるほかない。だから塾生にとっては毎月6回ずつ試験があるようなものだった。（以上は福沢諭吉の『福翁自伝』と長与専斎の『松香私志』によってまとめた。）

2-3 英学の場合

　幕府の留学生としてイギリスに学び，明治になって東京帝大総長や文部大臣を務めた数学者の菊池大麓(だいろく)は1860年代の前半に幕府の外国語学校である開成所で学んだが，そこでも会読をやっていた。やり方は適塾とだいたい同じだが，具体的な質問が記されている。これは『英吉利(イギリス)文典』のところで紹介したパーシングである。

　　例えばI amという字があるとすると，amという動詞についてすべての変化を聞く。この不定法は何であるか，半過去（現在完了のこと）の2人称の単数は何かというようにいちいち問をかける，というやり方でした。

　　　　　　　　　　　　　　　（『菊池前文相演説九十九集』大日本図書，1903）

　同じ頃，慶応義塾でも会読をやっていたが，明治4年（1871）三田に移ってからは，新入生が300人を超えるようになったので廃止した。明治7年（1874）に進文学舎という私塾に入った町田則文（明治11年東京師範学校中学師範学科卒）も会読をやったという。

　しかし，漢学の会読のように，諸般にわたって研究審議して談論風発する気概はなかった。学生は字引と首引きしつつ十分に下読みをなし，教師のもとで会読する。勿論ただ訳解のみで，音読には少しも関係なかった。例えば，theを「ヘー」と発音しても，「サイ」と発音しても，これによって別に黒白点が付される訳ではなかった。（『明治国民教育史』，1928）

2-4 漢文訓読法

　会読・訳読を支えていたのは中浜万次郎の『英米対話捷径』にも用いられていた漢文訓読法で，明治20年代まで行われたという。当時の自修書（独案内といった）などによく見かけるので，その実例をあげておく。（第8章の2-1参照）

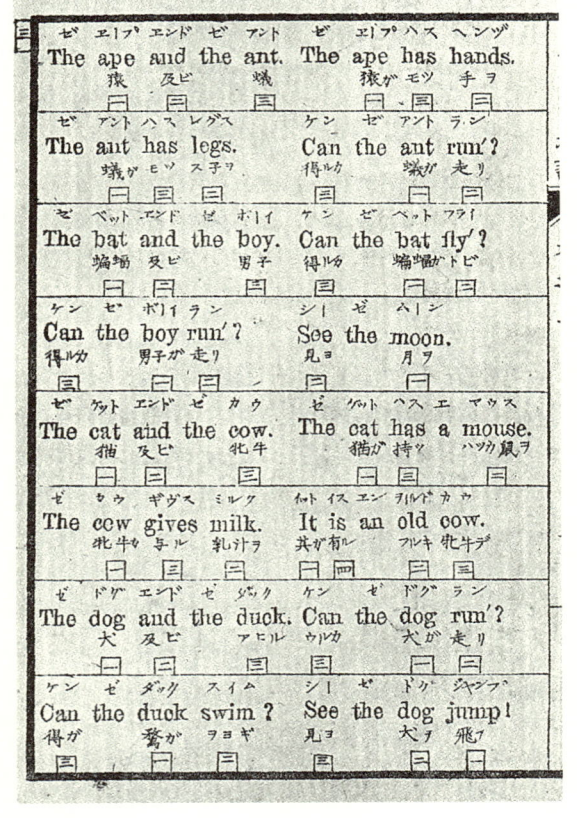

『第一リードル挿訳巻之一』（明治5年）1ページ

「文選読み」と呼ばれた,漢文学習に由来する次のような逐語訳のやり方もあつた。例えば How do you do？なら「you なんじは,How いかに,do なし,do なすか」というふうに訳すのである。

3 訳読に「変則」の烙印が

3-1 「正則・変則」の別は教育課程の違いから

明治2年（1869）に新政府の開成所・開成学校で,「語学」を正則とし,「講読」を変則と名づけたのが,正則・変則の名称の起原といわれる。それはあくまで制度上の違いで,明治3年の大学南校規則第7条には「諸生徒を正則・変則の2類に分ち,正則生は外国人教師に従い韻学［発音］会話より始め,変則生は訓読解意を主とし,［日本人］教官の教授を受くべき事」とある。ここからやがて「正則英語」,「変則英語」という教授法の違いへと意味が変化し,むしろそのほうが一般的になった。明治4年には大学南校は変則教授を廃止し,必ず外国人教師をあて,優等生を海外に留学させる制度を確立した。こうして大学南校は完全に「アメリカの学校」へと変貌を遂げたのである。

最近また国語以外の全教科を英語で教えようという試みが各地で始まるようだが,その前例はすでに明治初年にあったのである。

3-2 内村鑑三の受けた正則コースの授業

当時の外国人教師による授業の様子を見てみよう。明治10年（1877）大学南校の後身である東京大学の予備門に入った内村鑑

三は，新渡戸稲造，宮部金吾らと一緒にスコット（Marion M. Scott）というアメリカ人から学んだ。この学校の方針に従って，彼は全科目を英語教科書を使って教えた。後にこの3人は札幌農学校に進む。クラーク先生のつくった札幌農学校こそアメリカの大学（マサチューセッツ農科大学）が引っ越してきたようなものだった。

　　この人の英語教授を大学予備門において受けた時，私等は全く一の新天地に導き入れられたように感じた。その以前に行われた英語教育をかためていたのは単語暗記主義と文法尊重主義とであった。然るにこの人によって，私等が教えられたのは全然その反対であった。というのは単語一つ一つの意義を記憶させられるよりも，むしろ若干数の言葉が相集ってなしている集団の内容を理解するように導かれたのであった。これらの集団を名付けて文法学者はフレーズとかクローズとか言うであろうが，その名称は兎に角として，私等は当時これらをもっと広義に解していた。

　　次に彼の工夫として思い出されるのは，文法上の術語とか規則とかに拘泥しないで，毎週1回かなりに多くの短い英文を作らせた事，またかようにして英語を実際上に運用して，もって我々自身の思想感情を発表させたことであった。かような手引によって，形式的文法第一主義より一転して，私等の引き入れられたのは作文尊重主義であった。

　　その以前に英文法の講義を私等のために聞かせてくれた教師は幾人であったか，もはや記憶していないが，どの先生もどの先生も文法のアナリシスにとらえられて，8品詞中動詞の中程に来る頃には既に時間がなくなって，大抵その講義は打切られてしまった。したがって肝心のシンセシス［総合的な組み立て方］などまったく教えられずに学期や学年の終わりとなるのが常であった。しかるにあの七面倒な parsing などで私等青年を困らせずに，スコット氏はいきなり作文を私等に課して，英語そのものを実際的につかわせてくれた。

　　かようにして外国文を読む分量に比較して，むしろより多く外

国語を実地につかわせてみるというのがスコット氏語学授業法の第2特徴であった。

　お蔭で私等の英文に対する面白味は段々と強められた。これを言い換えれば，単語一々の詮索よりもむしろグループス内容の理解を先にし，また形式的文法の規則を覚えるよりも英語そのものを自ら使ってみてこれを理解し，そしてその理解を新しい英文の解釈に応用させるというスコット氏のメソッドは私等に対してきわめて有効であった。かように読んでは使い，使っては読むという流儀で両面あい補って行くという教授法に対して，私は今も尚大いに感謝している。

（談話筆記「スコット・メソッドの復活と浦口［文治］君のグループ・メソッド」1927）

これを読むと，正則と変則の比較や，のちの英語名人，英文ライターたちがどのような教育を受たかが，よく分かる。

3-3　正則の起源は外国人の英語塾

　正則英語は幕末から明治初年に，横浜などの開港地や東京築地の居留地などの外国人の塾から始まったとする人もいる。特に横浜のブラウン（S. R. Brown）はプレンダーガストの「マスタリー・システィム」（習熟教授法）によって「生徒の口の中に自分の指を入れ」てまで熱心に発音を教えた。（その詳細は茂住實男『洋語教授法史研究』pp. 316-41を参照）。

　茂住はそのようなオーラルによる正則の教え方をする所を「英語塾」，訳読によるものを「英学塾」と呼んで区別している。文章の意味を理解することに集中し，発音を軽視する英学塾の教え方はやがて「変則教授法」というマイナス・イメージを持った名前で呼ばれるようになる。例外はあったが，官立学校やミッション・スクールは正則，私塾や私立学校は変則というのが普通だっ

た。明治12年（1879）の統計では，中学校の場合，公立107校に対して，私立は677校と圧倒的に多かった。

3-4　慶応義塾も変則

「汽笛一声新橋を」で始まる「鉄道唱歌」の作詞者として知られ，広島英語学校に学んだ大和田建樹（1857-1910）は，明治最初の10年間の状況を，次のように記録している。

　　この時にあたり慶応義塾の卒業生は到るところに厚く聘せられて英学校の教師となり，[明治23年（1890）までに五百数十名]ほとんど他の学風を圧倒して全国を福沢学風に化せしむるの勢いなりしかば，したがって英学に志すもの日に月に増加して，梅雨後の蚊もただならざる有様となれり。
　　その修むるは如何なる学科ぞ。あたかも幕府時代の漢学の如く，これという専門をも定めずして，ただ英吉利の文字を読み，英吉利の書籍を解し，英吉利風の主義を注入するをもって目的とせるは疑うべからず。いわゆる実利的にして，これを以って身を立て，これを以って社会に交わらんとするに出でたるは十の八九なりけらし。
　　その読むところは如何なる書ぞ。その初歩よりして三つ四ついわば，ユニオン読本，ウィルソン読本，ピネオ文典，パーレー万国史，グードリッチ英国史，同米国史，ギゾー文明史，バックル文明史，ウェーランド経済書のごときこれなり。
　　いわゆる正則・変則という言葉の起こりしもこの時にして，官立の外国語学校などにて規則立ったる英語の教育を受くるものを正則と称え，慶応義塾のごときただ英字を知り英書を読むに止まりて，英語を話し英文を綴るを意とせざる教授法を変則と呼ぶは今も同じ事なれど，この時の変則流の発音は実に抱腹に堪えざる事も甚しかりしなり。ある人「ネーボー」[近隣，neighbour]の文字を誤りて「ネジボー」と読み，「ザーキセス」[Xerxes，クセルクセス，ペルシャ王]を「エキセルエキセス」と得意で読みし

は余が記憶せる所にてこの時代の事なりき。

　英学の程度は実にかくのごとく低かりしにもかかわらず，その人心を勧誘してあるいは実業的にあるいは政治的に，また稀には文学的に向かわしめし功績の多きは，煌として火を見る如く，誰かまた疑うものあらんや。実に輸入時代の思想改造においてこれが原因となり，またこれが結果となりて次の磁気を招き出したしり。

（『明治文学史　全』第4章，1894）

3-5　新渡戸稲造の評価

　こう見てくると正則は変則よりあらゆる点で優れた教授法のように見えるが，自身両方を経験した新渡戸稲造は変則のあらゆる欠点をあげた上で，なおかつ変則を擁護して「ただオウムのように意味も考えないで，次々に英文を読んでいた正則の学生たちに比べると，変則の学生のほうが通常はるかに正確厳密に意味内容を把握していた。正則教授法は読む機械のように，常にねじを巻いて動かすことになり，正しい発音はできても，知る価値のあることは少しも習得していないという場合が珍しくない」と公平に評価している。("The Use and Study of Foreign Languages in Japan", 1923)

4　昭和の訳読

4-1　訳読法のその後

　知的訓練（？）を目的とした戦前の旧制中学校や旧制高校の英語授業のほとんどは訳読中心だった。この訳読から発展した訓詁

注釈という研究法は，やがて日本の英文学界で一つの学風を形成するほどになった。村田祐治の『英文直読直解法』(1915)とか浦口文治の『グループ・メソッド』(1927)といった新しい訳読の技法も開発された。受験英語の「英文解釈法」というのも訳読を体系化したものといえるだろう。

4-2　授業風景

　教室における実際の訳読作業というのはどのように行われていたか。旧制中学校における退屈な授業風景を澤村寅二郎が，多少戯画化してはいるが，目に浮かぶように再現しているので，長いが引いておく。

　　鐘が鳴って生徒が教場に集まる。教師が教壇に現れて，生徒は礼をする。教師は出席簿を読む。生徒たちは互いに談笑したり，鉛筆を削ったり，書物やノートを出したりしている。
　　教師は「今日は何ページの何行目から」と言って，閻魔帳を見て一人の生徒を指名する。生徒は立って reading をする―どもりながら，一緒に読むべき単語と単語とを切れ切れに離したり，あるいは切り離す単語をくっつけたり，発音を間違えたりしながらある分量を読む。何しろ意味が十分に分かっていないのだから無理もない。そしてそれを聞いているのは教師と少数の真面目な生徒だけで，他はやはりヒソヒソと話をしたり鉛筆を削ったりしている。厳格な先生ならば，そういう生徒を叱ったり，一方 reading をしている生徒の読み方を訂正し，あるいは出来る生徒に発音や accent を尋ねたりするであろう。
　　しかしこの reading なるものはたいていの場合，語句を音の流れや音の pattern として取り扱うよりも，単語を単位とした分解的なもので，教師の訂正は単に reading している生徒に対した個人的なもので，しかもその生徒は後でしなければならぬ訳読に気を取られて，その訂正に大して注意しない。いわんや他の生徒た

ちも結局は訳が重要なので,試験も多くの場合訳さえ書ければよいのであるから,ほとんど注意を払わない。だから時間を食う割合に一向効果がない。また教師が無責任な呑気な人ならば,生徒のreadingに対して教師自身もあまり注意を払わず,結局それは生徒の訳す分量を決めるためのようなものとなってしまう。

やがて生徒の訳読が始まる。生徒は何とか語句に訳をつけて責任を免れればよいので,自分の言う事が結局どんなたわ言であろうと,教師に小言を食わないことを限度として,何とかお茶をにごす。他の生徒はどうせ後で先生が好い訳をつけてくれることは分かっているし,殊に訳をしている生徒が出来ない生徒ならば,そんな者の言うたわ言に耳をかしはしない。今どこをやっているかという事だけ分かっていれば,先の方の自分の当たりそうなところを見たり,また既にその準備が出来ているなら,次の時間の数学の問題でも考えるか,それともノートに先生の似顔でも描いている。

そこでいよいよ先生のreadingが始まる。しかし生徒の待っているのは先生のreadingでなくて訳である。大多数の生徒は十分に調べていないから,この先生の訳を筆記するのが,時間中の最も重要な仕事である。先生の訳がすむと次の生徒が当たって,また同じ事を繰り返す。かようにして生徒が耳にするもの,少なくとも注意して傾聴するものは,日本語である。英語は単に目によって漠然と認識され,訳読のヒントを得るための印として取り扱われるのみである。たとえ英語を耳から聞くにしても,それは印刷されたものを眼でたどっていながらのことであるから,音としてそれに注意を払わない。

(『訳読と翻訳』, pp. 13-4)

今でもこれと大して変わらない授業が行われているのではないか。

4-3 訳読とともに失われるもの

明治の英語学習者の学習意欲を支えたのは,西洋の文物へのあ

くなき心酔と憧憬，立身出世の手段としての英語重視であった。明治の文化そのものが翻訳文化だった。そういう時代には，訳読は今では考えられないくらいの教育効果をあげた。ところが文明開化が一段落すると，原書を読まなくても翻訳ですむようになり，会読に示されたような明治の書生たちのあの熱気はどこかに消えうせた。動機づけが弱まれば，形骸化した学習形態だけが残る。訳読は本来学習者の自学自修に依存する部分が大きい。その役割を終えてもなお惰性的に，旧態依然たる訳読が教授法の蔭の主流でありつづけたのは何故か。

　訳読は怠惰な教師の安易な教授法と化したときから，その堕落が始まった。明治30年（1897）という早い時期に外山正一(とやままさかず)はそれを「ノンベンクラリの訳読は言語道断の授業法」と非難している。以来1世紀いまだに生き続けていて，なかなか死なない。

　しかしまた別の考え方もできる。入門段階とアカデミズムは別かもしれないが，訳読が完全に死に絶えた時，それとともに「正確な読み」「訓詁註釈」といった日本の英文科アカデミズムの良き伝統もまた失われるのではないか。文の構造を分析することによって獲得できる正確な読解能力，英語による英語の理解だけでは核心に到達できない，日本語を媒介にして初めてわかる英文の機微，文法訳読式にはそういった利点もあるはずである。英語の運用能力育成には役立たなくても，「もう一つの国語教育」としてみれば，訳読にもそれなりの効用はあるのではないか。訳読に不可欠な文法教育もまた衰退しつつある今，訳読はこのまま死に絶えるのか，訳読の今ひとたびの復権はありうるのか。

5　ヨーロッパの訳読：文法・翻訳教授法

　訳読は日本独特の教授法ではない。ヨーロッパでもつい100年

か150年前までは，ギリシア・ラテンの古典語はもちろん現代語 (modern languages 外国語のこと) の学習でさえも GT 法 (Grammar Translation Method, 文法・翻訳教授法) が普通だった。訳読と似たようなこともやっていたようで，イェスペルセンはドイツの学校で用いられた英語の教科書の中に独文英訳用の番号付きのドイツ文を挙げている。番号順に英語を並べよ，というのである。(Otto Jespersen: *How to Teach a Foreign Language*, 1904)

　イギリス人がラテン語を学ぶ場合にも，"Poeta reginae rosam donat" という文はまず the poet, to the queen, a rose, gives と各語句の訳と文法的解剖をしてから "The poet gives the queen a rose." と訳したのだという。

　交通機関や通信機関が未発達で，国際交流が今ほど盛んではなかった時代には，外国語学習者は，書籍つまり活字を通してしか外国語に接する機会はなく，本から新知識を吸収するだけが外国語学習の目的だった。だから彼らはまず最初に文法を学ぶと，その規則を文章に適用しながら書物の内容を「読んでは訳す」だけで，コミュニケーションなどは思いもよらなかった。GT 法は今では「古典的教授法」という尊称を奉られているが，この教授法はまた，教養を重んじ実用を卑しんだ学問と教育のあり方とも関連していたことを忘れてはならない。

　次にその特徴を日本人の英語学習という観点からまとめておく。

1．文字言語，書き言葉中心。
2．リーディング（それも精読）中心。意味内容の把握と，いかに自然な日本語に訳すかが最大の関心事。
3．文法（8品詞・5文型）の学習から出発。
4．教室作業としては，訳すことと文法的分析，プラス多少の音読。

5. 授業用語はもっぱら自国語。
6. 予習の中心は辞書（特に英和辞典）を引いて単語帳をつくること。
7. 教室では教師主導。家庭での予習を前提とする。自学自習も可能。
8. 多人数クラスでも実施可能。
9. 学習者の側に，外国文化に対する強い関心があれば効果があがる。

次にこの教授法に欠けているものは何か，を考えてみる。それには，上の各項目を裏返してみればよい。

1. 音声言語，話し言葉が軽視されている。生きた英語が学べない。
2. リーディング以外の3技能，とりわけリスニングとスピーキングは無視されている。授業中，教師が英語を話すことは滅多にない。発信型ではない。コミュニケーションという視点もない。
3. 文法学習は帰納的よりも演繹的。
4. 速読とか大意や概要・要点をつかむ訓練が不足する。パラグラフ単位より，センテンス単位になりがち。
5. 英英辞典の活用は敬遠される。
6. 訳文の自然さが高く評価される。
7. 授業は概して単調で，予習の結果をチェックしているに過ぎない場合も。
8. 1時間に1回も指名されない生徒もあって，授業の中での反復練習の機会はまず無い。
9. 教材の内容に興味がなければ，学習意欲は低下する。

5 輸入教授法の時代
——教授法（2）

ハロルド・E・パーマー

1 Audio-Lingual Methods（オーディオ・リンガル教授法）

　Audio は「耳の」，Lingual は「口の」という意味だから，訳せば「耳口教授法」である。訳読が文字中心なのに対して，発音重視，オーラル・ワーク中心の教授法といってもよい。Audio-Lingual という名称は最初は第2次世界大戦後にアメリカで生まれたある特定の教授法の名称だったが，今ではもっと広く19世紀後半以後に出現した教授法の総称，GT法にとって代わった新しい教授法全体の総称として用いられるようになった。したがって，Methods（教授法たち）と複数になっていることに注目。ここに含まれる教授法の数は10や20ではない。今では名前しか伝わっていないものまで含めると優に100を越えるだろう。近代の英語教授法の歴史はつい最近までは AL 法の歴史だったといってもよい。

2 革新教授法の誕生

　AL法の起源はヨーロッパであるが，そんなに古いことではない。19世紀の後半になると交通機関が発達して外国にでかける人が多くなり，通信手段の発達で外国語を耳にする機会も増えた。

そのような社会的変化にともなって，生きた外国語を教える学校も各地に生まれた。その初期のものは「ベルリッツ・メソッド」とか「グアン・メソッド」のように提唱者個人の名前で呼ばれていたが，やがて1882年にドイツのフィエトル（Wilhelm Viëtor, 1850-1918）という人が『言語教育は転換せざるべからず！』(Der Sprachunterricht muss umkehren!)という画期的な論文を発表した。これが外国語教育史の上での近代の始まり，教授法革新元年ということになっている。

彼がそう主張したのは当時新興の学問だった音声学の立場で，発音分解図を利用しての発音指導の徹底などを提唱した。（のちに彼は国際音声学協会の2代目会長となる。）その他にも言語を体系と運用に分けたソシュールの言語学や，刺激と反応に基づく習慣形成理論という新しい心理学などを背景に革新的な「新教授法」が生まれた。

わずか38ページのフィエトルの小冊子は，長い間文法翻訳法で苦しんできたドイツ教育界に一大旋風を巻き起こすことになる。1882年から1898年までの17年間に，ドイツを中心に実に708篇の賛否両論の論文が発表されたという。そして1892年にはフィエト

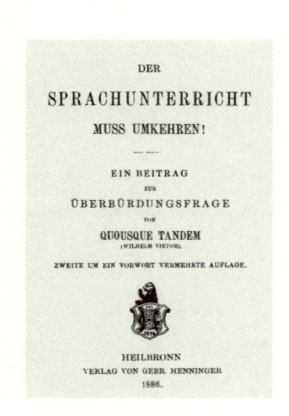

フィエトル
『言語教育は転換せざるべからず！』

ルの教授法はプロイセンの内閣教育部によって公式に採用されることになったのである。こうして文法翻訳法はもはや時代おくれの「旧教授法」となった。だからといってそれにとって代わった新教授法がすぐに世界中に広まったわけではないが。

　フィエトルがのろしを上げた1882年は、日本でいうと明治15年である。日本でもそのころまでには、実践はともかくとして、理論的には「正則」のほうが正しいという認識だけは十分に広まっていた。日本の新教授法ともいうべき「正則英語教授法」にどれだけ具体的な方法論があったかとなると怪しいものだが、少なくとも発音重視という点だけはフィエトルと共通だった。

3　革新教授法前史——「個人的改革者」

　ヨーロッパの「革新教授法」は、1880年代になって突然出現したわけではない。すでに書いたようにそれ以前に社会の変化、時代の移り変わりというものがあった上でのことである。日本の正則英語だって、外国人教師が来なければ始まらなかった。それともうひとつ、これもすでに名前を出したが、ベルリッツとかグアンという革新運動の先駆者が何人もいた。彼らに特に理論的な背景があったわけではない。多くは個人的な学習体験から編み出した通俗教授法だったので、今日では「個人的改革者」(Individual Reformers) と呼ばれている。旧教授法との橋渡しの役割を果たしながら、革新教授法の出現以後はほとんどが忘れ去られていたが、近年また再評価の兆しもある。

　それらをいちいち解説する余裕はないが、以下年表ふうに、日本での出来事（右寄せ●付き）と一緒に年代順に並べて、その関連を見ていくことにしよう。

1835	H. G. Ollendorff: *New Method of Learning to Read, Write, and Speak a Language in Six Months* (Practice Method)
1853	Claude Marcel: *Language as a Means of Mental Culture and International Communication* (Reading Method)
1864	Thomas Prendergast; *Mastery of Languages*（習熟式）
1875	●S. R. Brown: *Prendergast's Mastery System, Adapted to the Study of Japanese or English*（横浜で出版）
	●文部省学監モルレー（David Murray）が Ollenndorff の教授法を推奨
1878	最初のベルリッツ・スクール開校（Natural Method）
1880	François Gouin: *L'art d'enseigner et d'etudier les langues*（Psychologial Method，観念連合，Series System）
1882	Wilhelm Viëtor: *Der Sprachunterricht muss umkehren!* （音声教授法）
1886	国際音声学協会の前身創立
1887	●最初の外国語教授法書，マーセル『外国語研究法』（吉田直太郎訳）
1889	●外山正一・チェンバレン編『正則文部省英語読本』
1896	●斎藤秀三郎，東京神田に正則英語学校創立
1897	●外山正一『英語教授法』
1898	Mary Brebner: *The Method of Teaching Modern Languages in Germany*
1899	Henry Sweet: *The Practical Study of Languages*
1901	●Gouin を英訳（1892）した Howard Swan 来日
	●スウィート『外国語教授法』（八杉貞利訳）
1904	Otto Jespersen: *How to Teach a Foreign Language*
1906	●英語教育専門誌『英語教授』（*The English Teachers' Magazine*）創刊
	●ブレブナ『外国語最新教授法』（岡倉由三郎抄訳）
1911	●岡倉由三郎『英語教育』
1913	●イェスペルセン『語学教授法新論』（前田太郎訳）

岡倉由三郎（よしさぶろう）は明治34-38年（1901-05）の英独留学から帰国すると，語学教授法の改善を熱心に説いた。彼は教員養成の総本山といわれた東京高等師範学校（現・筑波大学）の教授だったから，その影響は教え子を通じて全国に広まった。

　帰朝の翌年1906年に出した『外国語最新教授法』はイギリスのメアリー・ブレブナがドイツ各地の外国語教育の革新運動を視察して書いた本を抄訳したもの。これで初めてヨーロッパのDirect Methodの具体的な授業展開を知ることができた。日本の英語教育界はこの段階で，少なくとも理論面では，欧米と同じ水準に達したといえよう。その具体例として，明治42年（1909）に岡倉が中心となって作った文部省の英語教授法調査委員会の報告書が，新教授法の基本としてあげている8つの原則を次に示す。これは今日でも立派に通用する。

1. 最初の間は，耳によってのみ訓練すること。
2. 全課程を通じて，出来る限り外国語を用いること。
3. 自国語を外国語に翻訳すること［つまり和文英訳］は，上級の外は，全く除くか，または幾分か除くべきこと。
4. 外国語を自国語に翻訳することは，なるべく減縮すること。
5. 教授の初期には，広く絵画を用い，具体的に示すべきこと。
6. Realien［風物教授］，即ち外国の生活・風俗・制度・地理・歴史・文学などを広く教うべきこと。
7. 読本［リーダー］を基礎として，たえず会話を行うべきこと。
8. 文法は読本から帰納的に教うべきこと。

（『中等教育教授法・上』第3章，1910）

4　オーディオ・リンガル教授法

　大正の末，1920年代になると，イギリスからパーマーが来日して，英語教授研究所を創立して，「オーラル・メソッド」（Oral

Method) による英語教育の改革運動を始めた。第2次世界大戦後，1950年代にはアメリカからフリーズが来て，ELEC（エレック）を中心に「オーラル・アプローチ」(Oral Approach) の普及を計った。その間岡倉から始まって半世紀，実践はともかく理論的には AL 法こそは「外国語の正しい教授法」であることを疑う人はいなかった。

まず最初に，革新教授法以来の近代の AL 法全体に共通した特徴をまとめておく。岡倉の8原則ももちろんこの中に入る。

1. 音声言語，話し言葉（つまり生きた英語）を優先。
2. リスニング→スピーキング→リーディング→ライティングの順序で学習する。
3. 音声・文型・文法などの言語構造の学習が中心。
4. 文法は帰納的に教える。
5. 学習作業の中心は，口頭による反復練習のドリル。（耳・口中心）
6. 模倣・反復・強化により言語習慣の形成を図る。
7. 授業は原則として英語で行う。
8. 意味の理解は，日本語を介在させないで，絵や実物を通して直接行う。語彙の拡大よりも，まず発音・文型の完全学習を優先する。
9. 授業は教師主導型。予習は前提としない。
10. 既習事項との対比を重視し，前時の復習から始める。

次に，この数ある AL 法の中で，日本でよく知られている3つの教授法を，少し詳しく紹介してみよう。

4-1 パーマーのオーラル・メソッド

パーマー (Harold E. Palmer, 1877-1949) は大正11年（1922）

に文部省英語教授顧問として来日した。当時わが国の英語教育の主流は訳読式で、音声重視の教え方は岡倉たちの努力にもかかわらず、ごく限られた教師や学校が行っているに過ぎなかった。パーマーは翌12年に英語教授研究所を創設した。「外国人のための英語教育」は世界的にもまだ草創期だったから、英文の機関誌 *Bulletin*（第14章の3参照）は海外でも広く読まれた。以後、昭和11年（1936年）に帰国するまでの14年間、彼はこの研究所を拠点に講演・実地指導・著作活動などを通してオーラル・メソッドの普及に尽力した。岡倉以来の伝統がある東京高師の附属中学校の教師たちは進んでパーマーに協力した。（第12章の6参照）

　パーマーが日本に教えた教授法の原則は、まず音声から入る、理解だけにとどめないで練習によって英語を使えるようにする、授業では日本語はなるべく使わない、といったことだった。それは、従来の、文字から入る、訳せればよい、という英語よりも日本語のほうが多い授業とは大違いだった。

　パーマーは英語学習を「了解」「融合」「総合活用」の3段階にわけた。「了解」は訳読でもできるが、できる限り実物や絵を用いて了解させる点が違う。「融合」は日本語を介在させないで、英語とその意味が直接結びついて一体となるように反復練習する。最終段階である「総合活用」は、それまでに習った中から選び出して実際の場面に応用することである。これがうまく行けばそれこそ今はやりの「実践的コミュニケーション能力」が身についたといえる。そのほか、オーラル・メソッドにおける指導技術としては、ストーリーの「オーラル・イントロダクション」（口頭導入）、「英問英答」、「置き換え（代入）」と「転換」などがある。

　パーマーは、コミュニケーションの道具としての英語を教えようとあせるあまり、最初のうちはとかく当時の日本の現実と遊離しがちだった。日本人教師たちは「あれは外人にしかできない、

外人メソッドだ」などといって敬遠しがちだった。学校の授業にオーラル・メソッドを取り入れさせるには，リーダー中心の授業との融合が必要だった。そこで先進的な日本人教師たちの協力をえて，教科書に入る前に教師がやさしい英語で新教材を説明し（オーラル・イントロダクション），それについて英語で問答してから文字学習に入る，というような指導手順が考案された。パーマー自身も自ら検定教科書を作成したり，制限語彙の範囲内でやさしく書き直したサイド・リーダーを出したりした（第8章参照）。

これによってオーラル・メソッドを授業に取り入れようという教師が増えてきた。中には研究所の全国大会で授業を披露して喝采を浴びるような学校も出てきた。福島中学校や湘南中学校（いずれも旧制）がそれである。

パーマーが帰英し，戦争が近づくと英語どころではなくなった。研究所の活動もいったんは下火になり，語学教育研究所と改称の憂き目にもあった。戦後また市河三喜などの尽力で発展，今日に到っている。パーマーの日本での活動が成功だったか，失敗だったかは，一概には言えないが，パーマーのまいた種は立派に育って，80年後の今もなお熱心な英語教師たちによって活動が続けられている。彼の著作は先年『パーマー選集』全10巻として復刻された。イギリスでもそれを読んで，「外国人のための英語教育」のパイオニアとして彼を再評価するようになった。

4-2　フリーズのオーラル・アプローチ

オーラル・アプローチはミシガン大学のフリーズ（C. C. Fries, 1887-1967）が構造言語学と行動主義心理学の成果を背景につくりあげた外国語教授法である。戦後ミシガン大学に学んだ留学生などを通じてすでに紹介されていたが，昭和31年（1956）に日本

英語教育研究委員会（ELEC，現在は英語教育協議会）の招きでフリーズ自身が来日して，その顧問になった。以後毎年のように来て，講演やテキスト作りなどを通じてオーラル・アプローチの普及に努めた。ELECは中学教員の講習会や検定教科書作りにも力を入れた。ミシガンのテキストや構造言語学関係の文献を集めた「英語教育シリーズ」全20巻も出版された。（第12章9参照）

　戦後の日本では，義務教育の新制中学校でも英語が教えられることになった。エリート教育だった戦前の中学でも難しかったパーマーのオーラル・メソッドは，全員が学ぶ戦後の中学では到底不可能である。そこで，英問英答ではなくパタン・プラクティス（文型練習）で，といったように簡略化した「オーラル・アプローチ」が戦後の日本で巾広い支持を得たのである。

　当初は，パーマーとフリーズはどこが違うか，メソッドとアプローチの優劣，などがよく議論されたが，今日から見れば，両者は相違点よりも共通点のほうがはるかに多い。音声重視・反復練習などはどのオーディオ・リンガル教授法にも共通なのである。

　オーラル・メソッドの「言語習得の5習性」とオーラル・アプローチの「言語学習の5段階」とを比べて見ると，5つのうち4つまでは，名前は違っても中身は同じ，と見ることができる。

　（「5習性」の4番目は「5段階」では第1段階に含まれると

	5習性	5段階
1	耳による観察	認知（音声を正確に聞き取り，意味を理解する）
2	口による模倣	模倣
3	口馴らし	反復
4	意味付け	変換
5	類推による作文	選択

いう点が異なっている。)

特にオーラル・アプローチに特徴的な点をあげれば，次のような教材編成の原理がある。

(1) 外国語と学習者の母語とを比較分析して，その相違点（学習の困難点でもある）に考慮して教材を作成する。
(2) 言語材料が「連続する対立の小さな段階」(successive small steps of contrast) を踏んで学習できるように配列する。

第2点は，新教材を既習教材と関連づけて，構造上の差異をできるだけ小さくして，学習上の抵抗を最小限に止めるということであるが，この原理はその後の日本の教科書作りに大きな影響を与えた。

オーラル・アプローチに由来する指導技術としては，文型の口頭導入，コントラスト（対立），ミム・メム（模倣記憶練習）とパタン・プラクテイス（文型練習），「代入」「転換」「展開」それに「生徒同士の対話」(P−P dialog) などがある。

4-3　BASICから出たGDM教授法

あらゆる事柄をわずか850語の英語で表現できるというBASIC Englishというのを聞いたことがあるだろうか。BASICとはBritish, American, Scientific, International, Commercialの5語の頭文字を並べて作った造語で，イギリスのオグデン (C. K. Ogden, 1889-1957) とリチャーズ (I. A. Richards, 1893-1979) という2人の学者が，1929年に意味の分析から考え出した，国際補助語として簡易化された英語のことである。

それを戦後ハーバード大学でリチャーズがギブソン (C. Gibson) と一緒に *English Through Pictures* (1945, Pocket Book,

1952)というテキストを作って，外国人のための英語教育に応用したのがGDM（Graded Direct Method，段階式直接法）である。日本では吉沢美穂（1911-81）が中心になって1955年にGDM英語教授法研究会をつくり，地道な活動を続けてきた。その特徴は次の通りである。

(1) 教材が独自の順序で段階付けられている（graded）。
(2) SEN-SITによる母語を用いない授業（direct）。
(3) 学習者の自発的な発表活動の養成。

(1)の教材配列の順序というのはまったくGDM独特のもので，それをOrganic Sequence（有機的学習順序）と呼んで厳密に守られている。教師の話す英語も教材のgradingにそっていなければならない。(2)はできるだけ多くの視聴覚教材を活用して，SEN-SIT（意味senseと場面situation）が日本語の媒介なしに

GDM 教授法の線画例

直接結び付くように教える。マッチの軸で作ったような単純で飾り気のない線画（stick figure）を使うのは，学習者の注意がそらされたり，無用な混乱を起こさないためだという。

授業中の生徒の発言はすべて場面に応じたもので，教師の英語を機械的に模倣したり，反復したりはしない。生徒が言えることは教師が先取りして言わないようにする。生徒の自発的な発表活動が授業の柱なのである。文法も生徒が自分でルールを発見するようにさせる。

GDM は指導順序へのこだわりが強く，指導法とテキストがセットになっているので，検定教科書を使った授業に部分的にとり入れることは困難な場合が多い。しかし，吉沢美穂の『絵を使った文型練習』（1965，大修館書店）や『教科書を使いこなす工夫』（1981，同）を見れば，必ずしも不可能ではないとわかる。

生徒にその場その場に応じた自発的な発言を奨励するなど学習者の自立性を高めることを重視しており，最近重視されるようになった「積極的にコミュニケーションを図ろうとする態度を育てる」のに，大いに学ぶべきところがあるのではないか。この教授法は次世代の認知系教授法とも共通点が多いといえる。

5　オーディオ・リンガルからコミュニカティブへ

オーディオ・リンガル教授法全体の問題点をまとめておく。
1．「話し言葉」といっても文法の例文を音声化しただけで，「生きた英語」とはいえないのではないか。
2．4技能をまんべんなくとはいっても，授業はリスニングとスピーキングに片寄りがちで，ライティングなどは家庭学習に委ねざるを得ないのではないか。
3．言語構造中心なので，意味内容が軽視されがちである。

4． 文法を帰納的に教えるのは非能率的である。
5． 口頭練習は忘れやすく，機械的なドリルは単調で退屈である。
6． 言語の習得は模倣と反復の習慣形成だけであろうか。母語と外国語は同じ仕組みで習得されるものであろうか。
7． 日本語を使用しないと，意味もわからずに，あるいは誤解したままで終わる生徒がいるかも知れない。
8． オーラル・イントロダクションは教師の一方的な語りになりがちで，学習者に不要な不安と緊張を与えるおそれがある。
9． 教室で学んだ言語構造の統合が，はたして自然な言語使用に結びつくだろうか。

それより何より，AL法の理論的支柱とされてきた構造言語学は生成文法に，習慣形成理論は認知学習理論（模倣・反復より発見を重視）にとって代わられ，AL法はその理論的支柱を失ってしまった。こうして教授法は近代から現代へと移る。

1980年代に入ると，「コミュニカティブ・アプローチ」(Communicative Approach) を始めとするさまざまな**次世代の教授法** (Post-Audio-Lingual Methods) が出現して，今や革新教授法前夜と同じく，百家争鳴の状態にある。今後の展望はまだ見定めがたいが，それらを概観すると，次のような共通点が見られる。

1． コミュニケーション重視（正確さより流暢さ）
2． 言語形式より機能重視（場面から言語表現へ）
3． 言語形式より意味重視（機械的な反復練習の反動？）
4． 教師主導から学習者中心へ（情意面を重視）

日本人が書いた英文①

●ジョン万次郎が恩人に宛てた手紙

　中浜ジョン万次郎（1827-98）の数奇な生涯については第3章で述べた。咸臨丸での2度目の訪米の帰途ハワイで，かつて自分を救ってくれ，その後も親身に世話をしてくれた捕鯨船の船長に手紙を書いた。文法的誤りもあるが，ネイティブ並みの誤りであり，のびのびとしたリズムが感じられる英文である。

　　　　　　　　　　　　　　Sandwich Island, May 2, 1860
Captain William H. Whitfield.
　My Honored friend—I am very happy to say that I had an opportunity to say to you a few lines.
　I am still living and hope you were the same blessing, I wish to meet you in this world once more. How happy we would be. Give my best respect to Mrs. and Miss Amelia Whitfield. I long to see them.
　Capt. You must not send your boys to the whaling business; you must send them to Japan, I will take care of him or them if you will. Let me know before send and I will make the arrangement for it...

（訳）　　　　　　　1860年5月2日，サンドウィッチ島にて
船長ウィリアム・H・ホイットフィールド　様
　尊敬する友よ。取り急ぎ一筆する機会が得られて，この上ない幸いです。私は健康で暮らしております。あなたも神の恵みを受けておいでのことと思います。あなたにこの世でもう一度会いたいと願っております。この願いが遂げられたら，どんなに幸せかわかりません。奥様とミス・アミリアにはくれぐれも宜しくお伝えください。お二人にも会いたいと切望しております。
　船長，ご子息たちを捕鯨に出してはいけません。それよりも日本に寄越しませんか。よろしかったら，私がお世話します。その時は前もってお知らせ下されば，準備を整えます。　　（中浜明訳による）

6 制度としての英語教育
——学習指導要領 (1)

W. S. クラーク

1 学校制度に入る英語教育

　英語教育は今や社会問題として論じられることが多いが，それは学校という制度の中の1教科としての英語教育である。英語を自学自習する場合には，朝から晩まで英語ばかりやろうが，どんな方法で勉強しようが，それで能率が上がる，満足するというのなら，一向に構わないわけで，他人がとやかく言う筋合いのものではない。そう考えると，学習指導要領とか英語教授法とか入試英語とか英語存廃論とかは，すべて制度として学校で英語を教えることから発生した問題だということになる。

　これまでの章でオランダ通詞の場合や蘭学者の例を述べてきたが，あれは専門職としての語学研修で，学校制度としてのオランダ語教育とか英語教育ではない。広く一般の幕臣や陪臣（諸大名の家来）が学校に入って学ぶようになるのはペリー来航以後で，勝海舟などが創設準備を担当して安政4年（1857）に開校した蕃書調所が初の官立洋学研究所兼外国語学校である。万延元年（1860）には幕臣子弟のそこへの入学が奨励されるようになる。（授業科目は当初蘭学のみ，間もなく英学も。）民間ではもっと早く蘭学ブームが起こり，ペリーの来た嘉永5年（1853）には蘭学塾

への入門者が急増している。

2 開成所から東京大学まで

2-1 幕府の外国語学校

幕末から明治へかけての高等教育制度の変化は実にめまぐるしい。

蕃書調所（1856，九段下に碑がある）―洋書調所（1862）―開成所（1863, School of European Languages）。慶応4年6月新政府が接収，9月復興して開成所・開成学校（1868）―大学南校（1869，各藩からの貢進生）―（大学が廃止されて）南校（1871）―第1大学区第1番中学（1872，学制発布）―開成学校（1873）―東京開成学校（1874, Imperial University of Tokio）―東京大学（1877，1884本郷移転）―帝国大学（1886）

と，毎年のように校名が変っている。

蕃書調所の初年度（幕臣のみ）の応募者は約1,000人，そのうち191人が入学したが，毎日出席したのはその半分くらいだったという。最初3年間はオランダ語だけ。授業（稽古といった）は朝5時から夕方7時まで行われた。教科書を持っている者には持参させ，ない者には授業中だけ貸した。調所には4,000～6,000冊の蔵書があったという。試験もあったようで，成績優秀者の記録が残っている。英学担当教授の数は10～11人。教師が足りなくて，優秀な上級生を「句読教授」という半学半教の職に任命した。一種のティーチング・アシスタントで，上級生が教師に代って下級生を教えるというのは，蘭学でも普通に行われていた。

この頃の上申書に「数百年の風習にて，とかくに舌官卑賤の業と心得候者多くあるべく候えども，外国との御和交日を追うて盛んに相成り候上は」「通弁の儀はもっとも大切にて，微賤軽輩の者のみにお任せの義は懸念少なからざる義，よっては御旗本御家人等の内にて，通弁相成り候ほどの者出来候よう致したく」とある。長崎通詞の時代はやがて終わりに近づきつつあったようだ。
　以下年表ふうにこの学校のその後の展開をまとめておく。

1857（安政4年）蕃書調所開校（頭取：古賀謹一郎）
1858（安政5年）長崎に英語伝習所設置
1859（安政6年）福沢諭吉がオランダ語から英語に転向
1860（万延元年）調所頭取助勝海舟らの主張で，英学科が分科独立
1861（文久元年）遣米使節が購入してきた英書446冊を購入。大辞典8冊，小辞典3冊，英文典70冊，地理書と地図各30冊などを含む
　　米国公使ハリスの申し立てで，通訳養成のため，横浜英学所設置
1862（文久2年）榎本武揚，西周ら初の幕府留学生としてオランダへ。しかしその年100人中60〜70人は英語履修を希望。『英吉利文典』『英和対訳袖珍辞書』刊行
1863（文久3年）開成所は昇格して昌平黌（儒学）と同格になる。漢学と洋学がついに同列になった。英語の履修者が断然増加
1864（元治元年）オランダ・イギリス・フランス・ドイツ・ロシアの5語学科を設置
1866（慶応2年）外山正一，菊池大麓ら14人がイギリスへ留学。英語履修者150人，わずか2ヵ月後にはそれが倍の300人に膨れ上がるという人気ぶり

　開成所の授業は訳読式で，その会読の様子は第4章で菊池大麓の回想を紹介した。

2-2 明治初年の高等教育

　明治に入って最初の開成学校は，英学生240名，仏学生160名。（大学）南校は正則・変則の起源になった学校。御雇外国人教師19名中14名が英米人（M. M. スコットもその1人）。教頭は長崎から来たオランダ系アメリカ人宣教師のフルベッキ（ヴァーベック，Guido Fridolin Verbeck）で，まるでアメリカの学校のようだった。明治3年(1870)，ここから留学生4名をアメリカに派遣。

　内村鑑三の入った東京大学予備門の前身，東京外国語学校は明治6年（1873）に開成学校から別かれた官立外国語学校（この学校にはもはやオランダ語科はなかった）。英語科の学生が過半数だったので，翌年独立して東京英語学校となり，10年（1877）大学予備門となる。英人教師6人と米人1人がいた。

　明治9年（1876）の東京開成学校には御雇外国人教師18名（米7，英5，仏4，独2）と日本人教師17名がいた。今の ALT とは違って，日本人教官（外山正一もその1人）は外国人教師の助手的存在だった。当時の図書室の蔵書34,000冊のうち英書11,000，和書6,800，蘭書6,700。明治6年（1873）から専門学科の教授用語は英語と決められていた。

　明治8年（1875）には小村寿太郎，鳩山和夫ら開成学校の第1期生のうちの優等生11名が選ばれて，アメリカに5年間留学。文部省留学生の第1回である。翌年には穂積陳重，櫻井錠二ら第2回留学生10名がイギリスに向かう。彼らは学成って帰朝すると，外国人教師に代って帝国大学の教授になった。彼らはそれぞれの分野の専門用語を日本語に翻訳し，日本語で教科書を書き，日本語で講義をした。明治15年（1882）に創立された東京専門学校〔後の早稲田大学〕は「政治経済法律及び理学の教授は専ら邦語（日本語）教授を以て」おこなうことを売り物した。それが「進

取の精神，学（問）の独立」のそもそもの意味だった。明治16年（1883）といえば鹿鳴館時代のはじまりだが，その年の4月東京大学は「英語による教授を廃止，日本語の使用，ドイツ学術の採用」を上申して，裁可された。明治19年（1886）に初代の文部大臣となった森有礼は「日本の大学においては宜しく邦語を以て教授するを期すべく，現今外国人を雇聘し外国語を以て教授するは，よろず止むを得ざることなり」と演説した。明治20年代になると，英語が教授用語という植民地的状況に終止符が打たれる。

　北海道開拓使も留学生を派遣した。明治4年（1871），15歳から8歳の津田梅子まで5人の女子留学生を米国に，翌年には米・仏・露に17名を派遣。明治9年（1876）には「少年よ，大志を抱け」のクラーク先生を招いて札幌農学校を創設した。

2-3 『当世書生気質』

　明治16年（1883）に東京大学を卒業して東京専門学校の教授になった坪内逍遙（1859-1935）は，明治19年（1886）に『当世書生気質』というベストセラー小説を書いた。自分たちの大学時代の風俗がモデルだった。当時は学生のことを「書生」と呼んだのである。彼等は日常の会話の中でもやたらと英語を使う。かなり誇張もされているだろうが，例えばこんな具合だ。

　　「我輩の時計（ウォッチ）ではまだ十分（テンミニッツ）くらいあるから」
　　「実に日本人のアンパンクチュアル［時間にルーズ］なのには恐れ入るョ」
　　「ちょっとそのブックを見せんか」
　　「ウェブスターの大辞典，実にこれは有用（ユースフル）じゃ」
　　「守山君もプレイ［遊郭へ行くこと］するかなァ」
　　「人間の楽しみは，あに情欲（セックス）のみならんやだ」

2-4　英語より国の独立

　夏目漱石（1867-1916）は明治17年（1884）に大学予備門に入学，26年（1893）に帝国大学文科大学（文学部のこと）英文科を卒業した。この9年間に日本の高等教育はその教授用語を英語から日本語に切り換えた。後年回想して，昔の学生に英語力があったのは，当時の学校がなんでもかんでもすべて英語でやったからだとした後で，こう述べている。

　　ところが「日本」という頭を持って，独立した国家という点から考えると，かかる［英語による］教育は一種の屈辱で，ちょうど，英国の属国印度といったような感じが起る。日本のnationality［国家的独立］は誰が見ても大切である。英語の知識ぐらいと交換のできる筈のものではない。したがって，国家生存の基礎が堅固になるにつれて，以上の様な教育は自然勢いを失うべきが至当で，また事実として漸々その地歩を奪われたのである。
　　実際あらゆる学問を英語の教科書でやるのは，日本では学問をした人がないからやむをえないという事に帰着する。学問は普遍的なものだから，日本に学者さえあれば，必ずしも外国製の書物を用いないでも，日本人の頭と日本の言語で教えられぬという筈はない。また学問普及という点から考えると（ある局部は英語で教授してもよいが）やはり生まれてから使いなれている日本語を用いるに越した事はない。たとえ翻訳でも西洋語そのままよりはよいにきまっている。

（「語学養成法」1911）

3　文部法規の中の外国語（英語）教育政策

3-1　近代日本の学校体系

　高等教育の話はこれくらいにして，中等以下の教育に話を移す。

こちらも明治前半にはめまぐるしく変化したが，それは一切省略して戦前の一番完成した形を示すと，初等教育は小学校（6年），その上に高等科（2年）があった。明治40年から義務教育が6年になった。同年齢層の2割程度が進学したという中等教育は男女別学で，中学校（5年），高等女学校，実業学校（農，工，商など，4年），師範学校（5年）などに分かれる。高等教育（3＋3）には大学につながる高等学校・大学予科（男子のみ）とつながらない専門学校とがあった。大学は3年だが，女子大学校は専門学校程度だった。この外に中・高一貫の7年制高校や陸海軍関係の諸学校や，バイパスとしての検定制度などもあって，戦後よりもはるかに複雑だった。

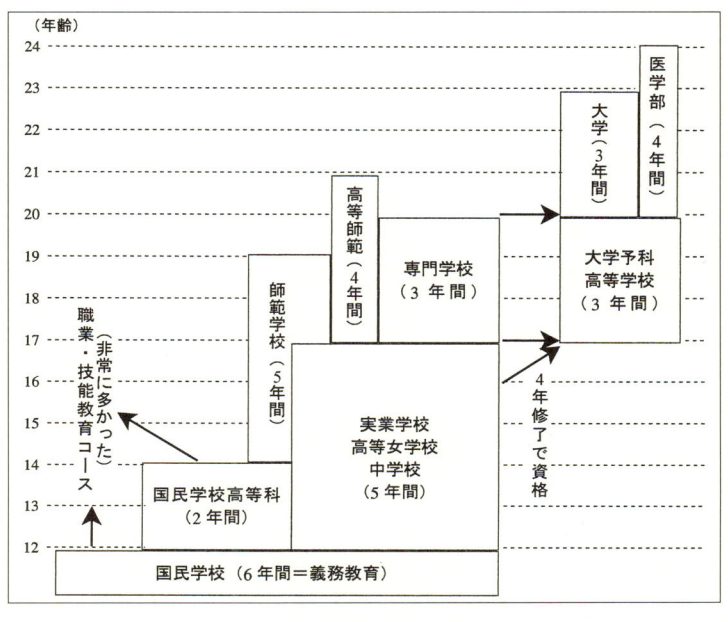

昭和17年（1942）までの学校制度

第6章　制度としての英語教育

戦後の6－3－3制では中等教育が2分され，中学校が義務化されたのが一番大きな変化である。最近また中・高一貫校というのが話題になっているが，戦前はそれが普通だったと思えばよい。小学校（高等科）で英語をやったこともある（第13章参照）が，基本的には中等教育が中心だった。したがって，本書では中学校での普通教育の一部としての英語教育を中心に話を進めることにする。

3-2　英語教育に関する文部法規

　文部（科学）省が英語教育に関して定めた法規といえば，戦前では「学校令」とその「施行規則」，「教授要目」があり，戦後では「学習指導要領」（総則と各教科）がある。以下，公示年度順に示す。実施は3，4年後から，高校では学年進行である。

```
1872（明治5）　学制（教科名「外国語学」），中学教則略（「外国
                語」）
1879（明治12）　教育令
1881（明治14）　中学校教則大綱（教科名「英語」）
1886（明治19）　中学校令，学科及びその程度（「第1外国語」（読
                み方，訳解，講読，書取，会話，文法，作文，翻
                訳）と「第2外国語」）
1894（明治27）　尋常中学校の学科及びその程度（第2外国語は削
                除。国語の授業時間が英語を上回る）
1901（明治34）　中学校令施行規則
1902（明治35）　中学校教授要目
1911（明治44）　中学校令施行規則，中学校教授要目
                                　（担当督学官・茨木清次郎）
1919（大正8）　中学校令施行規則　　　　　　　　（野田義夫）
1931（昭和6）　中学校令施行規則，中学校教授要目　（金子健二）
1943（昭和18）　中等学校令，中学校教科教授要目　　（櫻井役）
```

1947（昭和22）学習指導要領—英語編（試案）（28ページ）
(担当事務官・宍戸良平)
1951（昭和26）中学校・高等学校学習指導要領—外国語科英語編（試案）（3分冊759ページ）
1956（昭和31）高等学校学習指導要領—外国語科英語編（42ページ）〈昭和26年版の高校の部分を簡易化して独立させたもの〉
1958（昭和33）中学校学習指導要領　第9節外国語（30ページ）
(担当教科調査官・宍戸良平)
1960（昭和35）高等学校学習指導要領　第7節外国語（19ページ）
1969（昭和44）中学校学習指導要領　第9節外国語（24ページ）
1970（昭和45）高等学校学習指導要領　第7節外国語（22ページ）
1977（昭和52）中学校学習指導要領　第9節外国語（20ページ）
(佐々木輝雄)
1978（昭和53）高等学校学習指導要領　第7節外国語（9ページ）
1989（平成元）中学校学習指導要領　第9節外国語（20ページ）
　　　　　　　高等学校学習指導要領　第8節外国語（11ページ）
(和田稔)
1998（平成10）中学校学習指導要領　第9節外国語（12ページ）
　　　　　　　高等学校学習指導要領　第8節外国語（14ページ）
(新里眞男・平田和人)

　明治から昭和53年度版までを1冊に収録したものに，『英語教育史資料』(1980)の第1巻「英語教育課程の変遷」がある。849ページの大冊だが，そのうち半分以上は例外的に厚い昭和26年度版が占めている。その理由は後で述べるが，その他の年度のものは精々10〜20ページくらいのごく薄いものである。ここでは，戦前は（男子）中学校だけを対象とし，戦後は（男女共学の）中学＋高校の普通科を一つとして扱う。

4 外国語教育の要旨と目標

4-1 戦前・戦中の「要旨」

　戦前は「要旨」，戦後は「目標」というが内容は同じである。これが初めて規定されたのは**明治34年（1901）**に制定された「**中学校令施行規則**」においてである。そこにはこうある。

　　外国語は普通の英語，独語，又は仏語を了解しこれを運用するの能[力]を得しめ兼ねて知識の増進に資するを以て要旨とす。
　　外国語は発音，綴字より始め近易なる文章の読方，訳解，書取，作文を授け，進みては普通の文章に及ぼし又文法の大要，会話及び習字を授くべし。（原文カタカナ，以下同じ）

　この時期，はやくも「了解」だけでなく「運用」も目的とされていることは注目すべきであろう。後半は教科内の下位区分で，「分科」と呼ばれていた。

　明治44年（1911）の改正では，上の第1項の「知識」が国語科に揃えて「智徳」（知識と道徳）に改められ，第2項の「訳解」の次に「話方」が追加された。今日の「コミュニケーション」の元祖である。

　さらに**昭和6年（1931）の20年ぶりの改正**では，「支那語」が追加された。その理由をこう説明している。「今回外国語の中に支那語を加えたり。これ我が国と中華民国との関係すこぶる密接なるに鑑み，中学校教育をして実際生活に有用なるものたらしむるの趣旨により，支那語の学習を必要とする地方においては，これを課しうるの道を開きたるなり。」この年9月には満州事変が始まっている。第2項は次のように改められた。

外国語は発音，綴字，聴方，読方及び解釈，話方及び作文，文法の大要並びに習字を授くべし。

　これが太平洋戦争中の**昭和18年**（1943）のものになると，大幅に改められている。

　　外国語科は外国語の理会力及び発表力を養い，外国の事情に関する正しき認識を得しめ，国民的自覚に資するを以て要旨とす。
　　外国語科は英語・独語・仏語・支那語・マライ語又はその他の外国語を課すべし。

　「理会（解）」と「発表」にわけたのは，現在の考え方と同じだ。「外国の事情」が加えられたのはよいが，次の「国民的自覚」というのはよく分からない。当時はこういう文句がお題目のように唱えられることがよくあった。「マライ語」が新たに加えられたのは，大東亜共栄圏といって日本がマレー半島を占領統治していたからだが，実際にはどれだけ教えられたものか。占領下のマレーでは一時日本語教育が盛んだった。
　戦時中は英語教育は禁止されていたと思っている人も多いが，中学校では必修科目として英語を教えることが終始認められていたのである。

4-2　戦後の「試案」時代の「目標」

　戦争に負けた翌年，昭和21年（1946）にアメリカ教育使節団を迎えた日本はその報告書に基づいて教科課程の改正に取りかかった。**昭和22年**（1947）3月には，4月からの新制中学校の発足に間に合わせるため，最初の「**学習指導要領　英語編　（試案）**」（中学・高校共通）が発表された。同時に新教科書 *Let's　Learn*

English も発行された。「学習指導要領」という新しい名称は "the Course of Study" というアメリカ教育界の用語を訳したものだが，National Standards for School Curricula とでも説明しないと通じないかもしれない。この種のものは英語では普通 syllabus と呼ばれている。「試案」(Suggested) とつけたのは，「この『学習指導要領』は完全なものではないから，実際の経験にもとづいた意見を，どしどし本省に送ってもらい，それによって，年々書き改めて行って，いいものにしたい」（序）からだという。法令くささがなく，親しみやすい文章で書かれている。しかし，そこに掲げられている目標は，今から見れば英米一辺倒という色彩が濃厚であることは否めない。

 1. 英語で考える習慣を作ること。
  英語を学ぶということは，できるだけ多くの英語の単語を暗記することではなくて，われわれの心を，生まれてこの方英語を話す人々の心と同じように働かせることである。この習慣 (habit) を作ることが英語を学ぶ上の最初にして最後の段階である。（以下略）
 2. 英語の聴き方と話し方とを学ぶこと。
  英語で考える習慣を作るためには，だれでも，まず他人の話すことの聴き方と，自分の言おうとすることの話し方とを学ばなければならない。聴き方と話し方とは英語の第 1 次の技能 (primary skill) である。
 3. 英語の読み方と書き方とを学ぶこと。
  われわれは，聴いたり話したりすることを，読んだり書いたりすることができるようにならなければならない。読み方と書き方とは英語の第 2 次の技能 (secondary skill) である。そして，この技能の上に作文と解釈との技能が築かれるのである。
 4. 英語を話す国民について知ること，特に，その風俗習慣及び日常生活について知ること。
  聴いたり話したり読んだり書いたりする英語を通じて，われわ

れは英語を話す国民のことを自然に知ること (information) になるとともに，国際親善を増すことにもなる。

まるで英語の原文が透けて見えるような直訳文体であるが，これは戦前のパーマーの英語教授研究所（戦時中に語学教育研究所と改称）の主張そっくりである。第1項などにも 'Thinking in English' と英語を入れるべきところだろう。「われわれの心を英語を話す人々の心と同じように働かせる」とは恐れ入る。第2，第3項も，パーマーの「公理10条」(1934) の中の公理5，6に基づくことは明らかである。中学1年の聴き方と話し方の単元には，「最初の6週間は教科書を用いないで，生徒の耳と口を英語の発音や話し方になれさせるがよい」とある。これもパーマーの *The First Six Weeks of English* を頭においてのことであろう。それもそのはず，当時の連合国軍総司令部（GHQ）の民間情報教育局（CIE）で教育課長顧問をしていたのは，かつて英語教授研究所と関係のあったデル・レー（Arundel del Re）だった。

言語材料の指定がない代りに，技能別の教材一覧表が珍しい。高校になると「演説」や「討論」，「創作」まである。附録「発音について」では，英音と米音の相異に注意しながら，基本的な発音を学ぶようになっている。当時多かった仮免許の教師のための手引書である。

*

昭和26年度版（1951，実際の発行は27年3月）の**『中学校・高等学校学習指導要領　外国語科英語編Ⅰ・Ⅱ・Ⅲ（試案）』**（*Suggested Course of Study in English for Lower and Upper Secondary Schools*）は，中央集権的権威を捨てた文部省が，サービス機関に徹して，本が手に入りにくかった当時の教師のための参考書として役立つようにと作ったもの。原本は759ページ3分冊の膨大

なものだった。全8章，章ごとに英文のあとに日本語の大意訳がついているので，実質的にはこの半分の分量としても，後にも先にもこんな長い学習指導要領は例がない。新語の総数などは英語版と日本語版では700語も違う。当時のCIE顧問はガントレット（J. O. Gauntlett）で，日本側委員28名の人選は語学教育研究所が相談にのったという。参考文献があちこちにあげられており，「現在入手可能な教材・参考書リスト」もある。付録にはホービーらの『新英英大辞典』の「動詞の型」一覧，発音記号やイントネーションの解説，英語教科書の採択基準試案まで載っている。

この指導要領では，まず英語教育は何に寄与するかを問い，これを5項目にまとめている。教養（1～3）を中心に機能（4，5）を加味した，といったところである。

1. 知的発達（英語で書かれた文献，英語国民の学識者との接触）
2. 文化の伝達（世界的文化遺産の伝達）
3. 品性の発達（言語と文化の中の倫理的原則と慣習）
4. 社会的能力の発達（英語国民の家庭と社会の価値ある要素の理解）
5. 職業的能力に寄与（英語は世界の商業語）

学習指導要領26年版全3巻

教養と機能の関係については，次のように警告している。

　　一つの危険は，機能上の目標または言語的面を強調する教師の場合には，教養上の目標をとかく軽視しがちなことである。他方，機能的または言語的面への注意をなおざりにして，教養面を強調する危険もある。生徒はどちらの場合もわざわいを受けなければならない。これらどちらの場合にも，学習指導が一面的であることを意味するからである。（中略）
　　もし一国民の文化が外国語課程とは別に，自国語でまったくあるいはほとんど同様に学習されうるならば，外国語の学習指導にあたって，過度な時間を教養面に費やすことはまったく時間の浪費である。よく立案された課程と能力ある教師のもとでは，生徒はかれらが習得しつつある言語の所有者の文化を，その言語を中核にして切り離すことのできない部分として学習指導を受けるのである。

そして到達目標を一般目標，機能上の目標，教養上の目標の3つに分けている。

中学校の場合は以下の通り。

　A．一般目標
　　聴覚と口頭との技能および構造型式（structural patterns）の学習を最も重視し，聞き方・話し方・読み方・および書き方に熟達するのに役だついろいろな学習経験を通じて，『ことば』としての英語（English as "speech"）について，実際的な基礎的な知識を発達させるとともに，その課程の中核として，英語を常用語としている人々，特にその生活様式・風俗および習慣について，理解・鑑賞および好ましい態度を発達させる。
　B．おもな機能上の目標
　　　（略。4技能を順に取り上げて，解説している。「標準は中学校生徒の発達段階に適当であると一般に認められたものとする」とあるが，よくわからない。）
　C．おもな教養上の目標

第6章　制度としての英語教育 ―― 95

　　　　（略。一般目標の中の「その課程の中核として」以下を敷衍している。）

　高等学校の「A．一般目標」は，冒頭に「中学校の基礎の上に，生徒および地域社会の必要および関心に応じて，異なる技能を重視し」とあって，以下は中学校の「聞き方」以降と同じ。

　　B．おもな機能上の目標
　(1)　高等学校卒業後社会に出ようとする生徒にとって，実際の役にたつような，『ことば』としての英語の技能および知識を発達させること。
　(2)　高等学校を卒業後大学に進学しようとする生徒にとって，英語を聞いてわかり，また，みずからも口頭および筆頭で効果的に表現できるような，『ことば』としての英語の技能および知識を発達させること。
　(3)　高等学校を卒業後大学に進学しようとする生徒にとって，それぞれの専攻部門において，英語で書かれたものを有効に使用できるような，『ことば』としての英語の技能および知識を発達させること。
　(4)　高等学校卒業生にとって，英語で書かれた標準的な現代文学の作品を読んで鑑賞できるような，『ことば』としての技能および知識を発達させること。
　(5)　大学進学後商業英語の知識を必要とする者にとって，商業英語について一般的な知識を与えるような，『ことば』としての技能および知識を発達させること。

　「C．教養上の目標」は，中学の場合とほとんど同じである。「学習指導の対象は言語活動としての英語であり，言語材料としての英語ではない」ともある。

4-3　法的拘束力を持った学習指導要領

　占領が終わって文部行政が独立を取り戻すと，学習指導要領か

ら「試案」の文字が消えた。以後のものは，戦前戦中のものが文部省訓令であったように，学校教育法施行規則第54条の2の規定に基づき，官報に「告示」され，逸脱を許さない「法的拘束力」を持つものとなった。つまり「法令に基づいて国が定めた教育課程の基準」であって，教科書検定にもこの基準が厳密に適用されるようになる。法令らしく箇条書きになり，教師の手引きや指導法のような啓蒙的な部分は「指導書」あるいは「解説」として別に発行されることになった。

(1) 昭和33年度（1958）版の「中学校学習指導要領」の「外国語」の指導目標は「具体目標」だけにしぼられている。実用主義への転換か。このほかに「各学年の目標」がある。

1. 外国語の音声に慣れさせ，聞く能力および話す能力の基礎を養う。
2. 外国語の基本的な語法に慣れさせ，読む能力および書く能力の基礎を養う。
3. 外国語を通して，その外国語を日常使用している国民の日常生活，風俗習慣，ものの見方などについて基礎的な理解を得させる。

この回で初めて，「言語材料」（文型・文法事項）と「学習活動」について学年別の基準を示し，必修語彙の表をつけた。昭和35年度（1960）版の「高等学校学習指導要領」における目標も，中学の「慣れさせ」が「習熟させ」，「基礎を養う」の「基礎」がないだけで，他は同じである。第3項は「国民について理解を得させる」となっていて，ここで省かれた部分は「各科目の目標」に移されている。生徒の能力・適性・進路に応じて，「英語A」（3年間で9単位，実業高校用）と「英語B」（15単位，普通高校用）に2分されることになった。

(2)　昭和44年度（1969）版の「中学校学習指導要領」では，3つの柱からなる前置き（総括目標）がついただけで，後はほとんど同じである。

　　外国語を理解し表現する基礎を養い，<u>言語に対する意識を深めるとともに</u>，国際理解の基礎を養う。（下線は引用者，以下同じ）
　　このため，
　1．外国語の音声および基本的な語法に慣れさせ，聞く能力および話す能力の基礎を養う。
　2．外国語の文字および基本的な語法に慣れさせ，読む能力および書く能力の基礎を養う。
　3．外国語を通して，外国の人々の生活やものの見方などについて基礎的な理解を得させる。

　「言語に対する意識を深める」というのが目新しい。実用一辺倒への反省であろうか。従来「英語国民」とあったのも「外国の人々」と広く世界の人々を対象とするように変わっている。また，「国際理解」が目標に入ったのも，この回からである。

　この回では中・高とも「言語材料」と「言語活動」の提示順序が逆転した。従来の「学習活動」は「言語活動」と改められた。パタン・プラクティスのような部分的練習活動ではなく，実際の運用に慣れさせるための活動だという（第7章参照）。これは文法シラバスからの脱却を図ろうとしたもので，やがて「コミュニケーション」へと発展する。これ以後指導要領は，低迷する教育現場に対して，先導性を持つようになる。一方，「基礎・基本」「精選と集約化」ということも強調されるようになった。

　これに対応する高校用は昭和45年度（1970）版で，最初の「基礎」が「能力」となり，最後の「養う」が「つちかう」に変わっているだけである。具体目標のほうは，第1項と第2項が一つにまとめられ，「基礎（的な）」という文字がない。「初級英語」と

「英語会話」という科目が新設された。文型・文法事項の指定項目数はこの回が最も多かった。

(3) **昭和52年度（1977）版**からは，目標は項目別に分けずに，一括提示されるようになった。

> 外国語を理解し，外国語で表現する基礎的な能力を養うとともに，言語に対する関心を深め，外国語の人々の生活やものの見方などについて基礎的な理解を得させる。

高校の目標もこれと全く同じで，「基礎的な」がないだけである。

この回から中学の英語は「週3時間」となって，中学の言語材料の多くが高校まわしとなった。高校では「読本」と「文法・作文」という区別がなくなって，中学と同じ総合的な「英語Ⅰ」と「英語Ⅱ」，および「英語ⅡA」（英語会話），「英語ⅡB」（リーディング），「英語ⅡC」（ライティング）の5つに分けられた。したがって，この回からは文法の検定教科書がなくなった。そして「概要・要点」という考え方が打ち出され，それがこの回の特徴となっている。

また高校に「英語科」という，英語に特に力を入れる学校・コースが新設され，「総合英語」，「英語理解」，「英語表現」，「外国事情」，「英語一般」，「LL演習」などの科目が設けられることになった。

(4) **平成元年度（1989）版学習指導要領**

> 外国語を理解し，外国語で表現する基礎的な能力を養い，<u>外国語で積極的にコミュニケーションを図ろうとする態度を育てるとともに</u>，言語や<u>文化</u>に対する関心を深め，国際理解の基礎を培う。

3つの構成要素からなるが、目標が「態度」にまで言及するようになったのは、新しい学力観や観点別評価の影響であろう。「生活やものの見方」とあったのが「文化」となった。今までひとまとめだった「聞く・話す」がリスニング重視で分離独立した。

高校では、「関心を深め」が「高め」となり、「基礎を培う」が「深める」となっている。下線部分は今までになかった目標である。「オーラル・コミュニケーションA・B・C」の3科目が新設され、「英語ⅡB・C」は「リーディング」、「ライティング」と改められた。また、言語材料の指定に関しては、中学では学年別、高校では科目別の配当枠がはずされ一括指定となった。文型・文法事項の比重がそれだけ軽くなったのである。

(5) 平成10年度（1998）版学習指導要領

> 外国語を通じて、言語や文化に対する関心を深め、積極的にコミュニケーションを図ろうとする態度の育成を図り、聞くことや話すことなどの<u>実践的コミュニケーション能力</u>の基礎を養う。

この回から中・高ともに外国語（英語とは限らない）は必修となった。「理解」も「表現」も消えた（高校にはある）。「実践的コミュニケーション能力」という表現が目新しい。

文部省（当時）の出した学習指導要領の解説にはこうある。

> 「実践的コミュニケーション能力」は、単に外国語の文法規則や語彙などについての知識をもっているというだけでなく、実際のコミュニケーションを目的として外国語を運用することができる能力のことである。

「読み・書き」もコミュニケーションのはずなのに、音声面だけが強調されている。高校では、中学の「聞くことや話すことな

どの」という部分が,「情報や相手の意向などを理解したり自分の考えなどを表現したりする」となっている。「基礎」という文字は高校にはない。

3科目だった「オーラル・コミュニケーション」はIとIIの2つにまとめられた。今回はこれが「英語I・II」よりも前,一番最初に提示されているところから見ても,「オーラル・コミュニケーション」にかける文部科学省の意気込みがうかがえる。

5 「目標」とはなにか

ここまで「目標」の変遷をたどってきて,学習指導要領の掲げる目標とは一体どういうものなのか,疑問になってきた。目標は単なるキャッチ・コピーではないだろう。理想と現実のギャップの中で,それは to the goal（到達目標）なのか,toward the goal（努力目標）なのか。どこまでが本音で,どこから先が建前なのか。到達できなかったら,誰が責任をとるのか。

100年前の目標を現代風に書き改め,今のものと比較してみよう。ここにも「運用」の文字は既にある。

　　　外国語は普通の英語などを理解し,運用する能力を養い,知識の増進に役立つことを要点とする。

昭和26年版には「学習指導の対象は言語活動としての英語であり,言語材料としての英語ではない」ともある。目指すところは100年前,50年前と少しも変わってはいないのである。

日本人が書いた英文②

●幕末江戸の一少年の書いた送別の英文

　慶応元年（1865），江戸幕府は幕臣6人をロシアに留学させることになった。その中の一人市川文吉は開成所教授職の息子で，友人の開成所関係者35人がそれぞれ得意の外国語で送別の文章を綴って贈った。それらを1冊にまとめたのが，のちに『幕末洋学者欧文集』と題して出版された（弘文荘，1940）。これはその中の1篇である。

　... It has always been my ambition that I shall be good politician in governing country and in communication with foreigners; and that I shall be wise tactician in the field battle. But in being confined into our country, this ambition could not be satisfied. I hope, in your visit to Russia, you shall try to surpass the very Russians in politic and tactic, rather than in a mere knowledge of immense number of Russian words. ...

　(訳) 私が常に抱いてきた大きな望みは国を治め，外国人と交際する場合の立派な政治家となることです。それから戦場において賢明なる戦術家となることです。しかし我が国の中に閉じ込められていては，この大望を満足させることはできないでしょう。私の希望することは，貴君がロシアを訪れたら，単に無数のロシア語を覚えることよりも，むしろ政治学や戦術学においてロシア人をも凌駕するように努めていただきたい。　　　　　　　　　　（高梨健吉訳による）

　筆者の黒澤孫四郎（1849-94）という人物は，この時満で14歳，今なら中学生であるが，学力優秀で前年この若さ（幼さ？）で開成所教授手伝出役という今の助教授クラスに抜擢されていた。文集に英文を寄せたのは8人いたが，その中では235語と一番長く，内容も堂々としていて，とても少年のものとは思えない。しかしよく見ると冠詞の逸脱や前置詞の誤用など，文法的にはかなり欠陥もある。
　この人，明治以後は河津祐之と名乗り，明治5年（1872）に大学南校からフランスに留学，帰国後は逓信次官などを務めたという。

7 授業時数と言語材料・言語活動
——学習指導要領（2）

櫻井　役

1 反比例する目標と授業時数

　前章で取り上げた学習指導要領の目標の高さと，それを実現するために与えられる授業時数とは比例していなければならない。週6時間ならできるが，3時間では到底不可能ということがあるはずだ。しかし今までにそのような議論がなされたためしがない。それどころか，戦後の学習指導要領では，改定の度に目標は高くなるばかりなのに，時間数は減る一方だった。
　この章ではまず現在の週3時間という授業時数が歴史的に見て，いかに少ないかを具体的な数字をあげて再確認してから，次に学習指導要領の内容である言語材料と言語活動について概観する。

2 授業時数の変遷

2-1 明治から戦前・戦中

　戦前に関しては櫻井 役(まもる)の『英語教育に関する文部法規』という便利な本がある。桜井は当時文部省の督学官（今の教科調査官）

という職にあった。中等教育の学校別に「外国語教授要旨」、「学校の目的」、「外国語の種類」、「授業時数」、「教授要目」など項目別にわけて、その歴史的変遷をたどっている。昭和6年までしかないが、そこまではこの本の枠組みと材料をそのまま借り、その後を同じ形式で補うことにする。

明治5年（1872）頒布の「学制」においては、中学の上等、下等（修業年限各3年）を通して外国語を課したが、毎週の総稽古時間（授業時数）を30時ないし25時と定めたほかは、各学科の授業時数については規定がなかった。各学科について基準となるべき教授時数を示したのは、明治14年の「中学校教則大綱」布達以後のことである。（「合計」は週総授業時数。）

●明治14年（1881）7月　中学校教則大綱
（初等中学科は4年制）

学科	第1学年	第2学年	第3学年	第4学年	第5学年	（計）
外国語	6	6	6	6		
和漢文	7	6	6	6		
数学	5	4／2	2	2／0		
合計	28	28	28	28		

●明治19年（1886）6月　中学校令による「学科及びその程度」

学科	第1学年	第2学年	第3学年	第4学年	第5学年	（計）
第1外国語	6	6	7	5	5	(29)
第2外国語	—	—	—	4	3	(7)
国語漢文	5	5	5	3	2	(20)
数学	4	4	4	4	3	(19)
合計	28	28	28	28	28	

この時の文相は森有礼で、外国語を奨励したことで知られる。

●明治27年(1894)3月　「学科及びその程度」改正

学科	第1学年	第2学年	第3学年	第4学年	第5学年	(計)
外国語	6	7	7	7	7	(34)
国語漢文	7	7	7	7	7	(35)
数学	4	4	4	4	4	(20)
合計	28	28	29	30	30	

　この時の文相は井上 毅(こわし)で，森有礼の方針を改め，国語尊重を打出した。前の章で引用した夏目漱石は同じ文章のなかで，「過去の日本において最も著しく英語の力を衰えしめた原因がある。それは確か故井上毅氏が文相時代のことであったと思うが，国語漢文を復興せしめた事がある」(「語学養成法」)と述べているのが，これにあたる。

●明治34年(1901)3月　「中学校令施行規則」制定

外国語	7	7	7	7	6	(34)
国語漢文	7	7	7	6	6	(33)
数学	3	3	5	5	4	(20)
合計	28	28	30	30	30	

●明治35年(1902)2月　「施行規則」改正

外国語	6	6	7	7	7	(33)
国語漢文	7	7	7	6	6	(33)
数学	4	4	4	4	4	(20)

(合計は不明)

● 明治44年(1911) 7月 「施行規則」改正

学科	第1学年	第2学年	第3学年	第4学年	第5学年	(計)
外国語	6	7	7	7	7	(34)
国語漢文	8	7	7	6	6	(34)
数学	4	4	5	4	4	(21)
合計	29	29	30	31	31	

● 大正8年(1919) 3月 「施行規則」改正

外国語	6	7	7	5	5	(30)
国語漢文	8	8	6	5	5	(32)
数学	4	4	5	4	4	(21)
合計	29	30	30	30	30	

● 昭和6年(1931) 1月 「施行規則」改正
(第1種[実業組]と第2種[進学組]に分ける)

外国語基本	5	5	6	2~5* 4~7*	2~5* 4~7*	(30)
国語漢文	7	6	6	4 1~3*	4 1~3*	(21)
数学基本	3	3	5	2~4* 2~5*	2~4* 2~5*	(21)
合計	30	30	32	31~35* 30~32*	31~35* 30~32*	

*は増課。「増課」とは選択科目のこと。実業組(上段)と進学組(下段)に分けたのは、戦後の昭和33年度高等学校学習指導要領の英語A・Bの例もある。

● 昭和18年（1943）3月 「中学校規程」
（中学校は4年制となる）

学科	第1学年	第2学年	第3学年	第4学年	第5学年	（計）
外国語	4	4	（4）*	（4）*	—	（16）
国語漢文	5	5	5	5	—	（20）
数学	4	4	4	5	—	（17）
合計	35	35	36	36		

＊3，4年は「実業科」との選択

　高等女学校では外国語は随意科（選択）となり，週3時間までとなる。女学校の英語は明治以来ずっと週3時間だった。

2-2　戦後の授業時数

● 昭和22年（1947）「学習指導要領一般編」

	中1	中2	中3	高1	高2	高3
外国語	1～4	1～4	1～4			
国語	5	5	5			
数学	4	4	4			
合計	30～34	30～34	30～34			

● 昭和26年度（1951）「学習指導要領一般編」

	中1	中2	中3	高1	高2	高3
外国語	4～6	4～6	4～6	5	5	5
国語	5～8	5～8	5～8			
数学	4～5	4～5	4～5			
合計	30	30	30			

● 昭和33年（1958）・35年度　「学習指導要領総則」

	中1	中2	中3		高1	高2	高3
外国語	3	3	3～5	英語A	3	3	3
国語	5	3	5	英語B	5	5	5
数学	4	4	3				
合計	32	32	32				

　この時，戦後初めて「英語週3時間」という数字が出て，今日に到る。

● 昭和44年（1969）・45年度　「学習指導要領総則」

	中1	中2	中3				
外国語	4	3～4	4	英語A	3	3	3
国語	5	5	5	英語B	5	5	5
数学	4	4	4	初級英語	6		
合計	34	34	34	英語会話	3		

● 昭和52年（1977）・53年度　「学習指導要領総則」

	中1	中2	中3		
外国語	3	3	3	英語Ⅰ	4
国語	5	4	4	英語Ⅱ	4
数学	3	4	4	英語ⅡA・B・C　各3	
合計	30	30	30		

　合計が減ったのは「ゆとり教育」のため。英語は戦時下を下回る週3時間に制限され，反対運動が起こる。
　なお，平成20年度改訂で，中学は週4時間，高校はコミュニケーション英語Ⅰ〔必修〕，Ⅱ，Ⅲ（3，4，4），英語表現Ⅰ，Ⅱ（2，4），英語会話（2）となる。

●平成元年(1989)度 「学習指導要領総則」

	中1	中2	中3	高1〜3
外国語	各学年3(+1)*			英語Ⅰ　4
国語	5	4	4	英語Ⅱ　4
数学	3	4	4	リーディング,ライティング　各4
合計	30	30	30	オーラル・コミュニケーション　A・B・C　各2

＊選択科目用の時間を各教科で分ける／英語は3年間で＋1か2

●平成10年(1998)度 「学習指導要領総則」
——完全週5日制実施

	中1　中2　中3	高1〜3
外国語	各学年必修3(選択で+1か2)	英語Ⅰ　3
国語	同じ(1年は書道+1)	英語Ⅱ　4
数学	同じ	リーディング,ライティング　各4
合計	各学年とも30	オーラル・コミュニケーション　Ⅰ2, Ⅱ4

3　分科,学習活動,そして言語活動へ

　こう見てくると,大まかにいって戦前は6,戦後は3という授業時間数が英語に割り当てられてきたことがわかる。それでは,それだけの時間の枠内で何を(言語材料)どう(言語活動)教えることが期待されたのか。それを示すのが戦前の「教授要目」であり,戦後の「学習指導要領」の「内容」の部分である。戦前の教授要目には言語材料・言語活動(学習活動)という用語はなかったが,それに相当する規定や学年指定は最初からあった。

3-1 分科——「教授要目」の中の学習活動

　戦後の学習指導要領で一番問題とされて，平成10年度（1998）になってやっとはずされた「学年指定」というのは，調べてみると明治35年の最初の「教授要目」以来ずっと続いてきたものである。今その第1学年と第5学年の部分を抜き出してみる。

第1学年（毎週6時）
発音，綴字
　　初めは発音を正し，単語につきて綴字を授け，その概要に通じたる後は，読み方，会話と付帯してこれを練習せしむべし
　　読み方，訳解，会話，書取
　　平易なる文章
　　文部省会話読本［正則英語読本のこと］，ナショナル読本，ロングマン読本，スウィントン読本等の第1巻又は第2巻の初めの程度によるべし
　　読本を授ける際，随時常用の名詞及び代名詞の数，性及び人称，形容詞及び副詞の比較，常用の動詞の直説法変化，主要なる不規則動詞，頭文字の用法等を知らしむべし
　　習字　本学年においては専ら習字を授くるため毎週1時を分つことを得

第5学年　（毎週7時）
読み方，訳解，書取
普通の文章
　　前に挙げたる読本の第5巻，又はロングマンス読本の第6巻の程度によるべし
　　会話，作文
　　前学年に準じて，ややその程度を進むべし
　　前記の事項の教授に付帯して，文法を復習し，また接頭語，接尾語，同意語等の説明を与うべし
　　本学年においては専ら会話，作文を授くるため毎週2時以内を

110

分つことを得

　今「科目」と呼ばれている教科の下位区分のことを戦前は「分科」といった。明治44年の「教授要目」には「外国語の分科，及び各分科において授くべき事項」として次のような内容が掲げられている。

　　　発音・綴字　単語につきて単音，連音，アクセント及び文字の組合せを授く
　　読み方及び訳解　文章の聴き方，読み方及び解釈を授く
　　話し方及び作文　話し方においては対話，説話の聴き方，言い方を授く
　　作文においてはおよそ次の諸例に準じ適宜これを課す
　1．読み方及び訳解又は話し方において練習せる事項を適用して記述せしむるもの
　2．国語を外国語に訳せしむるもの
　3．記述すべき事項の梗概を授け，又は使用すべき語句を示して，これを綴らしむるもの
　4．課題を与え，自由に文を綴らしむるもの
　書取　文章を臨写せしめ，又はこれを朗読して筆写せしむ
　習字　書写文字［筆記体のことか］の書き方を授く
　文法　品詞論及び文章論の一斑［一部］を授く

　これらは分割しないで，同一時間に互いに関連して教えるように，とある。今でいう「総合英語」である。「話し方及び作文」の項など，現代でも立派に通用する。これだけやれば「実践的コミュニケーション能力」も身につくだろう。
　「教授上の注意」というのもある。櫻井が明治35年（Ａ－10項目），明治44年（Ｂ－7項目），昭和6年（Ｃ－9項目）のものを内容別にまとめ直したものから，発音に関する部分だけを引用しておこう。昭和18年（Ｄ－14項目）分も追加しておく。

A-1 　英語を授くるには習熟を主とすべし。生徒の学力を顧ずして，いたずらに課程を進むることあるべからず。

A-2 　第2学年以後においては発音綴字習字の［項］目を挙げずといえども，読み方会話作文及び書取に付帯して便宜これを練習せしむべし

A-3 　発音は特に英語教授の初期において厳にこれを正し，また国語に存せざる発音に留意してこれに習熟せしむべし

B-1 　発音はいずれの学年においてもこれを疎かにすべからずといえども，初期の教授において特に注意してこれを正すべし

C-1 　発音・綴字は初期の教授において注意してこれを授くべきは勿論なれども，いずれの学年においてもこれを疎かにすべからず

B-2, C-2 　発音を授くるに際し，必要ある時は舌・歯・唇等の位置を説明しまたは発音図を示すべし

D-2 　発音を授くるには教師の模範を第一とし，万国音標文字・注音符号等［ウェブスターなどの発音区別符号のことか］適当なる発音記号を利用し，必要ある時は口形図・蓄音機等を活用すべし

3-2　戦後の学習活動・言語活動——授業で何をすればいいのか

　戦後の学習指導要領では，占領下に作られた「試案」2つが今でも語り草になっているが，それらが果たしてどれだけの影響を与えたかとなると，所詮は絵に描いた餅にすぎなかったといわざるを得ない。それよりも戦後半世紀にわたって良くも悪くも日本の英語教育の方向を決めたのは昭和33年度版の中学校学習指導要領であった。これの作成を担当したのは教科調査官の宍戸良平(1914-99)で，彼は戦後26年間にもわたって文部事務官，教科調査官，視学官として7回の中学校，高校の学習指導要領の改訂にかかわった。もちろん彼が1人で作ったわけではなく，協力者会議に諮って決めたものではあるが，彼個人の考え方が色濃く反映

されたことは否定できない。彼は占領下のリベラルなものと，その後の厳密なものの両方に関係したわけが，ここでいうのはもちろん後者のほうのことである。

しかし，彼が盛り込んだような細かな規定は，戦前の「教授要目」にも既にあったことは，先程来見てきた通りである。新たに加えられたのは，「言語材料」の中の「文型」と新語数と「指定語」（俗にいう文部省必修語）の指定などである。

この学習指導要領ができて一番影響をこうむったのは教科書検定であった。検定制度は明治からあったが，その運用は極めて緩やかであった。それがこの学習指導要領の告示の2年前に専任の教科書調査官が任命されてから，急速に検定が厳しくなった。

ELECはこの頃検定教科書を作っていたが，この学習指導要領が発表されて大幅な修正を余儀なくされ，本来の持ち味を発揮できなくなってしまった。フリーズは学習指導要領に指定された言語材料のリストを「恣意的で無意味なもの」と批判した。（『英語教授の基礎』研究社，1962の序）

まず戦後半世紀の大きな変化を知るために，昭和33年度版と現行のものとを比較してみると，

(1) 内容が大幅に縮減されている
(2) 言語材料から言語活動へと重点が移っている
(3) 学年指定がはずされた

などが際だつ。(1)については，生徒の学習負担の軽減，授業時間数減への対応策としての「精選」，といった消極的な理由と，分量を減らすことによって練習量をふやして習熟を図るという積極的な意図とがあげられる。(2)は「役に立つ英語」，「使える英語」に対する要望にこたえて，コミュニケーション（運用能力）を目標とした結果，学習指導要領も従来の文法シラバスから場面シラバス，概念・機能シラバスへと方向転換の兆しを見せ始めたこと

による。したがってこの調子で進めば，やがては文法事項や指定語の指定はすべて撤廃されることが十分に予想される。

そこで，これからまず言語材料（音声，文・文型・文法事項，語及び連語，文字・符号）から見ていくことにする。

3-3　言語材料——何を教えるのか

次に掲げるのは，昭和33年度版の中学校学習指導要領における言語材料のうち，文型と文法事項の一覧である。文型の学年指定というのはこの回が最初である。これはホーンビーの動詞型を5文型の観点から整理したもので，苦心の作といってよい。分量的にはこの回が一番多くて，後は改訂の度に「生徒によっては軽く取り扱ってもよい」とか「理解の段階にとどめる」という表示がついて，やがて高校まわしとなる。示し方も改定のたびに簡略化される。太字で印刷されている項目は，現行指導要領でも中学段階で教えることになっているものである。かつて中学3年で学ぶことになっていたもののほとんどが，今や高校で教える項目になっていることが分かる。ちなみに，高校で文型・文法事項が一番多かったのは昭和45年度版の英語Bである。

●**昭和33年度学習指導要領文型・文法事項**

（太字は平成10年度版にもあるもの）

文型

（a）　**主語＋動詞の文型**
　1年　**主語＋動詞**
　　　　主語＋動詞＋副詞
　　　　主語＋動詞＋副詞句
　2年　主語＋動詞＋副詞として用いられた不定詞（結果を表す場合を除く）
　3年　主語＋動詞＋副詞として用いられた不定詞（結果）

(b) 主語＋動詞＋補語の文型
　1年　主語＋be 動詞＋名詞
　　　　主語＋be 動詞＋代名詞
　　　　主語＋動詞＋形容詞
　2年　主語＋be 以外の動詞＋形容詞
　　　　主語＋be 以外の動詞＋名詞

(c) 主語＋動詞＋目的語の文型
　1年　主語＋動詞＋名詞
　　　　主語＋動詞＋代名詞
　2年　主語＋動詞＋動名詞
　　　　主語＋動詞＋名詞として用いられた不定詞
　　　　主語＋動詞＋how＋不定詞
　　　　主語＋動詞＋that で始まる節
　3年　主語＋動詞＋what, when, where または which＋不定詞
　　　　主語＋動詞＋how, what, when, where, which, who または why で始まる節
　　　　主語＋動詞＋if または whether で始まる節

(d) 主語＋動詞＋間接目的語＋直接目的語の文型
　2年　主語＋動詞＋間接目的語＋直接目的語（名詞・代名詞）
　　　　主語＋動詞＋目的語＋to＋名詞または代名詞
　3年　主語＋動詞＋間接目的語＋how, what, when, where, which＋不定詞
　　　　主語＋動詞＋間接目的語＋how, if, that, what, when, where, which, who または why で始まる節

(e) 主語＋動詞＋目的語＋補語の文型
　2年　主語＋動詞＋目的語＋名詞
　　　　主語＋動詞＋目的語＋形容詞
　　　　主語＋動詞＋目的語＋現在分詞
　3年　主語＋動詞＋目的語＋過去分詞
　　　　主語＋動詞＋目的語＋to のない不定詞
　　　　主語＋think などの動詞＋it～（for～）to～

(f)　その他の文型
　　1年　There is (are)〜
　　　　 Here is (are)〜
　　　　 Let us〜
　　2年　主語＋ask, tell, want などの動詞＋目的語＋不定詞
　　3年　It＋be 動詞〜(for〜)to〜
　　　　 主語＋be 以外の動詞＋現在分詞

文法事項

(ア)　名詞
　1年　主として普通名詞および固有名詞とし，数および格を扱う
　2年　集合名詞，物質名詞および抽象名詞とする

(イ)　代名詞
　1年　人称，支持，疑問および数量を表すものとし，性，数および格を扱う
　3年　関係代名詞を扱うが，前置詞＋関係代名詞は軽くふれる

(ウ)　形容詞
　1年　性質，状態および数量を表すものとし，比較は主として規則的な変化とする
　2年　比較は不規則的な変化とする

(エ)　副詞
　1年　比較は主として規則的な変化とする
　3年　関係副詞を扱う

(オ)　動詞
　1年　時制は現在形および現在進行形とし，活用は現在形および現在分詞とする
　2年　a．時制は，過去形，未来形，過去進行形および現在完了形とする
　　　　b．活用は，過去形および過去分詞とする
　　　　c．受身の形を扱うが，進行形および完了形を含めない

　　　　　d．不定詞は，名詞，形容詞および副詞としての用法を扱う
　　　　　e．分詞は，現在分詞および過去分詞の形容詞としての用法とする
　　　　　f．動名詞を扱う
　　3年　a．時制は，過去完了形および現在完了進行形とする
　　　　　b．受身の形は完了形を扱う*
　　　　　c．分詞構文のうち基本的なものを扱う*
　　　　　d．仮定法を扱い，次の程度とする*
　　　　　　　I wish～動詞または助動詞の過去形～
　　　　　　　If～should または動詞の過去形～
　　　　　e．話法のうち平易なものを扱う*

3-4　削減の実態

　削減の実態を知るには，数字を比べてみるのが一番である。新語数の変遷と，昭和44年版と52年版の比較を示してみよう。

新語数の増減

指導要領の年度	中学校	高校	合計
昭26　日本語版	1,200～2,300	2,100～4,500	3,300～6,800
英語版	1,200～2,100	2,100～4,000	3,300～6,100
昭33／35	1,100～1,300	1,500／3,600	2,600～4,900
昭44／45	950～1,100	B 2,400～3,600	2,150～4,700
昭52／53	900～1,050	1,400～1,900	2,300～2,950
平元	1,000	1,900	2,900
平10	900	1,300	2,200
平20	1,200	1,800	3,000

語数の数え方には，変化形や派生語をまとめて1つと数える head-word 方式と，それらをすべて異語と数える（child と children で2語）word-form 方式とがあるが，学習指導要領では後者を採用している。

言語材料の精選（中学校）

	昭和44年度版	昭和52年度版（週3時間）
文型	5種　37	5種　22
文法事項	21項目	13項目
新語数	950〜1,100	900〜1,050
必修語の数	610	490

3-5　文部省必修語

　中学校学習指導要領の言語材料には昭和33年版以来「いずれかの学年で指導すべき語」と指定された単語の表がある。これを俗に「文部省必修語」と呼ぶが，必須とはどこにも書いてないので，「指定語」と呼ぶことにする。指定語は検定教科書には3年間のどこかで最低1回は必ず出さなければならない。そのうち1語でも欠ければ検定に合格できない。どんな語がいくつ指定されるかは，教科書の執筆者や編集者にとっては大問題なのである。

　その語数の変遷は以下の通りである。

指導要領の年度	指定語数	指定語以外で全教科書に出てくる語数
昭和33年度版	520　（85）*	（資料なし）
昭和44年度版	610　（100）	113／93
昭和52年度版	490　（80）	86／64／63
平成元年度版	507　（83）	54／73
平成10年度版	100　（16）	324

＊語数の後のカッコ内は，最大を100とした比率。指定語以外で全教科書に出る語の数は，教科書改訂のつど数えたもの。平成20年度改訂で指定語はなくなる。

　平成10年度版で，指定語の数が一挙に激減して僅か100語になった。過去一番多かった610語と比べるとその16％に過ぎない。

しかもそのほとんどは機能語である。「機能語」というのは，それなしではそもそも英語の文章が成り立たない，といった基本中の基本語である。念のためにAで始まる語だけをあげてみると，a, about, across, after, all, am, among, an, and, another, anything, are, as, at である。

　これらの機能語は，学習指導要領で指定しようがしまいが，英語の教科書には必ず登場する。これらの語が出てこない教科書を作ることは，そもそも不可能なのだ。というわけで，今回の指定語表には何の意味もないということになる。したがって，昭和33年度以来の「指定語」という制度（？）は，実質的には消滅したといえる。

　同じく，文型・文法事項の指定も近い将来なくなるのではないか。学習指導要領がコミュニケーションを目指し，言語活動，言語の運用能力の育成に力を入れようとすれば，従来の文法シラバスとは別のシラバスが必要になる。文型・文法事項の指定を続ける限り，教科書は変わらない。教科書を変えようと思ったら，指定はやめるべきである。

3-6　「学習活動」から「言語活動」，そして「場面」へ

　昭和44年度版から，従来の「学習活動」が「言語活動」と改められた。これは従来の「文法シラバス」からの脱却を図ったという点で，学習指導要領改定史上画期的なものとされている。両者の相違についてはいまだに議論が絶えないが，ここでは実例で比較してみる。

　最初にあげるのは昭和33年度版の第1学年の「聞くこと・話すこと」の学習活動から。

> (ア) 英語を聞き取らせる。
> (イ) 英語を聞かせ，これにならって言わせる。
> (ウ) 英語を聞かせ，これに動作で答えさせる。
> (エ) 英語を暗記し，暗唱させる。
> (オ) 実物，絵画，動作などについて英語で答えさせる。
> (カ) 文の一部を置き換えて言わせる。
> (キ) 文を転換して言わせる。
> (ク) 英語で問答させる。

　これくらいのオーラル・ワークなら，教師が少し努力すれば授業中に生徒にやらせることは十分可能であろう。
　次は昭和44年度版の同じく第1学年の「聞くこと・話すこと」の言語活動から。

> (ア) 日常慣用の挨拶を交わすこと。
> (イ) 身近なことについて，話し，聞くこと。
> (ウ) ある動作をするように言い，それを聞いてその動作をすること。
> (エ) 身近なことについて，尋ね，答えること。

　この場合は，これらの指導事項を授業でやっていれば，そのまま言語活動になる，という提示のし方である。
　次は昭和52年版から。

> (ア) 話題の中心をとらえて，必要な内容を聞き取ること。
> (イ) 話そうとする事柄を整理して，大事なことを落とさないように話すこと。
> (ウ) 相手の意向を聞き取って，的確に話すこと。

ここに提示されている3項目は，実際に世の中で行われている「聞く・話す」現象を整理して，それらの要素を抽出したものであろう。それらを具体化して授業でやらせるには，どのような場面を設定すればよいか，どんな活動（task）を組みたてたらよいか，は示されてはいない。教科書にあることがそのまま利用できればよいが，さもなければ教師は自分が教える生徒の実態に即して工夫しなければならない。

3-7 「言語の使用場面の例」

　平成10年度版の学習指導要領では，中学にも高校にも「コミュニケーション活動」（中学では，コミュニケーションを図る活動）という表現が頻繁に出てくる。やがて「言語活動」はこう呼ばれるようになるかもしれない。前回の学習指導要領では，単に「コミュニケーション」とあったのを「実践的コミュニケーション」としたのは，それが単なる「音声を中心とした軽いやり取り」といった程度に理解されて，ゲームやお遊び中心の授業になってしまっていることへの警鐘だという。それともうひとつ，従来は単に「目的に応じて」とあった部分が，「場面や目的に応じて」に変わっている。そして，中・高とも「言語使用場面の例」と「言語の働き（機能）の例」と題して，具体例がいくつか示されているが，これは学習指導要領では初めてのことである。高校のほうが内容豊富なので，そちらを掲げる。

〈言語の使用場面の例〉

　(ア) 個人的なコミュニケーションの場面：
　　　電話，旅行，買い物，パーティー，家庭，学校，レストラン，病院，インタビュー，手紙，電子メールなど

(イ) グループにおけるコミュニケーションの場面：
レシテーション，スピーチ，プレゼンテーション，ロール・プレー，ディスカッション，ディベートなど
(ウ) 多くの人を対象にしたコミュニケーションの場面：
本，新聞，雑誌，広告，ポスター，ラジオ，テレビ，映画，情報通信ネットワークなど
(エ) 創作的なコミュニケーションの場面：
朗読，スキット，劇，校内放送の番組，ビデオ，作文など

〈言語の働きの例〉

(ア) 人との関係を円滑にする：
呼びかける，あいさつする，紹介する，相づちを打つ，など
(イ) 気持ちを伝える：
感謝する，歓迎する，祝う，ほめる，満足する，喜ぶ，驚く，同情する，苦情を言う，非難する，謝る，後悔する，落胆する，嘆く，怒る，など
(ウ) 情報を伝える：
説明する，報告する，描写する，理由を述べる，など
(エ) 考えや意図を伝える：
申し出る，約束する，主張する，賛成する，反対する，説得する，承諾する，拒否する，推論する，仮定する，結論付ける，など
(オ) 相手の行動を促す：
質問する，依頼する，招待する，誘う，許可する，助言する，示唆する，命令する，禁止する，など

4 英語教育はどこへ行く

　読者は上のリストを見て，実際にどんな授業が教室で行われるようになるのか，想像がつくだろうか。「語の指定」がなくなり「言語材料のワク」がなくなると，教科書を検定する意味もなくなるかもしれない。それに学習活動までは教科書通りでもいいが，言語活動・コミュニケーション活動が中心になると，全国一律の検定教科書にどんな意味があるのだろうか。教師一人ひとりがそれぞれの工夫によって授業を展開するのでなければ，言語を実際に使っての活動などできようはずがない。本当の意味で，教師一人ひとりの力量が問われる時代が到来するだろう。

　学習指導要領は現行版だけ読むと無味乾燥かもしれないが，こうして過去百年の教授要目・学習指導要領を通して読んでみると，なかなか興味深い。余談だが，平成元年版からは「感嘆文」への言及がなくなり，平成10年版からは「未来形」が「助動詞などを用いた未来表現」に変わっているのに気づいただろうか。それは決して政策的な意図などではなく，文法論の立場からの変更である。

　とかく官僚は最新版こそベストだと言いたがるが，過去の学習指導要領に書かれていることはいずれも正論である。「英文和訳と和文英訳でいい」などとはどこにも書いてない。どうしたら英語が身につくかの答えはすでに100年前に出ている。それが21世紀になっても一向に実現されない，というのが現実である。世論と学校の板ばさみになった文部（科学）省は改定のたびに何とかしようと躍起になって掛け声をかける。

　学習指導要領を変えてもダメなら，教科書を変えれば授業が変わるのではないか。平成12年（2000）にもコミュニカティブな面が不足している数種の教科書に対して，検定の途中で書き換えを

命じた，という噂があった。しかし学習指導要領と現場の板ばさみになった教科書会社は，そう簡単には変われない。

　そうなると最後の手段は，英語教師自体を変えるしかない。といっても，今いる教師をいったん全員クビにするとか，今までの教員免許状を全部無効にしてしまうというような荒療治は到底できない相談である。そこで，中学・高校6万人の英語の先生全員に2週間の研修を受けさせることになった。目標は英検準1級，TOEFL550点，TOEIC730点。それが取れない先生には辞めてもらう，とまでは言っていないが，居づらくなることは確かだろう。

　それに今は免許状がないから先生方の助手，ということになっているALT（外国語指導助手）を正規の教員として採用することも考えているという。

　これが2002年7月に文部科学省から発表された「英語が使える日本人の育成のための戦略構想」である。この構想の対象は「英語が使える日本人」であって，「英語が使える英語教師」ではないのだが，新聞の見出しでは「英語の先生，英語力特訓」となっていた。英語の先生に英語力がない，というのは残念だが今や天下周知の事実なのである。今度こそ本腰を入れて，英語教育の構造改革に取り組むことになるのだろうか。

　今後は教員の新規採用にあたっては，既にこの条件をクリアしている者から採るようにすれば，この目標は10年もすれば実現の可能性がある。それが実現した時，英語の教室ではいったいどんなコミュニケーション活動が行われているのだろうか。

8 戦前の「リーダー」——教科書（1）

外山正一

1 検定以前

　教科書というと，今では検定教科書を指すのが普通だが，教科書検定が始まったのは明治19年（1886）のことだが，それ以前にも教科書はあった。長崎通詞の作った『諳厄利亜興学小筌』を最初の英語教科書だという人もあるが，それは少し無理だろう。しかし幕末になって幕府の外国語学校である開成所が出した英語学習用のテキスト4種は「官版」と呼ばれ，いわば御上の公認教科書であった。

　開成所には原書もたくさん備え付けてあって，学生に貸したという話は前に書いた。慶応3年（1867）福沢諭吉が再度渡米した折には，塾生のための教科書を大量に購入して帰ったことはよく知られている。明治初期には大学はもちろん原書一色だった。戦後まであった「原書講読」という名称は明治の名残である。中学校でも明治20年代まではほとんど全教科で原書を使用したが，ここでは狭い意味での英語教科書に限る。

　検定制度ができたのは明治19年だが，英語の検定教科書が増えるのは明治30年代に入ってからである。それまで英語はもっぱら原書，つまり外国からの輸入教科書を使っていた。その時代を2

期に分けて明治初年から18年までを「舶来本時代」，30年までを「翻刻本時代」とし，それ以後を「邦刊本（国産教科書）時代」とする。翻刻本というのは，原書を日本で翻刻（コピー）したものである。

　日本の英語教科書史を網羅的に扱ったものには，参考文献にあげた池田哲郎，松村幹男，江利川春雄の研究があり，検定教科書の総目録（出来成訓）やデータ・ベース（江利川），復刻シリーズなどもある。そこで本書では，代表的なもの数点に絞って，重点的に扱うことにする。また，教科書というと題材（ストーリー）を紹介したものが多いが，ここでは学習用教材としての教科書に焦点を当ててみたい。

2　外国輸入教科書

2-1　『ウィルソン・リーダー』

　明治6年（1873）に師範学校が編集し文部省が刊行した『小学読本』はアメリカの『ウィルソン・リーダー』（Harper & Brothers 社発行の Marcius Willson: *The Readers of the School and Family Series*, 1860）を翻案したものであった。入門書（プリマー）1巻と読本5巻からなるが，日本では1巻と2巻がよく用いられた。第1巻の冒頭の部分は次のようになっていた。

The ape and the ant.

The ape has hands.
The ant has legs.
Can the ant run?

The bat and the boy.
Can the bat fly?
Can the boy run?
See the moon.

The cat and the cow.
The cat has the mouse.
The cow gives the milk.
It is an old cow.

The dog and the duck.
Can the dog run?
Can the duck swim?
See the dog jump!

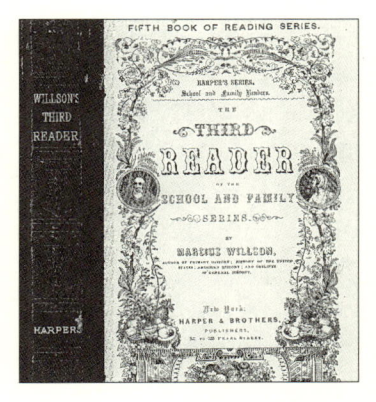

『ウィルソン・リーダー』第3巻
背と表紙

　ご覧のように単語が1音節で4文字までのものが主になっていて，初心者には学びやすい。ABC順にbatとboy, catとcowで頭韻を踏んでいるのにお気づきだろうか。これはアメリカでは小学校の国語教科書なのであるが，最初慶応義塾で使われて，のち全国各地の官立英語学校でも広く用いられた。明治20年ころまでは英語リーダーの代表格であった。印刷の文字や挿絵がきれいだったことが，好まれた理由のようだ。
　英語学者の神保格（1883-1965）がこんな話をしている。

　　ウィルソン・リーダーの "The ape has hands. The ant has legs." というのを「猿ガ手ヲ持ツ，蟻ガ脚ヲ持ツ」と先生が教えたら，生徒は猿と蟻がけんかをしているのではないか，と思った。ところがリーダーの絵を見るとそうではない。今では「こういう会を持つ」と言いますが，そのころは「手を持つ」と言うと，相手の手を持つ，取っ組み合いをする，ということになります。
　　　　　　　　　　　（『ある英文教室の100年』, p. 243)

しかし神保自身はこのリーダーを使うには20年ほど若すぎた。実際にこれで学んだのは内田魯庵とか夏目漱石といった明治維新前後に生まれた人々である。漱石の書いたものの中に「『猿ガ手ヲ持ツ』などというのは6歳前後の小児には多少の興味あるにもせよ，14，5歳の学童には面白き筈なく」（「中学改良策」）などとある。しかし明治7年に小学校に入学した魯庵は「そのころの小学教科書はたいてい西洋の教科書の翻訳だったから，聖書の記事が多かった。私たちは早くからモセスやアブラハムやソロモンやサムソンの名や伝説を吹きこまれた」（「明治10年前後の小学校」，『太陽』1927年6月15日増刊号）と述懐している。たしかに第3巻の第1部には旧約聖書の物語24篇があるなど，この本には宗教的色彩が強かったので，明治14，5年（1881-2）以後は使われなくなった。（p.56の図版も参照）

2-2 『ナショナル・リーダー』

前期の『ウィルソン・リーダー』に対して，中期以後はどんな教科書が用いられたのだろうか。明治35年（1902）に定められた「中学校教授要目」では，第1学年の英語の程度を次のように定めている。

> 文部省会話読本［後述の正則英語読本のこと］，ナショナル読本，ロングマンス読本，スウィントン読本などの第1巻または第2巻の初めの程度によるべし。

ここにあげられている4種の読本のうち，国産は最初のものだけで，2番目と4番目がアメリカ，3番目がイギリスからの輸入本である。

なかでも『ナショナル・リーダー』全5巻はロング・セラーで，

たとえば明治20年代の終わり頃からこれを採用した東京高等師範の附属中学校などでは，大正4年（1915）まで20年近くも使いつづけた。この本のタイトルは *Barnes' New National Readers* といって，A. S. Barnes & Co.社発行の1883-84年版（明治16-7年）と American Book Company 社発行の1911-12年版（明治44-5年）とがある。1884年といえばマーク・トゥエインの『ハックルベリー・フィンの冒険』が出た年である。著者は前者は発行者と同じ A. S. Barnes，後者には Charles J. Barnes, Harlan H. Ballard, S. Proctor Thayer などの名前が記されている。A. S.と Charles J.の2人の Barnes の関係は未確認だが，親子かもしれない。イギリスでも別のタイトルで刊行されていたことがあるそうである。日本で翻刻されたものも多く，明治20年（1887）をピークに250点以上も刊行されたという。

　明治20年1月22日の『郵便報知新聞』にはこんな記事が載った。

　　リードル翻刻　○米国紐育（ニューヨーク）バルンス会社の出版に係るニュー・ナショナル・リードルを出版届の上翻刻するもの，現に府下のみにて五十余名あり，その売高も実に夥しきが，今度同会社より右リードルは米国に於て版権［著作権］を所有せるものなる故云々との事をその筋に照会ありしに付，同書翻刻人一同を昨21日その筋へ召還して右バルンス会社の名義を削除すべき旨を諭達したりと。

　輸入本の中には日本総代理店の名前（F. Schroeder, Tokio, No. 41, Tsukiji, sole agent for Japan）が刷り込んであるものもあり，"Beware of infringements ［版権侵害］ and inferior imitations of these books" と警告している。

　このほか，「独案内（ひとりあんない）」とか「直訳」という，今でいうところの虎の巻，アンチョコの類も無数に出た。中でも熊本謙二郎・喜安

雉太郎編『ナショナル第四読本研究』（研究社，1912-25）は『英語青年』に10年にわたって連載された，一流の英学者34人による共同訳注をまとめたもので，これは教師用の参考書として広く読まれた。

2-3 "It is a dog."

まず第1巻の7課までを図版で示す。6課（省略）と7課は復習で，Reading Review, Spelling Review（ウェブスター式の発音区別符号が付いている），Slate Exercise, Object Exercise からなる。最後の「実物練習」というのはセンテンスの中の名詞の部分が文字ではなくて絵になっていて，それを読ませるのである。これは単語を単なる文字の集合ではなく，一つの観念を表わすものとして把握させるという，国語教育でいうところの「単語法」の

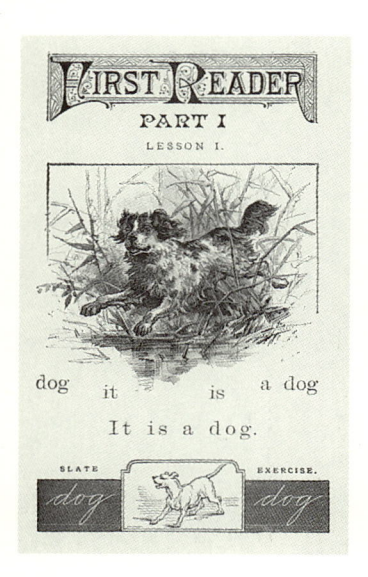

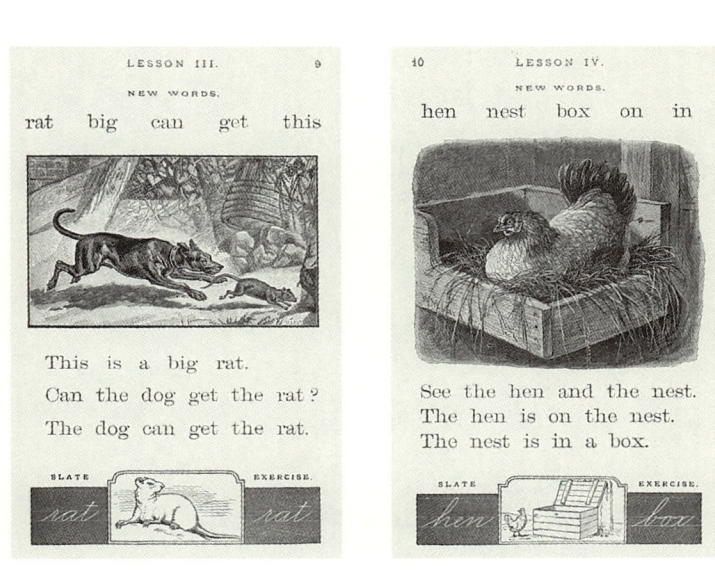

LESSON III.

NEW WORDS.

rat　big　can　get　this

This is a big rat.
Can the dog get the rat?
The dog can get the rat.

LESSON IV.

NEW WORDS.

hen　nest　box　on　in

See the hen and the nest.
The hen is on the nest.
The nest is in a box.

LESSON V.

NEW WORDS.

cat　egg　will　an　at

The big cat is at the nest.
Will the cat get an egg?
See the hen run at the cat!
Run, hen, run!

LESSON VII.

SLATE EXERCISE.

See the dog run
The boy can run
See the big nest
Run, hen, run!

OBJECT EXERCISE.

See the 　　 and the 　　
The 　　 ran at the 　　
The 　　 ran at the 　　
Can the 　　 get the 　　
The 　　 is in the 　　
The 　　 is in the 　　

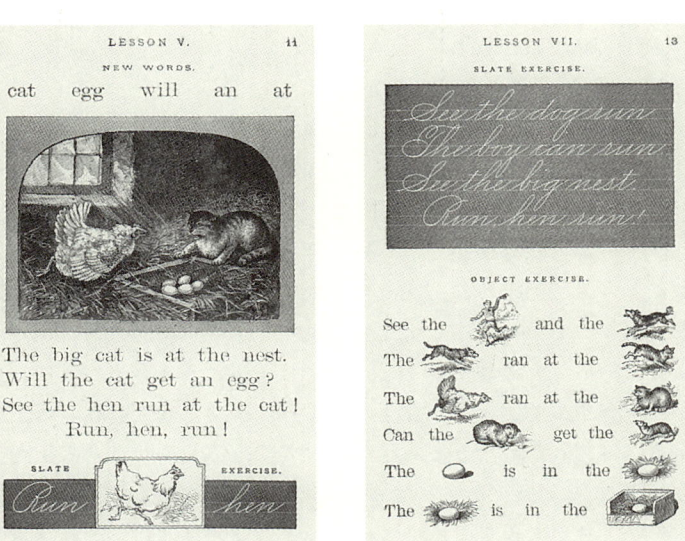

New National First Reader の Lesson 1 〜 5・7

行き方を具体化したものであろうか。

さて今度は文型・文法事項を調べるために，もう一度1課から5課までの本文を並べてみよう。（番号は課）

1. It is a dog.
2. See the boy and the dog.
   The boy and the dog run.
3. This is a big rat.
   Can the dog get the rat?
   The dog can get the rat.
4. See the hen and the nest.
   The hen is on the nest.
   The nest is in a box.
5. The big cat is at the nest.
   Will the cat get an egg?
   See the hen run at the cat!
   Run, hen, run!

まず，第1課がS＋V＋Cの文型，2課は命令文とS＋V，3課には助動詞can，4課にbe＋前置詞句が新出，5課ではwillのほかにV＋O＋原形不定詞まで出てくる。この最後の文型などは，今の学習指導要領では高校での指導事項とされている。その他にも今の教科書では到底考えられない，受動態，関係代名詞，仮定法などが第1巻から出ていて，すこぶる急勾配の教材配列になっている。それはすべてこのリーダーがアメリカの小学生のための国語読本であるという理由による。序文には「各課の新語は7語以内にとどめた」とあるが，数えてみると1課平均の新出語は9.2語となっている。単音節語が圧倒的で，2音節語は41語しかない。今日の日本の基準から見ると，この巻のレベルは語彙的には中2前半，文法的には中2終了程度と見られる。

2-4　第1巻を読む

　もう少し第1巻を読んでみよう。第14課には1匹の犬，2匹の猫，3羽の小鳥，4匹のネズミの絵があって，本文は韻をふんでいてとても覚えやすい数え歌である。

　　One, one, one, Little dog run.／Two, two, two, Cats see you.／Three, three, three, Birds in a tree.／Four, four, four, Rats on the floor.

　第17課は，1人の少年がAnnという少女を馬車に乗せて，自分で馬を御しながら，田舎道を走っている。女の子との付き合いなど知らなかった明治の中学生はこの絵を見て驚いた。

　第1巻に出てくるのは子供たちの家庭生活であり，田園生活である。1，2巻には都会の話は1回しか出てこない。室内の場面も非常に少なくて，10課で初めて出てくる。第1巻では8つの課を除いては，舞台はすべて戸外である。

　少年少女の世界では，動物が重要な役割を果たしている。犬と遊ぶ少年，子猫と戯れる少女，近所の川からマスを取ってくる子，キツネを飼っている少年，熊使いのおじさんなども登場する。19世紀のアメリカの子供にとっては，ウサギも熊もワシもきわめて身近な存在だったのであろう。それらの動物の習性が教えられる。

　教科書であるから教訓ももちろんある。例えば第26課，鳥がいて巣に卵を産む。すると木に登ってそれを取りに行く悪童がいる。それはいけないことだ。"Go away, bad boy ; do not take the eggs, and soon there will be three pretty birds in the nest." とある。最終課のフルートを習う話では，最後に "All you will have to do is to try." というモラルがついている。そのあと付録に "Pearls in Verse" という箴言詩句集が付いている。

以上，第1読本はPart Iが54課，Part IIがShort Storiesで10課，合計65課，全96ページからなる。

2-5 第2巻 —— "Little Bo-peep"

　第2巻も日常会話が多く出てくる。ここでもフロンティアの農園生活が中心で，決して機械文明の世界ではない。この教科書が出る10年以上も前に，アメリカでは大陸横断鉄道が開通していたはずであるが，この本で見る限りそんな気配はない。

　第2巻も相変わらず動物の話が多い。ミツバチ，巣から落ちたヒナ鳥を助けて育てる話，乳しぼり，豚，大鹿 (moose)，鹿狩り，羊の毛を刈る話，リス，山猿の群れがいてmonkey bridgeをかけて谷川を渡る話，などなど。主人公の少年少女はいずれも8歳ぐらい。教室風景は1回しか出てこない。彼らは大部分の時間を戸外で自然を観察しながら過ごす。有名な話では「ジョージ・ワシントンと桜の木」のエピソードが出ている。

　第36課"Little Bo-peep"はこういう話である。ある少女が小さな羊の子を貰い，Bo-peepと名付けて可愛がったので，羊はすっかり少女になつく。首につけた鈴を"tinkle, tinkle"と鳴らしながら，いつも彼女の後を追う。

　ある冬の夜，少女は病気のため，Bo-peepの世話を婆やに頼む。しかし婆やはそれを忘れたので，Bo-peepはいつもの納屋に入れてもらえず，屋外で寒さのために凍え死んでしまう。翌朝それを知った少女は泣いて悲しむ。そして庭のリンゴの木の根元に葬り，兄のNedが木の幹に打ちつけた板に少女はこう書いた。"Little Bo-peep, Fell fast asleep."

　全56課，176ページの最後から二つ目の課"The Sparrows' Christmas Tree"は，1，2巻を通じて唯一の都会，ニューヨー

クでの話である。公園の近くに住む少女 Bessie が木を枯らす害虫を駆除するために移住させたスズメの群が，冬になって食べ物がなくて困っているのを見て，クリスマス・ツリーを外に出して，それに箱をたくさん吊るして，その中にパンくずなどを入れてやった，いう愛鳥物語である。

2-6　第3巻，4巻，そして5巻

　第3巻になると頁数が240ページになって，挿絵もぐんと少なくなる。題材もアメリカ国内から海外へと広がっていく。虎狩り，象狩り，ゴリラ，トナカイ，ラクダの話や野牛狩りの話もある。ビーバーやキツツキの話も出てくる。農業では綿の栽培や海綿を取る話。童話ではアンデルセンの「マッチ売りの少女」のほか「家ネズミと森ネズミ」の話もある。

　第47課 "May's Adventure" は，都会の学校の寄宿舎から休暇に汽車に乗って帰省する話。ここで初めて鉄道が登場する。

　第4巻はますます厚くなって，384ページ全77課。教訓的な物語や冒険談，地理・歴史，動植物に関するものが多い。かなり本格的な文学作品も取り入れられていて，『若草物語』のオールコット，地方色作家のブレット・ハート，『悪童物語』のオールドリッチなどのものがあるかと思えば，ロングフェローなどの詩も載っている，といった具合で，19世紀後半のアメリカ文学を反映している。第15課 "An Adventure with a Shark"（フカ）は翻訳されて『小学国語読本・巻11』（当時は年2冊だから5年生用）に載った。大正中期から昭和にかけて用いられた「ハナ・ハト・マメ」で始まる版である。

　第5巻になると，シェイクスピア，スコット，ディッケンズ，アメリカではアービング，ホーソン，エマソン，マーク・トウェ

インなど代表的な文学者が目白押しで，まるで英米詩文選のようだが，今では英文科の学生でも難しいだろう。「ベートーベンの月光の曲」，これも『小学国語読本・巻12』に採られた。アフリカ奥地での「スタンレーのリビングストン捜索」の話は戦後の中学国語の教科書にも載っていた。480ページ，66課に加えてテニソン，ロングフェロー，ポーの『大鴉(おおがらす)』やグレイの『墓畔の哀歌』などの英詩34篇。

2-7 この教科書の難易度

　明治末の東京高等師範の附属中学校では，4年の3学期から『ナショナル・リーダー』の第5巻に入ったというが，前にも述べたように，この巻は今では大学生にも難しい英米文学のアンソロジーのようなものだから，一体どんな教え方をしたのだろうか。広島大学の小篠(おざさ)敏明を中心とするグループはコンピュータによるコーパス分析を使って，語彙・文法・リーダビリティの観点から教科書の難易度を計量的に測定した。細かいプロセスは省いて結果だけを示すと，この教科書の難易度は次の通りである。

　リーダビリティの最初は Flesch Reading Ease, あとのは Flesch-Kincaid Grade Level. これを見ると，第3巻から難易度が増し，4巻，5巻はかなり高度なことが分かる。

	新語(異語)数	受動態の比率	主格関係代名詞	リーダビリティ	
第1巻	449	0（％）	3	100（極易）	0（学年）
第2巻	865	1	15	100（極易）	1.3
第3巻	1,731	7	61	89.4（易）	4.2
第4巻	3,468	13	161	78.2（標準）	6.4
第5巻	5,807	6	335	69.5（標準）	8.2
合計	12,340				

これほどの内容を持ち，これほどの影響を与えた教科書なのであるから，明治日本にもたらされたアメリカ文化の一典型として，もっと詳しく内容を研究してみる価値があるだろう。

3　外山正一の『ナショナル・リーダー』批判

　外山正一(とやままさかず)は幕府の留学生として，また東京大学の早い時期からの教授として，第4，6章にすでに登場した。彼は英語教育にも造詣が深く，教科書を作ったり『英語教授法』(1897)という本を出したりした。この本は僅か78ページの小冊子であるが，100年後の今日でも立派に通用する名著である。その第1章は「外国読本及びそれに類似の読本」と題して，『ナショナル・リーダー』を初めとする輸入教科書が日本の英語教育にとっていかに不適当であるか，その理由を逐一説いたものである。

　まず最初に国語読本と外国語読本の相違を述べて，前者は子供でも聞けばすぐ意味がわかり，自らも口にできるような文章からなっていて，その目的は読み方と文字の綴り方を教えることにある。ところがこれを外国の児童が用いるとなると，そこに出てくる文章は読んだり書いたりできないだけではなく，その音声から学んでいかなくてはならない。というわけで，「英米の児童のために作りたる英語読本のごときは，英米の児童にとりてはきわめて易きものなるも，わが国児童のごとき外国の児童にとりては，非常に至難のものなり。ひとり至難なるのみならず，教科書としてはなはだ不適当のものなり」ということになる。

　外国の読本やこれに類似の読本は，やや力のついた段階で利用することはできようが，初めて英語を学ぶ者のための教科書としては，けっして採用すべきものではない，というのが外山の結論である。

4 外山の理想を具体化した教科書

4-1 『正則文部省英語読本』

　それでは外山は日本人にとってはどのような英語教科書が理想的だというのだろうか。彼はすでに8年前の明治22-3年 (1889-90) にそれを文部省編輯局の名義で大日本図書から出している。文部省から出たといっても国定教科書というわけではなく、前にあげたような外国教科書とともに検定教科書の一つに過ぎない。ドレイスプリング (Dreyspring) のドイツ語教科書に基づいてつくられたというその教科書の英文タイトルは *The Mombusho Conversational Readers*, 日本語では『文部省会話読本』とか『文部省正則英語読本』と呼ぶ人もいるが、正式には『正則文部省英語読本』全5巻。著者は教科書そのものには明記されていないが、広告に「初め外山文学博士の編纂に成り、英人チャンブレンの校補を経たるものにして」とある。「チャンブレン」というのは、明治19-23年 (1886-90) 帝国大学で言語学を講じたR. H. Chamberlain (1850-1935) のことで、『日本事物誌』(*Things Japanese*) の著者としてもよく知られている。

　この教科書の表紙は、中央に「正則」という文字が大きく記されていて、朝日に山桜の絵があり、桜の枝にさがっている短冊には "Read the introductory remarks carefully." と書いてある。その「はしがき」の冒頭には、すでに紹介した外国読本が日本人にとって不適当な理由が述べられているが、末尾に「本書の目的」が書いてあるので、そこを引用する。

　The object of the present little book is to subserve the

purpose indicated, by giving short sentences to be committed to memory, together with very simple dialogues thereupon, containing none but words and idioms already learnt, and therefore not requiring translation. It is hoped that, by a diligent use of these on the part of the pupils (assisted of course by the teacher), the grand desideratum,—thinking in English, —may be attained to.

4-2　この教科書の使用法

　先に紹介した『英語教授法』という本は，実はこの教科書の使用法を説いたものであるが，外山はその中で次の4つを説いている。

1.　「『正則英語読本』は英語を正則に学ばしむるためのものなり。訳読のためのものにあらず，会話の材料となすべきものなり。」
2.　教科書の構成は，次ページの図版の通り。
3.　会話は，最初は本を見ながらやるのが良いが，本を閉じてやるのも必要である。生徒にあらかじめ暗記して来させる必要はないので，詰まったら教師が日本語を与えるか，ヒントを与えるか，本を見せれば良い。「機械的な暗誦はくれぐれも無用。」
4.　教師が最もよく心得ておかねばならないことは，反復練習の重要性である。教師は，生徒は一度教えれば覚えるものと思っている。自分自身，簡単なことでもいかにしばしば反復したかを忘れている。そういう教師は，『正則読本』の反復的訓練を余りに念が入りすぎていると思うかもしれない。

4-3 文型・文法事項の配列と反復

　そして，外山は日本人にとって特に難しい点に留意し，文法上の事項を順序だてて学べるようにしたと述べている。第1巻（133ページ）と第2巻（168ページ）は合計90章で，基本的な文型・文法事項の練習に当てられている。その配列と反復ぶりは次の通り。

　　an の用法：1-6, 39, 43, 50章／this, that, it：1-19章／疑問代名詞：1-11章／人称代名詞：7-20, 34章／前置詞：18, 19章／do の用法：21, 28章／can, may の練習：22, 23章／will の練習：24-26章／現在完了の練習：29, 35, 37, 39, 57章／過去形及び did の練習：30, 32, 38, 44章／現在進行

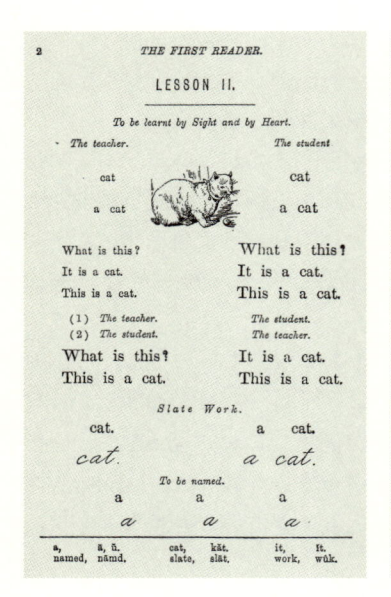

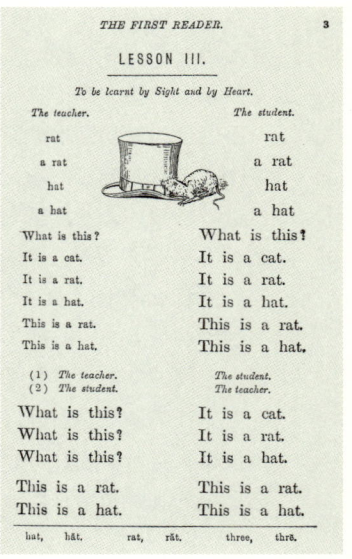

『正則文部省英語読本』第1巻の第2，3課

形の練習：31，44，47章／is going to, will, shall の練習：33，48章

以下は省略。第2巻には不定詞，受身，関係代名詞などが出てきて，この2巻でほぼ今の中学3年終了程度となっている。『ナショナル・リーダー』などの外国読本と比べると，文法事項の提示の傾斜がずっとゆるやか（small steps）で，反復練習にも十分注意が払われている。

4-4　具体例

　第3巻（全156章），第4巻（95章）になると，導入の会話の課，物語が書かれている課と物語の内容についての英問英答（会話）の課（1～3課）が交互に並んでいる。実例として第3巻の初めの部分をあげてみよう。

Lesson II
FABLE
THE DOG AND SHADOW
　A greedy dog had stolen a piece of meat out of a butcher's shop, and was crossing a river on his way home. Seeing his shadow in the water, he thought it was another dog with another piece of meat. So he made up his mind to get that, too. But, in snapping at the shadow, he dropped the bit he had in his mouth, and so lost all.

　Hence the proverb: "Grasp at the shadow, and lose the substance". Men do this more often than dogs do.

Lesson III　Conversation on the Preceding Fable
Teacher: What had the dog stolen?
Pupil: A piece of meat.
Teacher: Where had he found it?

Pupil: In a butcher's shop.
Teacher: What did he think what the shadow was?
Pupil: He thought it was another dog with another piece of meat.
Teacher: What did he make up his mind to do?
Pupil: He made up his mind to get the other piece too.
Teacher: Did he succeed in this?
Pupil: No, he only dropped the bit he had in his mouth.
Teacher: Then he lost all?
Pupil: Just so.

　題材は第3巻では東洋と西洋の話が半々で，第4巻になると西洋の歴史上の人物にまつわる逸話などが多くなる。第5巻は2部に分かれ，第1部が「アリババと40人の盗賊」(1-41課，147ページ，うち57ページが物語であとは問答)，第2部が「リア王」(42-64課，138ページ，うち32ページが物語) という，全巻を通じて僅か2つの長い物語だけを読ませるという思いきった構成になっている。

4-5　「面白くない」という反応

　中学時代にこの教科書で英語を学んだという神保格は，その思い出をこう語っている。

　　東京高等師範の附属中学校に入ったのは明治29年 (1896) です。当時の先生は矢田部良吉先生，『正則英語読本』を使いました。これは外山正一という偉い方がおって——矢田部先生とともに『新体詩抄』の著者です——英語教授法に熱心で，その当時の新しいメソッドを取り入れて作った教科書です。ところがこれが面白くも何ともない。文法的に並べてあるだけです。
　　それで矢田部先生も『正則読本』は面白くないと思われたので

しょうか，1年の3学期になると，『ナショナル・リーダー』の第2巻を教えた。これは面白い読本です。

(『ある英文教室の100年』, p. 245)

　矢田部の教え方は，外山の主張するような口頭練習中心ではなくて，訳読だったから，1年の2学期の終わり頃には第2巻の終わり近くまで進んでしまった。外山が聞いたらさぞ驚いただろう。訳すだけならどんどん進むが，特に1，2巻は文型練習のための教材で，一つひとつの会話に脈絡があるわけではないから，日本語に訳してみたところで面白い訳がない。読解力養成のための「リーダー」(読本)から外国語学習用の「コース」(教本)へというのは，日本の英語教科書史の大きな流れであるが，外来も国産もまだ「リーダー」ばかりだった明治の中期に，時代に先駆けてこのような実験的な教科書を作った先見性は認められてよい。しかし，広範な支持を期待することは到底無理な話だった。

　ところがそれから36年後に，この教科書の価値を再発見した人がいた。文部省英語教授顧問としてイギリスから招かれたハロルド・E・パーマーである。

5　パーマーの The Standard English Readers

5-1　外山とパーマーをつなぐ 'Think in English'

　パーマーは各学年2冊，全10冊の *The Standard English Readers*（開拓社，1926-7）という検定教科書を作るのであるが，その先駆としてまず *A Standard English Reader for Beginners*（開拓社，1925，250ページ）を作った。その扉のタイトルの下には

'This forming part of the reader line of approach of the *Standard English Course* in preparation' とある。書名には「リーダー」とあっても，これは「コース」なのである。その Introduction で彼は「この教科書の目的とするところは *Mombusho Conversational Readers* の第1巻とまったく同じで，その the Introductory Remarks にある 'Think in English' の重要性は36年前も今も変わらない」と述べて，その序文の 'Object of the Present Work' という，本書でも前に引用した部分をそっくりそのまま引いている。

パーマーが来日の翌年に編集した英語口馴らし用の問答集のタイトルも *Thinking in English* (1923) であった。このテキストは80年後の今でも出ているパーマーの代表的教科書だが，このタイトルを「英語で考える」と訳すことにも，口馴らしをしたくらいで日本人が英語でものを考えることが可能になるものかについても議論の余地はあるが，パーマーが外山の序文を読んで「我が意を得たり」と思ったきっかけがこの 'Think in English' の1句にあったことだけは間違いないであろう。(第6章4-2参照)

5-2　パーマーの教科書づくりの指針

パーマーは，入門期は文字を見せずにもっぱら口頭だけで機械的な練習を繰り返すことを提唱していたから，『正則文部省英語読本』と同じような教科書を作った。その彼の作った教科書の編纂趣意書が残っているので引用する。

1. 学習者の事情を考慮せる事（中学生の精神年齢にあった教材）
2. 教材の英語の種類に注意せる事（現代英語の語彙，現代文の

文体）
　3．語彙及び Collocation の選択に注意せる事（実態調査に基づく語彙・連語の選択）
　4．Grading に注意せる事（易から難へ，基本から応用へ緩やかに配列）
　5．教材の範囲を広くせる事（物語・文学に片寄らず，社会的，科学的な題材も）
　6．各巻の統一に注意せる事（全体を通じて統一と調和のある教科書）

　このような教材編成の基本方針は，現在ではすべての教科書編集者に受け入れられているが，パーマー以前は必ずしもそうではなかった。その意味で，この教科書は今日の英語教科書の原型といえよう。

5-3　理想は実現されたか

　しかし，これらの方針は実際にできあがった教科書ではどのくらい実現されているのだろうか。小篠グループの調査によると，新語数（異語数）は次の通り。

　　第1巻　942（語）／第2巻　1,983／第3巻　2,601／第4巻　3,269／第5巻　2,582／全巻合計　11,377語

　これは今日の教科書（中学3年間で900語）に比べると驚くべき数であり，当時の他の教科書と比較しても2倍に近い。これは題材の選択にも関係があるかもしれない。1年では身の回りの場面から始まって，日本に関するものが目立つ。今ではそれも普通だが，当時としては斬新だった。2巻以降，特に3巻では科学的

な題材が目立つ。4巻になると新聞記事や広告などの実用的な文章が登場する。これは文学作品中心の当時の教科書の中では異色である。地球環境や宇宙飛行士まで扱う最近の教科書を先取りしているともいえる。

文法構文の難易度を図るためには，次の2項目を測定する。

	受動態構文の比率	主格関係代名詞の出現頻度
第1巻	2（％）	10（回）
第2巻	14	78
第3巻	13	207
第4巻	11	290
第5巻	16	278

これらの数字から判断すると，文法関係は第2巻から急激に難しく，複雑になっていることが推測される。それは新語数からも，リーダビリティの数値とも一致している。

	Flesch Reading Ease	Flesch-Kincaid Grade Level
第1巻	91.2（極易）	2.6（学年）
第2巻	73.8（標準）	7.2
第3巻	75.8（標準）	6.5
第4巻	67.6（標準）	7.9
第5巻	60.4（標準）	9.7

「標準」というのは母語話者にとっての「標準」である。どの数値を見ても第2巻から急速に難しくなっている。第1巻だけは理想通りにいったが，そのしわ寄せが第2巻にきたというところか。第5巻に至っては『ナショナル・リーダー』の8.2学年をはるかに上回っている。第2巻と第3巻では数値が逆になっている項目もあって，安定性がない。当時の他の教科書と同じく，この

教科書も多分に勘と経験に基づいて作られたものであることを物語っている。

5-4　現在完了の集中するレッスン

　第1巻が易しいのは『正則読本』と同じく，文法シラバスに徹したからだろう。実際現在完了も受身も関係代名詞も1年に出てきて，最初の1年で今の中学3年分を，2年目で今の高校3年までの文型・文法事項をすべてやり終えてしまうようになっている。文法を明示的に扱うとなると，そのぶん題材としてはどうしても無味乾燥になり，英文としても不自然さをまぬかれない。現在完了が集中豪雨的に出てくる課を例にあげる。

Lesson 34　WHAT HAVE WE DONE?

Tell me some of the things (that) you have done to-day.

To-day I have got up, washed, dressed, had my breakfast and come to school.

What are some of the things (that) we have done this week?

This week we have come to school several times. We have taken several English lessons. We have spoken English with our teacher; we have read our English books and have written our exercises.

And now tell me some of the things (that) you have done this month. ...

　ざっとこんな調子である。このあと this year が出てきて，「先生は何をしたか」が出てきて，最後は "Have we finished this lesson yet? No, not yet, we have nearly finished it, but not quite." で終わるという念の入れようである。

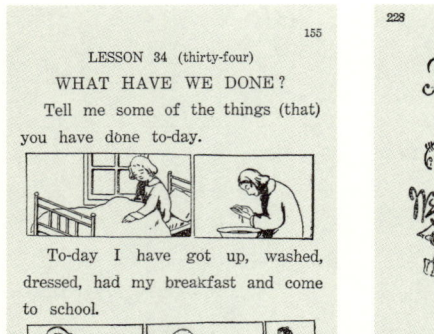

The Standard English Readers の Book I Part 2 より

5-5　パーマーの The Reader System Series

　当時の英語科は読本，文法，作文，会話と各分科に分かれ，別々の教科書で別々の教師がばらばらに教えていた。パーマーはそれらを有機的に統一して，今日のように総合的に教えることを主張して，Reader System という教材体系を提唱した。

　それによると，中学校の教科書は太陽にあたる「読本」を中心にして，その衛星である次のような「附属教材」から成る太陽系のようなシステムでなければならない，という。（番号は授業での使用順序。）

① *The Oral Companion to the Reader*：新教材の口頭導入のための手引き（教師用）
② *English through Questions and Answers*（教師用），*Pupil's Manual of Questions and Answers*（生徒用）：英問英答用教材
③ *The Phonetic Edition of Book 1*：全巻を発音記号で表記したもの
④ *The Readers*：各学年2冊ずつ計10冊の中核教材で，本文（Reading Text）とその解説（Grammar and Semantics）からなる
⑤ *Graded Exercises in English Composition*（または *Direct Method Composition Exercises*）：作文教科書（Reading Text で学んだ単語と構文を使う）
⑥ *Simplified English Series*：多読用教材（Reader System の後で）

　パーマーはこれだけの教師用・生徒用の付属教材を用意した上で，オーラル・メソッドによる授業をすることを奨励したのである。半世紀後の今日のもっとも完備したティーチャーズ・マニュアルでも遠くパーマーの足元にも及ばないだろう。

日本人が書いた英文 ③

●津田梅子（8歳）が初めて書いた英作文

　津田梅子（1864-1929）は明治政府が米国に派遣した最初の女子留学生5人のうちの最年少。ランマン氏方に預けられ，小学校に入った梅子（幼名・むめ）が渡米の旅の記憶を書き綴ったもの。綴りのmとnの混同や固有名詞を小文字で始めているのは，読みにくいので直しておいたが，あとは原文のままなので，文意の通じにくい個所は，訳文から推測されたい。

　... One night stay Chicago and go to Washington and go to Georgetown in Georgetown two week and go to Washington then, and teacher us, that teacher is not so good and she go away. Then nice lady her name is Miss Hane take a good care of girls, and a new teacher came every day and Rio her eyes were so bad and she go to Japan. Sutemats and Shige go to New Haven and Mume go to Georgetown Mrs Lamman house and have very nice time. ...

（訳）「日本からアメリカへ」
　シカゴに一晩泊まり，それからワシントンに行き，先生に教わりました。この先生はあまりよくなくて，やめました。それからいい先生が来て，名前はミス・ヘインで，みんなの世話をよくしてくれます。新しい先生は毎日来てくれます。リョウ（吉成亮子）の目はとても悪く，日本に帰ります。ステマツ（大山捨松）とシゲ（永井繁子）はニュー・ヘイブンに行き，ウメはジョージタウンのランマン夫人の家に行って，とても楽しいです。

（吉川利一訳による）

　こうして始まった津田の留学は11年に及び，帰国した時は親と日本語で話すこともできなかった，という。1900年に彼女が生徒10名で創立した「女子英学塾」は現在の津田塾大学の前身である。

9 戦中・戦後の「コース」
——教科書（2）

明治以降外国語教科書
データベース

1 戦時下の英語教科書論議

　中等学校の修業年限が4年に短縮され，英語の授業時間も週4時間に減った。高等女学校では英語は随意科（選択）になった。学徒出陣が始まり徴兵年齢が1年早まり，学童疎開が促進されるという，昭和18年（1943）暮，第84帝国議会が召集された。翌19年1月25日の衆議院の育英法案委員会の審議で，堀内一夫代議士が *The New King's Crown Readers*（三省堂，1943）を机上に置いて，こう迫った。

　　表紙に王冠を麗々しく掲げ，その名も王冠をかたどった「文部省検定」教科書を一例に引くが，その内容に入っては，「神よ，英国皇帝に勝利を与え給え」['God save the King!' のこと] という例の英国国歌を掲げ「みんなで歌いましょう」という文さえある。いま第一線では倒れてゆく兵士が「あの旗を射たせてください！」［大東亜戦争1周年のポスターにそういうのがあった］と絶叫しつつある時，銃後第二の国民が英国国歌を学ぶとは如何なる訳か。文部省はこれに対して応急処置を取って，これらの使用を禁止する用意はないか。

　これに対して文部省側は，「中等英語教科書の19年度分からは

The King's Crown Readers 表紙(左)と
国定『英語2』中学校用(上)

すでに敵性色ありとみとめられる個所は削除して使用することになっている。堀内委員の提示された *King's Crown Readers* は *Kanda's English Readers* と改名，1，2巻は使用禁止，その他は倫敦(ロンドン)を礼賛した課，英国国歌や英語の効用を極端に述べた課は削除した。なお，国民的自覚を盛る国定教科書の刊行を予定より繰り上げて，外国語教材の万全を期したい」と答弁した。

2　英語の国定教科書

2-1　一種検定教科書『英語』

　ここにいう「国定教科書」とは昭和18年3月から編集作業が進められていたものである。正式にいうと国策会社である中等学校教科書株式会社が作って文部省の検定を受けたもので，これ1種類しかなかったから正式には「一種検定」と呼ばれている。
　戦争中は学校での英語教育は禁止されていた，と思っている人が時々いるが，それは大変な誤解である。その証拠に戦時中とい

えども，教科教授要目に外国語科は健在だったし，国定の英語教科書さえ発行されていたのである。

英語の検定教科書は戦前の検定制度60年の間に2,000種以上発行され，実際には500種ぐらいの中から選定採用されていた。やがて戦争の長期化で用紙の不足が目立つようになり，昭和15年（1940）10月に文部省は発行者に自主的整理を求め，各学校・各科目ごとに5種の教科書を選定して，その中から選ばせるようになっていた。ここへ来てそれがついに1種類に限られるようになったのである。

さてこの事実上の国定教科書を編集するにあたって，文部省からあらかじめ示された要望事項は次の通りであった。

> 次のような内容は絶対に排撃されたい。
> (イ) 親英気分を醸す文
> (ロ) 西洋暦の乱用
> (ハ) 英米の物質文明を謳歌せる文
> (ニ) 英米を偉大なりと思わせる文
> (ホ) 日本を侮蔑せるごとき感を与うる文
> (ヘ) 英米の文物に修飾語を付するとき不穏当なる用語
>   (例: *Great* Britain)
> (ト) 不穏当なる比喩または例証，例えば下記のごときもの
>   Japan is the Britain of the East.
>   Osaka is the Manchester of Japan.
> その他，'Japan'は'Nippon'とすること。形容詞は'Nipponese'とするか'Nipponean'とするかは，文部省において検討中なり。

この本には，中学校用と高等女学校用があって，書名は『英語』というだけの殺風景なものであった。表紙の書名も巻1だけは『英語1』と横書きだが，巻2は『英語2』『英語二』の2種類，巻3になると『英語三』と縦書きになる。

● 『英語』第1巻（1944年1月20日発行，全171ページ）の中学校用は明るい空色の表紙で，真ん中に富士山のカット，女学校用はクリーム色で山桜の絵，巻頭に Alphabet, Drill in Sounds そして Preparatory Course（12ページ）があって，"I stand up.—Stand up, boys." に始まる耳馴らし・口馴らしをしてから，本文に入る仕組みになっている。

本文の第1課は，

> This is a map.
> This is a flag.

で，大東亜共栄圏の地図と「日の丸」（当時は「日章旗」）の挿絵。28ページには，

> Where is Nippon?
> It is in Asia.

とあって Japan はなくなっているが，Japanese はある。
いかにも戦時中らしい第28課を引用する。

> We shall be glad to see you again and we hope you will bring us the messages from our soldiers and sailors fighting in the South. Good-bye, dear birds, good-bye!

最後の第32課 'Be a Good Japanese Boy!' には，

> When we get up, it is still dark.
> We clean our teeth, wash our faces and hands, and then go out into the garden.
> We stand in a line, turn towards the Imperial Palace and bow.
> We thank our soldiers and sailors for their brave deeds.
> We pray for our success in war.

とあって，宮城（皇居のこと）を遙拝している挿絵がある。

　もちろん「イギリスの食事」（22課），「ジョンの日常生活」（24課），「クリスマス」（30課），イソップの「北風と太陽」（33課）などといった欧米事情を紹介した課もないわけではない。

● **第 2 巻**（1944年 3 月30日，全164ページ）に入ると，第 1 課は'The New School Year'という題で，学校の正面を描いた挿絵があって，旗竿には日章旗が高く翻り，校門を入る生徒たちはもちろん戦闘帽にゲートルをつけ，肩から斜めにカバンをかけて，互いに挙手の礼を交わしている。少し本文を読んでみよう。

　　　We are now in April.
　　　The sun shines brightly in the sky, and the birds are singing merrily in the trees. The cherry-trees are now in full bloom.

途中を飛ばして，最後の部分。

　　　My parents always say that all Japanese boys are to become brave and strong soldiers in future. So I will try to do my best to train myself through military training.

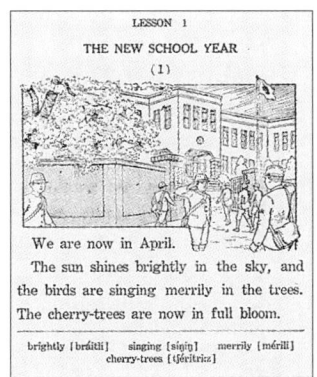

国定『英語 2 』（中学校用）Lesson 1 より

'military training' は「軍事教練」、2巻になると「大東亜戦争完遂に直接参与せしめるがごとき精神が全巻に横溢(おういつ)している」と当時は評された。第11課 'My Diary' は 'anti-air-raid exercise'（防空演習）の話，第12課は彼の家が「余りにも狭すぎる」と言った友人に対して，「私の家は太平洋だ」と答えたという連合艦隊司令長官山本五十六(いそろく)の逸話，第22課 'Nippon and its Neighbours' は大東亜共栄圏を扱ったもの。

本文30課のあとに "Tales from English History" という付録14ページがついていて，"Where the English Race Came from" から "Prince of Wales" まで5話が収められている。本文には「英国の田舎」「英国の家庭」などの課もあって，昨今の教科書よりもむしろ英米色が濃い。

● 第3巻（1945年1月20日，全92ページ）は，'The Submarine'，"War-planes and Their Uses"，'Simose Explosives'（下瀬火薬）など戦時色の濃いものが多く，最後は 'The Spartan Training' で終わっている。男子用・女子用に共通の第1課 'For the Joy of New Life' から引こう。出だしはのどかだが，その内容はというと，

    Spring has come, and the gentle wind blows. The sunbeams shine from the sky and dance all over the fields and hills.
    They have long endured hardships, the cold north wind blew through them, the frost nipped their leaves, and the ice froze up their roots.
    Since the War of Greater East Asia broke out, we have overcome a great many difficulties. But now we are ready to overcome still more.

途中を省略して，最後はこう結ばれている。

> Then let us meet every difficulty with a smile, let us make every test a stepping-stone to the final victory, and let us march forward cheerfully all together, until we establish a new order in this Greater East Asia.

'War of Greater East Asia' とは「大東亜戦争」のこと。太平洋戦争のことを当時日本ではこう呼んでいた。

2-2　それを作った人々

　前節では戦時色の濃厚な部分ばかりを取り上げたが，全体的に見るとそれほど戦争の影響は大きくない。中にはよくこんな題材が許されたと思われるものさえある。江利川春雄の調査によると，軍国調の記述を含む課は中学校用3巻では31％，女学校用で19％，平均すると25％，つまり4分の1である。残りは身近な話題23％，英国事情11％，寓話・詩・物語21％といった戦争とは無関係の題材である。戦時中の国定教科書という先入観や挿絵の与える印象から，この教科書を一概に「戦時色一色で塗りつぶされていた」と評し去ることは危険だといわなくてはならない。

　題材面を離れて，教授法の観点からこの教科書を見ると，入門期のオーラル・ワークに配慮した Preparatory Course の設置，易から難への言語材料の配列と語彙の精選（中学3年間で2,117語），題材の有機的連繋，挿絵の効果的な利用など，外山，パーマーなどの「コース」教科書の系統に属するものといえる。

　それもそのはず，これらの教科書の編集にあったのは中学校用が青木常雄（1886-1978），松川昇太郎，牧野徹夫，福田陸太郎，女学校用が寺西武夫（1898-1965），星山三郎，加藤市太郎という東京高等師範とその附属中学校の関係者であり，彼等はまたパーマーの創立した英語教授研究所（当時は語学教育研究所と改称され

ていた)の有力メンバーでもあった。編集会議は昭和18年(1943)3月に始まり，20年(1945)2月25日の空襲で会社が焼けるまで，毎週土曜日の午後，88回も続いた。この他にも巻4や英文法，英作文の教科書も作られたが，それらはすべて原稿のまま灰燼に帰したという。

1冊まとまると文部省に内閲に出すのだが，ほとんどの場合赤い付箋がいっぱい付いて帰ってきたという。そんな中でも，日本人の書いた原稿を東京在住のアメリカ人巌本マーガリート(1892-1991，バイオリニスト巌本真理の母)に見せて，今でいうネイティブ・チェックを受けていたというから驚く。

もう一つ戦争中に出た，こちらは本当の国定教科書にふれておきたい。それは『高等科英語』(1944年9月15日，62ページ)という本である。小学校(昭和16年度からは国民学校)には6年制の初等科の上に2年制の高等科(今の中1，中2に相当)があった。あまり知られていないが，高等科では明治時代から，学校によっては，英語が教えられていた(第13章参照)。そこで使われる教科書に文部省著作の2巻本で *The New Monbusyō English Readers for Elementary Schools* (巻1，1939，巻2，1941)というのがあった。その第1巻を半分に圧縮して，登場する英米人をすべて日本人に差し替えたのがこの『高等科英語』である。週2時間の選択科目用だったが，教養より実用を重視，文法も作文も1冊でやるという総合教科書で，最近の中学教科書はむしろこれに近い。

2-3 暫定教科書としてよみがえる

『英語』という教科書は実際にはどれだけ使用されたのだろうか。昭和19，20年(1944-5)度の2年間にわたって使われたはずだが，19年度の入学者でも *Kanda's Reader* を使ったと証言する

人もいる。第一，教科書は手にしても勤労動員などでろくに授業がなかったという場合も多かったろう。

　昭和20年（1945）度は夏休み中に戦争が終わったから，2学期からは他教科の教科書と同じく占領軍の命令で軍国主義的な個所を生徒に墨で塗りつぶさせる，いわゆる「墨塗り教科書」ということになった。次に21年（1946）度用として不適当な個所を削除修正した応急版（戦争中の版の46％を削除）が発行された。「暫定教科書」と呼ばれているのがそれである。その時『高等科英語』も発行されたが，前にも述べたように，それは平時に作られたものを再編しただけのものだったので，戦時色がもっとも薄く，ほとんど無傷（削除率5％）で使うことができたという。もっともこの暫定教科書は紙不足のために，2分冊，3分冊に分けて発行され，それも新聞用紙の1枚刷りを，生徒が自分で折り畳んでカットするという代物だった。内容よりもむしろそうした形態の

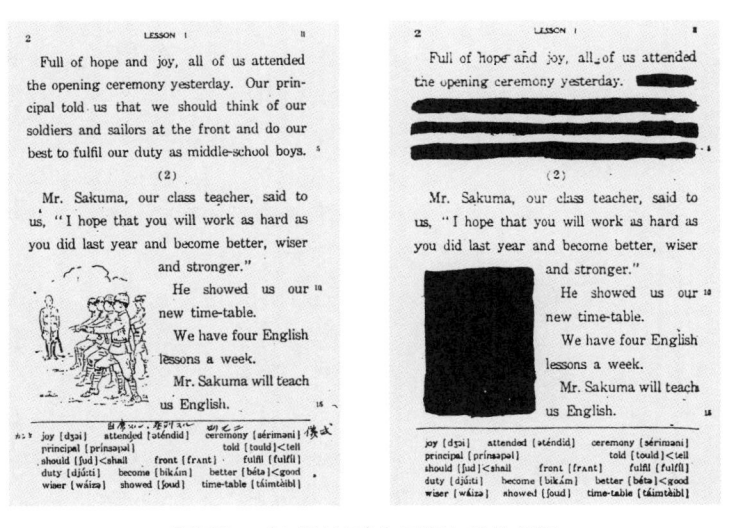

『英語二（中学校用）』元版と墨塗り版

方が後々までの語りぐさになったが、そんな教科書でも入手できただけで幸運だったのだという。

しかし、とにもかくにも、このようにして、戦前、戦中、戦後の激動の中で、1年の空白もなく英語教科書の発行が続けられたというのは驚くべきことだ。そして翌昭和22年（1947）度からは、これもまた文部省によって新たに作られた *Let's Learn English* という教科書が使われることになるのである。

3 Let's Learn English

戦後、義務教育の新制中学校が発足して初めて現れた国定教科書。親しみやすいタイトルといい、久しぶりの教科書らしい体裁の造本といい、いかにも平和の香りがするこの本を貰って生徒たちは大喜びだった。表紙は英語だけで、男の子と女の子が楽しそうに話しながら歩いている、各巻とも同じ絵に1色だけ色がついている。挿絵は黒崎義介。全3巻、各74，77，77ページ。文部省著作、教育図書株式会社発行。昭和22年3月の発行で、「文部省検査済」とある。

Book 1のLesson 1は"I am Tom Brown."とだけあって、正装した少年の挿絵がある。ところがこれを見たあるアメリカ人は「彼のはいているのが半ズボンなのはおかしい」と言った。Lesson 2 "I am a boy. I am an American boy."が本文で、

Let's Learn English Book 1 表紙

FOR STUDY がついている。This is から始めていた従来のオーラル・メソッドがいきなり I am では教えにくいという苦情もあったという。先を続けると，妹は Mary で弟 Henry はまだ baby，両親が George と Dorothy で，第6課から "I have a bicycle." と have 動詞に入るが，疑問文は Have you…? である。

第7課で助動詞 can，8課で There is，9課から一般動詞と，かなり忙しい。進行形（12課），命令文（14課），比較（16課），未来（19課），過去（21課），22課には "They have two sons and one daughter, who are our cousins." という関係代名詞まで出てくる。文型では SVOO の give，SVOC の make，want to 〜など，今の標準でいうと2年の前半あたりまでが含まれていて，傾斜はかなり急である。

巻末に HELPS TO STUDY という単語欄がある（3年では英語の notes が少々）のは今と同じであるが，それを数えると全部で543語と今の2年分に近い。この教科書は発音記号というものが一切出てこないので，発音の方はわからないが，語彙の面から見るとアメリカ英語は少ない。fall がなくて autumn だし，"Tomorrow I shall go there again." ともある。題材的には Tom を巡る家庭と学校生活に終始している。

Book 2は2部に分かれ，前半が名作ダイジェストと伝記が10篇，後半は Tom の学校生活を題材にした会話教材。Book 3は前半が12カ月の英米風物カレンダーで，後半が Mr. Brown となった Tom の社会生活。題材中心，内容本位で，その点ではよくまとまっているが，タイトルには「リーダー」とないにもかかわらず，中身はかなりリーダー的である。教授法的に見れば，戦時中のものよりもむしろ後退しているというべきか。

●異色の執筆者たち

　英語教科書史の流れの中では異色ともいえるこのような教科書を作ったのはいったいどんな人たちだったのか。占領下ということもあってか，これは総司令部関係のアメリカ人の手になるものではないか，と噂されたこともあった。

　しかし，事実は3人の日本人によるもので，当時文部省に勤めていた宍戸良平，木名瀬信也，中村道子が昭和21年7月（実際に着手したのは10月か11月）から翌年3月までの半年足らずで作り上げたものだという。宍戸（1914-99）は戦時中の『英語』にも関係し，のち初代の教科調査官，やがて視学官となり戦後の英語教育行政に腕をふるった。木名瀬は宍戸と同じ東京文理大の出身だが，戦時中は海軍のゼロ戦のパイロットとして活躍した。この後文部省を辞めて実業界に入った。中村は小学校時代をニューヨークで過ごしたというバイリンガルで，当時はアメリカ教育使節団や文部大臣の通訳をしていた。のち日本の婦人代表として2度国連総会に出席したこともある。

　宍戸が1年，木名瀬2年，中村3年という一応の分担はあったが，互いに意見を出しあい，材料の交換もよくやったが，編集会議といえるようなものは1回も開かれなかった。中村は総司令部のCIE（民間情報教育局）で小学校教育を担当していた女性と親しく，いろいろとアドバイスを受けた。This is ではなく I am で始めたのも中村の発案だった。主人公の名 Tom Brown は昔読んだトマス・ヒューズの *Tom Brown's School Days* (1857) から思いついた。各課の EXERCISE につけた Questions and Answers は宍戸に言われて中村が作った。これでオーラル・メソッドとの関連がついた。

　「目次を見ると，私が子供の頃に喜んで読んだ物語や詩がほとんどです。それで，これを書いたのは日本人ではないと思われた

のかも知れません。Book 3の"I had it coming."は自然に出てきたので、これが問題になるとは思いも寄りませんでした」と中村は述懐している。

"I had it coming."というのは「自業自得(じごうじとく)」という意味で、巻末にも"I deserved to be fooled."と注が付いているが、雑誌の質疑欄などで問題になった。当時刊行中だった「新英語教育講座」(研究社、全12巻)の第2巻は「英語読本の扱い方」と題してこの教科書の解説を載せ、まるで教師用指導書のようだった。そこでは"I had it coming."は「それが来ていることは知っていた」、「そう来るだろうと思っていた」などと誤訳されていた。

というわけで、言語材料的にはかなり型破りの面もあった。登場人物の統一とか話題中心の単元構成などは次に来る *Jack and Betty* などの検定教科書に大きな影響を及ぼした。しかし、この教科書そのものは僅か3、4年の寿命だった。

なお同じ国定の形で発行された高校教科書に *The World through English* (読本、3巻)と *The Road to English* (文法作文、2巻)がある。前者は小川芳男、後者は岩崎民平の編集。

4 戦後の検定教科書

1. *Jack and Betty*

(萩原恭平、稲村松雄、竹沢啓一郎、開隆堂、1948、78、81、84ページ)

再び検定教科書の使用が始まった昭和24年(1949)度、最初の検定で3巻揃って合格したのは本書だけだったそうで、初年度の採用部数は全国の4割の230万部、2年目は約8割とダントツだった。「御採用校には、学習用発音レコード、教師用参考書及び月刊誌『英語教室』などを無代進呈する」と広告した。

'English step by step'というサブタイトルがついていて、巻数

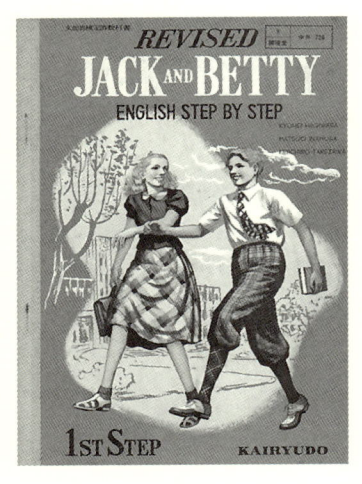

Revised JACK AND BETTY 表紙（左）と本文（右）

も 1st Step，2nd Step というふうに呼ぶ。これは1巻で現在，2巻は過去，未来，受動態，現在完了，3巻になって初めて関係代名詞，過去完了というように言語材料が動詞を中心に段階的に配列されていることを示す。

　主人公は書名にある Jack と Betty であるが，2人はともにシカゴの近郊都市エバンストンにある中学校の生徒で，各巻1篇の詩を除いては，すべての課が主人公たちの学校生活，家庭生活を題材にしている。知り合いのアメリカ軍将校の出身地を舞台に設定した結果，*Let's Learn English* にはなかったリアリティが生まれた。社会科教育の一環としてアメリカの中流階級を紹介することに徹したので，戦前の読み物中心のリーダー的色彩は一掃された。

　1st Step は，当時流行の教育用語の一つだった「単元」(unit) 構成で，大きく5つに分けられている。各単元の最初のページには要点を掲げ，第1課 "I am a boy. I am Jack Jones."

第2課 "I am a girl. I am Betty Smith." と進む。脚注に新語（ただし発音記号はなし）が並んでいるのが *Let's Learn English* とは異なる。

もう一つの特色は，本文の上部に細い活字で，Jack, Betty, Jack to Betty のように発言者を示したことで，『正則読本』にも似たものがあったが，男生徒，女生徒を Jack や Betty に見たてて練習させるためだという。萩原（1898-1969）はパーマーの来日以来の支持者，稲村（1905-96）はパーマーの教授理論で卒業論文を書こうとしたことがあり，竹沢（1912-75）はパーマーの助手だったこともあるくらいで，3人とも訳読抜きの直接教授法で教えられるような教科書を作ろうと考えたのである。

第3課から This is に入る。9課で have 動詞（"Have you any brothers?"），11課 There is，一般動詞（see）は12課から，18課で比較。UNIT FOUR は can と現在進行形，UNIT FIVE が may, must の他に過去と未来がちょっと顔を出すが，これはいわば次の巻への橋渡し。最後にスティーブンソンの詩 "Rain" がある。巻末に NEW WORDS のリストがあって，語数は453＋26語（見返しページの絵にあるもの）となっている。

第2巻になるとニューヨークから転校生が来て，皆で慣れない子の面倒を見る。家庭での洗濯日のこと，シカゴの自動車産業，コロンブスの卵，ワシントンと桜の木の話などが出てくる。第3巻には植樹祭，都市の発達，農業機械，独立記念日，リンカーンのゲティスバーグ演説，感謝祭とクリスマスなどの話題。2，3巻には巻末に各課3題ずつ和文英訳の問題がある。その後何度も改訂再編されて，*Jack and Betty* の名を冠した教科書は点字版や東南アジア版まで含めると10種類以上も出た。1950年代はジャック全盛だったが，昭和37年（1962）に新しく同じ社から出た *New Prince Readers* にやがて主役の座を明け渡した。

● 『永遠のジャック＆ベティ』

　作家，清水義範はこの第1巻の冒頭の部分をネタに『永遠のジャック＆ベティ』(講談社，1988) というパスティーシュを書いた。中年のアメリカ人男女が44年ぶりにシカゴで再会するという話である。その2人が通った中学校というのが日本の教科書のモデルになった学校で，そのためなんとその学校の生徒たちまでが，日本人にも分かるような英語で話すことにしたというのだ。男の名はもちろんジャック，そして女性はあの懐かしい…と思ってジャックが声をかけようとした途端に，彼の言語中枢は退化して，中学時代の奇妙な日本人向き英語に逆戻りする。

　「あなたはベティですか。」するとベティも言葉がおかしくなって，「はい，私はベティです。」「あなたはベティ・スミスですか。」「はい，私はベティ・スミスです。」「あなたはジャックですか。」「はい，私はジャック・ジョーンズです。」といった調子で，アメリカ人にしては奇妙，日本人にとっては懐かしい限りの教科書英語で2人の会話は進む。「今日は上着を着ているためには暑すぎます」とか「あなたが住むところの家はどこにありますか」なんていう文まで飛び出す始末。結局，何を言っても舌足らずで，肝心の2人の気持ちは伝わらずに別れてしまう，というのがオチになっている。

　昭和25 (1950) 年に中学に入った堀川敦厚(とんこう)は，40年後にTBSのプロデューサーになって「ジャック・アンド・ベティ物語」(1992) というテレビ番組を作った。この年開隆堂は復刻版を出した。「絶対に暗い話題は入れない」をモットーにしたので，*Jack and Betty* はアメリカを美化しすぎている，という批判は当然あったが，当時の子供たちにとっては豊かで自由なアメリカへの憧れをかき立てた。実在すると信じて教科書に載っているジャックの住所に手紙を出した生徒もいた。テレビのロケ隊が訪

ねてみると,なんとそこは昔からの共同墓地だったという。

2. 教養派による最後のリーダー：The Globe Readers

(福原麟太郎,研究社,1954)

アメリカ一辺倒の *Jack and Betty* 全盛の時代にイギリス色を敢然と打ち出した異色ある教科書。著者の恩師である岡倉由三郎が明治40年（1907）に出した教科書のそれを受け継いだというタイトルといい，ハード・カバーの地味な表紙の堅牢な造本といい，まさにリーダーの貫禄十分。昭和33年（1958）の新版では，表情豊かな写真と挿絵がよくマッチしていて，一段とイギリスの雰囲気の横溢する教科書ができあがった。

「特に教師用書に至っては，類例なきスマートなハンドブックとし，教場でポケットより取り出して参照するに便し」と宣伝文にあるのが，この教科書の持ち味の一つである「ゆとり」を示してもいるが，その教師用の巻頭にある「英語の話」と題する福原の談話筆記がとりわけ興味深い。

Book One を開いてみよう。Lesson 1は題が 'A dog' で，小さな女の子が素朴な木製の椅子に座って犬（ボクサー）と向い合っている写真の下に，'A dog. A big dog.' とだけである。これだけでは何をどう教えたらよいのか戸惑った教師も多かったことだろう。ところが，「英語の話」によると，

> 第1課は A dog 犬であります。犬というのは我々も犬をかわいがりますが，イギリス人は非常に犬が好きで，犬の友だちあるいは犬を友だちにしているというところがあります。（中略）どこの国のことばでも，その国の感情や思想を後に背負っているものでありますから，犬の1匹にしても日本とイギリス，ドイツ，ロシア各々違った感覚をもって読まなければならないことになるので，そういうことを考えますと，犬という一つの簡単なことばでも非常に趣味の深いものであります。

福原はこれより5年前，*POD* の犬の定義を引いて「dog と犬は違う」と力説した（「辞書の話」）。今でいう「民族語としての英語」である。しかし，後に「dog は犬でいい」と主張を変えた。(『日本人と外国語』開拓社，1966)

2課も'Country'という題で単語だけ。3課になってやっと"This is a tree."というセンテンスが出てくる。4課，6課，9課も Part 1は単語だけ。第11課 "One, one, one,／A cat in the sun." で始まる数え歌をはじめ，リズミカルな英語が多いのも特色の一つ。第17課に 'grandfather's clock' が登場するのもこの教科書にふさわしい。

検定制度が年々厳しくなって，昭和32年（1957）には検定にひっかかり，「落とされた福原英語」などと週刊誌で騒がれたこともあったが，20年近く続いた。福原の名前しかないのは，多人数の名を並べたてる昨今の教科書と比べると，むしろすがすがしい感じがするが，本書にも福原門下の教養派，斎藤美洲，櫻庭信之，冨原芳彰，外山滋比古といった編集協力者がいた。

昭和37年からは同じスタッフでより易しい *Kenkyusha English Readers* も出たが，最後は両方合わせても6,000部の採択しかなく，昭和46年（1971）で姿を消した。それは教養英語の落日を告げるものでもあった。開隆堂の *New Prince Readers* も翌年から *New Prince English Course* と改名した。これで明治以来英語教科書の代名詞だった「リーダー」と称する本はすべて消え，以後は「コース」とか「シリーズ」というのが一般的になった。

3.　*The Junior Crown English Course*

（W. L. Clark，中島文雄，宮内秀雄，羽鳥博愛，1962）

ASTP（Army Specialized Training Program）で日本語を学んだクラーク（1930-77）は昭和30年（1955）に来日して福島の桜の

聖母短大で教えていたが，同僚の羽鳥の協力を得て32年から『アメリカ口語教本』（研究社）という新しいタイプの英会話テキストのシリーズを出した。その彼が自ら書き下ろしたのがこの教科書で，彼だけが Author で，日本人は Advisory Committee ということになっている。したがって，「とにかくよくも悪くも，全巻編集者の体臭が文章構成のすみずみまでしみとおり，もっとも個性的と思われた。」（中野好夫「現代教科書批判8・英語」朝日新聞，昭和37年12月14日）

主人公は3巻を通じて Tom と Susie（Brown）で，2巻では日本人画家 Mr. Hiroshi Kato が彼等の町 Greenfield, N. Y.を訪れる。3巻になると今度はブラウン一家が世界旅行に出かけ，日本を訪れ，もちろん Mr. Kato と再会，日光や京都に旅行して，日本の少年たちと交流する。その後インドやアフリカに旅行するというのも，当時の英語教科書には珍しく西欧一辺倒ではない。

表紙も，従来の日本人の感覚にはない派手なもので，とくに第1巻などは原色の黄の地に真っ赤な文字という取り合せで，マンガ風の略画は全ページ2色刷り，カラー写真2ページというデラックスぶりで，装丁もしっかりしている。

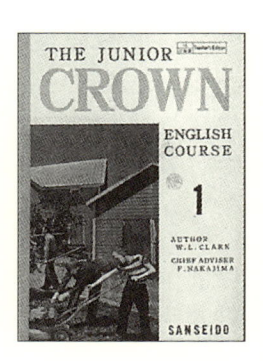

『グローブ』（左）と『クラウン』（右）の表紙

Book One を開けるとまず「目次」という日本語が目に入る。Lesson の題も日本語のものが多く，35課のうち23課もある。Exercise という語も使わないで「練習」とある。

Lesson 1は "I have a book. You have a book. I have a pen. You have a pen." で，従来の be 動詞から入るという伝統（？）を破って，いきなり have 動詞から始めたというので，当時話題になったが，著者は次のような理由をあげている。

(1) SVO は英語のもっとも基本的な語順であり，日本語にもあるので，中学生にも抵抗が少ない。
(2) Be 動詞は人称による変化が複雑で，否定や疑問の作り方も例外的なので，初めにこれに習熟すると後で困る。
(3) "I have a book," は実際的で場面も作りやすいが，"This is a book." のような表現は実際にはまず使われない。

したがって，所有の疑問文もアメリカ式の Do you have〜にしたのもこの本が最初。当時はまだ Have you〜が一般的で，開隆堂では Jack は Do you have〜で，Prince は Have you〜と使い分けていた。"I am Tom Brown." という *Let's Learn English* の冒頭と同じ文が，この本では第17課になってやっと出てくる。

もう一つの特色は，各巻の巻末についている折込式チャート（文型練習用絵図2色刷2葉）で，CHART DRILL と題する利用法の指示がその前に12ページついている。これはミシガン大学でフリーズらの作った *English Pattern Practices* を真似て作ったもので，引き出して使うという体裁も同じである。昭和47年(1972)版からはどの教科書でもこれを付けるようになった。

教師用指導書の類も充実していた。詳細な Teacher's Manual, 教案集の Teacher's Guide に加えて，生徒用と表紙がそっくりの Teacher's Edition には訳や解説，問題の解答まで載っているか

ら，これを教室に持参すれば予習なしでも授業ができた。

昭和47年（1972）からは *Total English Junior Crown Series* と名を改め，53年（1978）度からは三省堂の倒産騒ぎで秀文出版（宮内秀雄の秀と中島文雄の文を組み合わせた）に移った。会社更生法で再スタートした三省堂は新たに若林俊輔と中村敬を中心に *New Crown English Course* を出した。著者の中村にいわせると，「戦後の英語教科書は『ニュー・クラウン』を中心にして，前期と後期に二分される」という。前期の題材がアングロ・サクソン中心だったのに対して，『ニュー・クラウン』は「多言語・多文化主義」を打出し，アジア・アフリカを本格的に取り上げた。おばあちゃんも大学に通う（生涯教育），ウェールズ（少数民族の言語文化），広島・長崎への原爆投下，ビートルズとアリス，議論（argument，ことばによる格闘），黒人問題，マレーシア（東南アジアの食文化），アフリカの美人コンテスト（西欧基準への異論）などイデオロギー色の濃い題材には賛否両論があった。

5　1970年代以後の教科書

1956年に教科書調査官が設置されて，検定が強化された。58年の学習指導要領から言語材料の学年指定が始まった。63年には義務教育の教科書無償法と抱き合わせに広域採択制度が導入された。それまで学校採択だった中学校の教科書が，地域ブロック単位となり，採択権が教師から教育委員会に移った。72年からは1社が1種類しか出せなくなった。小・中の教科書はどの教科も5種類前後に減って，戦争直前の「5種選定」の時代に逆戻り，国定に近い状態になった。中学校の英語の場合，54年の29種をピークに75-77年の4種にまで落ちこんだ。学校採択の高校の場合は少ない時でも70種前後，最近では200種以上も出ているのだから，制

度の影響であることは明らかである。

　というわけで，中学校の英語教科書は5種（最近は7種）という時期が長く続いた。広域採択だから，県全体が同一教科書という所が13県ということすらあった。「これでは検定ではなく県定教科書だ」などというボヤキも聞かれた。5種あるといっても，結局は営業力の強い3社のものが8割以上を占めるという寡占状態だった。「表紙さえついていれば，中身は白紙でも売ってみせる」と豪語する営業担当者もいた。編集者も全国各地からのさまざまな要望にこたえようとするから，教科書から個性がすっかり消えた。学習指導要領に指定された文型・文法事項の手堅い積み上げ方式，1時間・1ページ・1項目を教える構成，教師の便宜を最大限に図った指導書類，その上での熾烈な売りこみ合戦，これが30年間近く続いてきた。

　その中での勝ち組は東京書籍の *New Horizon* (1966-，太田朗，伊藤健三ほか)，開隆堂の *New Prince* (稲村松雄，納谷友一，鳥居次好ほか，1987年からは *Sunshine*) と三省堂の *New Crown* で，他に中教出版の *Everyday* (2001まで)，秀文出版（秀文館）の *Total active comm*，後から参入した光村出版の *Columbus*，教育出版の *One World*，学校図書の *Total English*。

　21世紀の英語教科書は，受信型から発信型へ，読む英語から話す英語へという流れの中で，学習指導要領が学年指定をはずし，重点を言語材料から言語活動に移し，実践的コミュニケーション能力の養成を目標とした結果，教科書も従来の文法シラバスから場面シラバスへと移行せざるを得なくなった。学習指導要領の掲げる理想と現場の実情との狭間に立って，それにどう対応していくかが，教科書関係者の今後の課題である。

10 試験問題の変遷と受験英語

南日恒太郎

1 近代日本と試験

　試験は昔からあった。オランダ通詞の世界は世襲制だったから試験とは無縁のようだが、それでも時々技能試験のようなことが行われていたようだ。幕末の開成所では試験が行われた。問題はわからないが、成績優秀者の名前が残っていることは、前に書いた。意外に能力主義だったようだ。明治になって、海外留学者が増えると、学業不振者も目立ってきたので、明治6年（1873）には帰朝者に試験をしたこともあった。

　今日のような試験が始まったのは、明治になって近代的な学校制度ができてからだろう。明治時代の各地の中学校の英語の試験問題は松村幹男『明治期英語教育研究』の第4章に10種類ほど集められている。以下では、話題性のある試験問題をいくつか拾ってみる。

　試験があれば、傾向と対策が求められるのは当然で、「受験英語」というものが生まれる。これは日本人による日本人のための純国産の英語学習法といえるかもしれない。

　昭和初期にハロルド・E・パーマーによって「客観テスト」（当時は新テストといった）が紹介された。アメリカの心理学者が

知能検査のために作ったものだが，本格的に導入されたのは戦後になってからである。やがてコンピュータの普及とともに今日のような客観テスト，マークシート，4択の時代が到来した。また，英検(実用英語技能検定)などの資格試験が学校の試験よりも重視されるようになったのも，1990年代に入っての著しい変化である。

2 明治時代の試験問題あれこれ

2-1 明治初期の東大の試験問題（明治11-12年）

　明治初期の高等教育は，外国人教師が外国語で講義し試験の答案も外国語で書いたといわれているが，どんな問題が出たのか，一例をあげる。これは明治11-12年度（1878-9）に外山正一が東大の法理文学部の1年生に課した問題である。彼は外国人教師（William A. Houghton）と組んで「英語」を担当，英語で講義し英語で出題している。

　English
　Sentences paraphrased.
1. There are persons, not belonging to the highest intellectual zone, nor yet to the lowest, to whom perfect clearness of exposition suggests want of depth.
2. He was not a man to allow anger to mingle with the consideration of a point of the kind.
3. You and I are not likely to indulge in ill temper in the discussion of these great topics, where we see so much room for honest differences of opinion.
4. The instruction obtained from newspapers and political tracts may not be the most solid kind of instruction, but it is an immense improvement upon none at all.

5. He moves over the subject, with the passionless strength of a glacier; and the grinding of rocks is not always without a counterpart in the logical pulverization of the objector.

これで半分だが、ここまでで止める。最後に"Masakazu Toyama"と出題者の名前が入っている。これはいきなり見ると何のことやら分からないものもあるが、授業でやった教材（例えば John Bunyan: *The Pilgrim's Progress*）を元にしているので、見かけよりはやさしい。どんな解答が期待されているのか。1番だけ太田雄三が2通りの解答例を示しているので、紹介しておく。

  (a) There are people who are neither very intelligent nor very ignorant and who are rather dissatisfied when someone expresses his ideas very clearly, thinking that only superficial ideas can be expressed so clearly.
  (b) There are people who mistakenly regard obscurity of language as a mark of profundity of thought. Because of that, they are not impressed when somebody expresses his ideas with perfect clarity. Such people are usually found among people of average intelligence–neither very intelligent nor very stupid.

(『英語と日本人』p. 316-9より)

2-2　東大の入試問題（明治23年）

　明治23年（1890）7月の第一高等中学校（東大教養学部の前身）の入試問題が、『国民英学新誌』という雑誌に載っている。
　「英文和訳」の問題を見ると、早くも受験英語の公式にありそうなものがいくつも見られる。センテンスが短か過ぎて文脈を想像する手がかりがないから、その熟語や成句を知らないと、お手上げである。10番の"above want"は「生活に困らない」という意味。

筆頭試験

英文和訳 (Translate the following into Sinico-Japanese (kanamajiri); take up the questions in any order you choose, but be careful to put the same numbers as below. No dictionary allowed. Time 2 hours.)
1. He came up to Tokio, with nothing but fortune and his talents to depend upon.
2. He returned to the city, intending to revenge himself by killing her.
3. Be that as it may, up the river did the adventurous man proceed.
4. Their conduct cannot but command our high admiration.
5. An evil conscience is the most unquiet companion.
6. The farmer arrived this morning safe and sound.
7. He was answered that he might be spared if he would deliver up his friends.
8. My companion could not help laughing at the accident.
9. A horse, driven beyond his speed, will stumble.
10. He only found himself above want.

和文英訳
1. 煙草ハ何時頃日本ニ渡リテ来マシタカ。御存知デアリマスカ。
2. ヨクハ存ジマセンガ三百年程前ニ来タソウデ御座リマス。
3. 上野ノ博覧会ニハ色々ノ絵画ガアリマスガ何レノ絵ガ御気ニ入リマシタカ。
4. 余リ沢山ニテ何レガ最モ宜敷カ判断ニ苦シミマシタ。
5. 今日ハ雨ガ降リマショウカ一寸新聞紙ヲ御覧下サレ。

口頭訳解
　30分間辞書を使って下読みをしたのち，試験官の前に出て試問を受ける。

3 受験英語

　英語の自修書，学習参考書，受験参考書が出始めたのは明治の中頃からであるが，最初は「直訳」，「注解」，「講義（録）」，「独案内」(self-taught) などと呼ばれていた。それらの中の熟語的構文だけを文脈から切り離して，分類配列したのが受験参考書の始まりだが，「受験英語」という呼び方は大正5年（1916）に創刊された同名の雑誌が最初だといわれている。

3-1 元祖・南日の『英文解釈法』

　久米正雄の『学生時代』という短編集に「ある受験生の手記」(1918) という作品がある。
　英語の第1問にあった"promotion"という単語を知らなかったばかりに第一高等学校の入試に失敗した浪人生が主人公なのであるが，その中にこんな1節がある。

　少し遠大な計画を立てて，過去10年間のあらゆる試験問題を蒐集してみようと思い立って，散歩のついでによく古本屋などを漁るのが，一番受験生らしい心持だ。もうそれも7ヵ年分は集めた。
　南日の英文解釈法は，大抵の人が少なくとも5回は読み返すというから，もうそろそろ読み始めなければなるまい。去年はあれを1回，それもやっと読んだだけだった。

南日恒太郎『英文解釈法』表紙

「南日」というのは南日恒太郎(なんにちつねたろう)(1871-1928)のことで，彼の『英文解釈法』(1905)は受験参考書の古典といわれている。南日は富山の農家に14人兄弟の三男として生まれ，弟に英文学者の田部(たなべ)隆次，田部重治がいる。病弱のため中学を中退したが，教員になろうと志し22歳で国語の教員検定試験に合格して，富山中学校の教諭となる。さらに1896年，25歳の時英語の検定試験にも合格。英文法の試験に最高点を取って，試験委員の一人神田乃武(ないぶ)に認められ明治35年(1902)に学習院の教授になった。この頃から神田の校閲で，学習参考書を書くようになった。自分が苦労して英語を学んだから受験生の気持ちはよく理解していたが，けっして受験英語の専門家というわけではなかった。後年，郷里に創立された7年制の旧制高校，富山高校の校長になったが，生徒を引率しての水泳中に溺死した。

　南日の受験参考書は『難問分類英文詳解』(ABC出版社，1903)が最初で，それを改訂した『英文解釈法』(有朋堂，1905)，『英文和訳法』(同，1914)，その姉妹編『和文英訳法』(同，1904，1907)がある。

　『詳解』は全1,189題，その中から数例をあげる。(　)内は『英文解釈法』での番号。

---

16. He allowed ***the father*** to be overruled by ***the judge***, and declared his own son to be guilty. (3)
(彼は父としての私情を，裁判官としての公義に服せしめ，以て我が子を有罪と宣告しぬ。)

63. ***It*** is in men as in soils, where sometimes there is a vein of gold which the owner knows not of. (4)
(人間は土壌とその趣相同じ。土壌のうち時としては持ち主の自ら知らざる所に金鉱脈伏在す。〈人もまた偉才を有して自らこれを知らざることあり＞)

87. Leaves are to the plant ***what*** lungs are to the animal.　(7)
(葉の植物におけるはなお肺の動物におけるがごとし。)

424. You ***might as well advise*** me to give up my fortune as my argument.—*The Vicar of Wakefield*　(31)
(私に議論を止めろというぐらいなら，財産も捨てろと忠告なさるがよかろう。＜さようなことが出来るもんか＞)

775. ***Directly*** *the hawk saw the bird*, it flew after it and quickly brought it to the ground.—*Longmans' Readers*　(681)
(鷹がその鳥を見るや否や，その後を追うて飛び，途に地上へ捕らえ来たれり。)

926. Indeed, ***so far*** *from poverty being a misfortune*, it may, by vigorous self-help, be converted into a blessing.—*Self-Help*　(694)
(イヤ実際貧苦というものは不幸どころか，自助ということをしっかりやれば，かえってこれを変じて幸となすことができる。)

『英文解釈法』は英文タイトルを *A Choice Selection of Words, Phrases, and Constructions* という。Part I Fundamental Sentences 40題が品詞別に並べてある。最初の15題は「名詞・代名詞の用法」で，その1番は次の通り。

1. The very difference in their characters produced an harmonious combination : he was of a romantic and somewhat serious cast; she was ***all life and gladness***. (Cf. 282, 41.)——Washington Irving: *The Sketch-Book*

「まずこの文を何回も読んで，自分で考えてみよ。問題（全1,050題）には通し番号がついているから，282番，41番も比較参照せよ。それでもよく分からなかったら，訳注を見よ」とある。本文（122ページ）は問題のみで，それより厚い「訳注の部」（154ページ）は別冊で，以下のようになっている。

> 1. 二人の気質の違っているところが却って琴瑟相和(きんしつあいわ)する基となった。男のほうは小説的なやや沈んだ気風で，女のほうは非常に快活な欣々とした質であった。
> (1) *The **very** difference.*—気質の不同という丁度その点がという意なれば，却ってと訳するほう宜し。(*Cf.*282)
> (2) *He was **of** a romantic … cast.* この "*of*" は possession を示す。"He was (*a man*) of a romantic…cast. の如く補うて見るべし。"This is *of great value*" ならば "This is (*a thing*) *of* great value" と解せよ。(Cf. 915, 916)
> (3) *Romantic.*—架空的詩歌的にして，実地利害打算的ならぬをいう。
> (4) *All life and gladness.*—full of life and gladness; extremely lively and glad.
> (注意) "*all* + abstract noun" または "abstract noun + *itself*" をもって "*full of* +abstract noun" または "*very or extremely* + abstract noun" の意に用いること少なからず。
> (a) He is *all kindness.*
> (b) He is *kindness itself.*
>   (a)の如くいえば，その人が全身ことごとく (all) 親切より成り立つ，という意にして(b)の如くいえば，その人が親切というその物の化身なり，という意なり。畢竟何れも "He is *full of kindness.*" または "He is *extremely kind.*" というに等し。

というような具合で，実に懇切丁寧，今日から見ると少しくど過ぎるくらいである。各問には出典がついていて，当時よく読まれた本や試験問題の出典が分かる。入試問題には＊がついているが，出題校名はない。(3 - 4 参照)

9年後に出た『英文和訳法』は，材料は『英文解釈法』と同じものが多いが，文章の構成をあらゆる方面から分析検討し，組織的に英文解釈の方法を説いたもの。左ページには英文の問題と難語の注（英英での言い換えが特徴）があり，右ページには懇切な

解説と例文という，見開き形式になっている。訳文は文語体で巻末にまとめられている。第1編は普通構文として主語・目的語・補語などの文中での働きを説き，第2編は種々の表現法で，条件・譲歩・修辞的表現など。第3編は省略・繰り返し・倒置・強調などの特殊構文。第4編は品詞別に分類。第5編は入試問題を題材別（Morality, Occupation, School, Intercourse などと題がついている）に分類してある。

「緒言」にはこんなことが書いてある。

1．本書は中学上級生及び官立諸学校入学志望者の自習用に提供するを主眼とす。

2．本書の材料は無慮幾十種の教科用書及び幾千の入学試験問題中より選択せり。教科用書より抜粋せるものは該書の略名を附記し，試験問題より採用せるものは＊符を附せり。ただし試験問題より採れるものといえども出所の明らかなるものは書名を附記して＊符を附せず。いわんやこれを用いし学校の名においておや。これ成るべく試験ということを離れて，実力涵養に志さしめんとする編者の［老］婆心に出ず。

（3と4は省略）

5．読者はまず Glossary（字解）によって独力本文を解釈せんことを勉め，やむを得ずして初めて註釈を参照し，最後に念のため巻末の訳文を一覧すべし。毫も自ら努力するところなく，初めより直ちに本文と註釈を並び読むがごときは，いたずらに自ら弱くし自ら賊なうに終わらんのみ。これ註釈部を覆わんがために特に全頁大の栞を添えたる所以なり。

本書は大正12年（1923）に100版，以後昭和にかけて百数十版を重ねた英文解釈法の古典的存在で，以後の類書はこれを基にしたものばかりで，あるいは易しくしたり，あるいはより詳しくしたものである。

3-2　大正生まれのロングセラーたち

　大正に入ると，この種の受験参考書が次々に出た。斎藤秀三郎の門下で早稲田高等学院教授だった**山崎貞**(さだ)（1883-1930）の『**公式応用　英文解釈研究**』（*A Classified Collection of Idiomatic English Constructions and Phrases*，英語研究社，1912）は3年間で2万部売れたという。「英語研究社」というのは研究社の前身である。本文396ページに，解答篇（練習問題1,100題の訳）が別冊で163ページ。全119項目に分かれ，南日になかった例題解説は密度が高く，正確無比といわれた。3年後に全面改訂して『新英文解釈研究』（1915），10年後には『新々英文解釈研究』（1925）となり，「ヤマテイのシンシン」と呼ばれて人気を集めた。戦前，昭和16年（1941）と戦後26年（1951）に高見穎治(えいじ)が改訂，33年（1958）には佐山栄太郎が全面改訂して1980年代まで売れ続けて，「研究社のドル箱」といわれたほどのロング・セラーだった。

　初版の「はしがき」にはこうある。

　　　収録した形式は二百余であるが，比較研究に便し記憶を助くるため，形の似たもの意味の似たものなどは一括して一所に集め，百十九項に分ち，配列も文法的の次序によらず，やはり形や意味の類似をたどって脈絡を通ずるようにした。
　　　例題は主に現今行われている英語教科書中から採り，なお明治30年度より44年度に至る諸学校入学試験問題は大部分これを収録した。

　さらに『新々英文解釈研究』（1925）の「はしがき」の末尾にはこうもある。

　　　近年発音のゆるがせにすべからざる事が識者間に高調せられ，高等学校，商大等の入学試験にはAccentuationの問題が加えら

れるようになった。本書はこの趨勢に鑑み、毎頁重要な単語の発音と訳語とを脚注として付することにした。

大正5年（1916）には村井知至（ともよし）（1861-1944）とA. W. Medley（1875-1940）（どちらも東京外語で教えた）の英作文教科書の初版，*The English Prose Composition*（全3巻，泰文堂）が出た。10年後に *The Art of English Composition*（1926），昭和になって *The New Art of English Composition*（1938）と改訂されて，「村井・メドレーのアート英作文」として、戦後の更訂版にいたるまで広く用いられた。文法シラバスによる和文英訳教本である。

大正7年（1918）創業の大修館書店の処女出版は大島隆吉『試験に良く出る和文英訳正しき訳し方』であった。同じ年の10月には研究社から雑誌『受験と学生』が創刊された。戦後は『高校英語研究』と名を改め、平成8年（1996）の第80巻まで続いた。

南日の本は優秀な生徒にはよかったが、それ以下の者には難しすぎた。大正に入ると上級学校受験者が急増したが、それはまた学力低下をももたらした。大正10年（1921）に出た**小野圭次郎『最新研究・英文の解釈・考え方と訳し方』**（山海堂）を初めとする「小野中等英語参考叢書」全13巻は、南日や山貞よりも程度を下げて、英語の苦手な受験生の心の中にまで入り込んで（体力、胆力の養い方にまで触れている）、不安を取り除こう、疑問に答えようと、かゆいところに手が届くように説明してあって、山崎が理の人なら、小野は情の人という感じだった。

「オノケー」こと小野圭次郎（1869-1958）は、福島の漢方医の子として生まれ、南日より2歳年上。明治33年（1900）に東京高等師範学校英語専修科を卒業し、中等学校教師を20余年務め、松山の北予中学校（現・愛媛県立松山北高校）在職中、52歳の時に、同郷の山海堂の社長に頼まれて『英文の解釈』を書いた。昭和5

年(1930)職を辞して上京,以後著述に専念した。昭和7年(1932)『中等学生用英語参考書完成記念誌』を作成,多くの師友を招いて謝恩の会を開いた。小野圭の人気は戦後も続き,994版(今でいう刷のことだろう),総計150万部を突破したという。著者の没後,山海堂が営業不振に陥ったので昭和39年(1964)から小野圭出版社を設立して出版を続けたが,51年(1976)ごろで終わったようである。戦前(1929年版から)には巻頭に教育勅語の英訳を2色刷りで載せたり,戦争直後のザラザラの仙花紙に刷った新制版にはポツダム宣言を載せる,といった変わり身の早さもあった。

同書(以下4訂版,1939による)の構成は,上編が「試験の受け方と学び方体力胆力の養い方」で,受験に関する諸注意を懇切に述べている。下編は「英文解釈の実力の養い方」で,第1章が「英文解釈の考え方」20要素でこれが中心。第2章は「英文の訳し方」,第3章「難解な問題の訳し方」,第4章「訳文の作り方」で,ここらが最も受験英語的なテクニック。附録として「試験によく出る熟語の小字彙」(22ページ)と「語句索引」が付いている。各問には(多),(少),(稀)など試験に出る頻度や(難)〔覚えにくい〕,(返)〔下から帰って訳す〕,(順)〔上から順に訳す〕などの表示がついている。

次に「英文の訳し方」の15カ条をあげておく。

 1. 平易な単語より成る英文の訳し方,2. 長文の訳し方,3. 品詞を変えて訳すべき場合,4. 代名詞の訳し方,5. 文頭又は文の途中にある語句を文の最後に回すべき場合,6. 受身を能動に訳すべき場合,7. 過去を現在に訳すべき場合,8. 現在完了の訳し方,9. 複数を単数に訳すべき場合,10. 普通世に用いられる漢語に訳すべき場合,11. 主語の名詞を副詞句に訳すべき場合,12. 副詞語句の置き場所,13. 「数量・種類+of」は上から訳すべき事,14. 別語同訳,15. 常識に訴えて適訳を工夫すべき事。

見本として,「訳し方」の冒頭の1題を引用しておく。

Faith and courage **go together**, and the **higher** the faith the higher the courage. **Where** there is courage without a high faith, **as** there often **is, it** cannot **survive** disaster.　（一高）

不徹底な訳文　信用と勇気とは<u>一緒に働く</u>，そして信用が高ければ高いほど勇気が<u>益々高くなる</u>。高い信用なしに勇気がある<u>所には</u>，しばしばあるように，<u>それは災難の後まで残っている</u>ことが出来ない。（生徒の答案）

適訳　信念と勇気とは相伴うものである，そして信念の度が高まれば高まるほど勇気も益々旺んになるものである。世に往々あることだが，堅い信念がなくして勇気のみある場合には，その勇気は災害に打ち勝つことができない。

不徹底の原因　Faith を「信用」とのみ思い込んで，全文の意味の上から考えて，「信念」「信仰」とせざりしこと。go together は直訳「一緒に行く」なれば普通使用の日本語「相伴う」に当ること。「信念が高い」という言い方はないから「信念の度が高い」と原文にない1語を補うべき事。「勇気が高い」とは言わぬから higher を「旺ん」「強い」とすべきこと。Where を「所に」としては意がよく表れない，ここでは「場合には」「ならば」とすべき事。副詞句 as…is の訳の置き場所に注意しないため，それがどこに係るのか甚だ曖昧となったこと。as は「故に」「如く」では不十分，「だが」とすれば吾々の頭によく応えること。there is も「世に」を補うべく, often は「しばしば」よりも「往々」「よく」とすれば一層よき事。It は「それは」では指すものが判然としない，元の名詞に戻して「その勇気は」とすれば明瞭となる事。survive は訳の六かしい語で，元来「―に死に後れる」「―よりも長生きする」の意なれば，ここでは「勇気が災害よりも長生きする」は「災害を打ち負かすから長生きする」のだと考えて「災害に打ち勝つ」とすべき事。これらの点に考え付かなかったのが不徹底に陥った原因である。

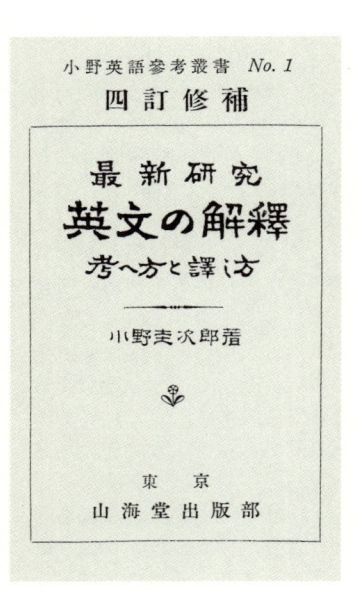

小野圭次郎『最新研究英文の解釈——考え方と訳し方』
扉(左)と本文ページ(右)

　受験参考書に出ている重要構文が実際にどの程度使われているのか，「ネイティブ100人に受験英語の使用実態を徹底調査」したものに田中茂範『データに見る現代英語表現・構文の使い方』という本がある。例えば It goes without saying that…という表現の会話での個人使用率は75%と，意外に高いことがわかる。

3-3　入試問題批判

　永原敏夫『試験と学修』(1936)には今でも通用しそうな入試問題批判があるので，引用しておく。

標準検定と入学試験―中等学校特に中学校の英語教授の最大関心事は入学試験である。
　そのために英語教授法の歪曲されていることは否定し得ない。今日英語教育に対する批難の幾分は高等専門学校入学試験の出題者と，これが対応策にのみ努力を払う近視眼的英語教育者とが負わねばならぬ。入学試験の問題の99％は最も客観性に乏しい英文解釈と和文英訳とであり，これらはしばしば言及したように英語能中の一部位を占めるに過ぎない。
　その意味で昭和10年度の海軍兵学校のある問題や広島高師の大意を問う問題の出現を喜ぶのであるが，更に多種の能力にわたり新考査法［客観テストのこと］の精神に則った問題が提出されれば，採点の客観性の増大が受験者及びその指導者の不安を軽減すると共に，歪曲せられ易い英語教授も正道に復し，生徒学修の指導も被指導者の態度もその向かうべきところに向い，現下英語教育の受けつつある批難は大半その口実を失うに至ることを信ずる。(p. 31)

3-4　入試問題の出典調べ――受験英語の教養派？

　もし受験英語にも教養派と実用派の別があるとすれば，出題校を記さない方針の南日は前者，出典を記さない小野圭は後者だといえなくもない。両方を兼ね備えていたのは原仙作（1908-74）の『英文標準問題精講』（*A Minute Study of Standard Passages from Eminent Authors*，欧文社，1933）である。「欧文社」は旺文社の前身。950万部売れ，今でも中原道喜による5訂版（1991）が出ている。
　原の「緒言」はミルトンの *Paradise Lost*（『失楽園』）からの引用で始まるが，その部分は省略する。

　　本書の誇りうる一つは，収められたる問題の約8割が頻出問題であることである。したがって本書の問題は著者一個人の選択に

依るものではなく，幾百の試験官達の意に適ったものであるということが出来る。あえて「標準問題」と称した理由はここにあるのである。

ここまでが実用派で，以下は教養派宣言である。

　なお，入学試験問題が従来軽視せられているに鑑み，出典の詳らかなるものは明示して，入学試験問題の幾割かは日頃誦読せられる英米文学の主要な典籍より選ばれることを知らしめんことに努めた。巻頭に引用出典及びその著作者年代表を掲げたのは，英文学に多少の関心と知識とを持つことが，英語を真に理解する一助となると信じたからである。

また戦後の改訂版（1948）の序には「解説を書くに当たってはアメリカのGeorge Curme教授とデンマークのOtto Jespersen博士の著書とに負うことが絶大であった。これらの世界的英語学者の著述がなかったならば，自信を以って本書を江湖に送ることが出来なかったであろう」とある。全200問を4篇に分けているが，「古くから米国のハイスクールで教えている分解法に多少の改良を加えて採用した」という第3篇「分解篇」は第2章2-5で紹介したParsing（文の解剖）に似ている。

本書を見ると昔の入試問題の出典がよくわかる。南日にも一覧表があるので比較すると，明治期にも昭和期にも出題されていた古典的出典がわかる。それを「切り刻まれたヴィクトリア朝思想」だと非難する人もいるが，今ではもう忘れ去られたそのような書名を次に掲げておこう。

　　Lord Avebury: *Use of Life** (1894), James Bryce: *Hints on Reading*, Charles Everett: *Ethics for Young People** (1893), George Gissing: *Private Papers of Henry Rycroft* (1903), P.G.Hamerton: *Human Intercourse** (1884), Laf-

cadio Hearn: *Life and Literature* (1917), Robert Lynd: *The Rush Age*, O.S.Marden: *Pushing to the Front**, Samuel Smiles: *Self-Help** (1859)（＊印は南日と共通）
頻出度の第1位は次の問題である。

> The more carefully nature has been studied, the more widely has order been found to prevail, while what seemed disorder has proved to be nothing but complexity; until, at present, no one is so foolish as to believe that there are any real accidents, in the sense of events which have no cause.
> —T. H. Huxley: Introductory to Science
> （出題校）専検［今の大検に当たる］，東京農大，早稲田高師，学習院，秋田鉱専，日大予科，横浜商専，千葉医専，高千穂高商，東大農実科，慶大法

ハックスレー先生には申し訳ないが，これは重要構文続出のいかにも入試問題にはうってつけの文章だといえる。

戦後50年の入試問題の出典を知るのに便利なのは，祐本寿男『頻出英語長文解法40講』（研究社出版，1992）である。原と重複しているのは Bertrand Russell と Robert Lynd だけで，あとは W. S. Maugham, George Orwell に在日の James Kirkup, Peter Milward など。頻出度はぐんと上がって，1位41校から始まって2位の35校，3位以下は24，23，21校といった具合に，原の1位が11校で，2位以下が1桁なのに比べると，集中度が一段と進んだのはなぜだろうか。

祐本の1位は次の問題。

> **Freedom of Speech**
> It is a common saying that thought is free. (1) <u>A man can never be hindered from thinking whatever he chooses so long as he conceals what he thinks.</u> The working of his mind is limited only by the bounds of his experience and the power of his imagination.(イ) this natural liberty of private thinking is of little value. (2) <u>It is unsatisfactory and even painful to the thinker himself, if he is not permitted to communicate his thoughts to others, and it is obviously of no value to his neighbours.</u> （以下略）

　戦後の特徴の一つは「長文化」で，ここまでではまだ全体の4分の1に過ぎない。平均して原の時代の3〜4倍はある。それと「設問形式」の一般化。この問題も，標題を選ばせたり，(1)(2)の下線部は部分訳，(イ)は1.Because, 2.So, 3.But, 4.For, 5.Moreover の中から選んで入れよ，というもの（3が正解）。出典は J. B. Bury: *A History of Freedom of Thought* (1914) で岩波新書に翻訳（1951）がある。出題校は，京大，東北大，明治大，愛媛大，上智大，日本福祉大（2回），共通一次などなど41校。ちなみに2位は Peter Trudgill: *Sociolinguistics* (1974) でこれも岩波新書に翻訳（『言語と社会』）がある。

　これら入試の出典は，たとえ受験のためとはいえ，青春の一時期に熱心に読まれたはずで，その思想が彼らの人生観・世界観に影響を与えなかったはずはない。とすれば，それらの書物に共通のイデオロギー（ヴィクトリア朝思想？）を調べれば，近代日本のエリートたちに共有された知識教養の源泉を探り出すことができるのではあるまいか。

3-5　読まずに答える？

『現代英語教育』（研究社出版）という、今はもうなくなってしまった雑誌の1994年7月号に「大学入試の'常識'問題を探せ！」という記事がある。「言語」「コミュニケーション」あるいは「環境問題」といった頻出テーマの場合には、設問が英語であれ日本語であれ、受験生の知識と常識（スキーマ？）だけで、英文そのものは読まなくてもある程度まで（実験によると的中率57.7％）正解できてしまうという。それならば、長文読解の内容一致問題を解くためには、英語よりも「常識」が必要というわけで、入試によく出るテーマを集め、それを日本語で解説してある「英語」学習参考書がある、といって紹介されている中の1冊が、河合塾のカリスマ講師古藤晃の『ジャンル別英文読解以前・長文解法編』（研究社出版, 1995）で、その裏表紙にはこうある。

> 受験生の知的レベルを高める古藤 MAGIC—入試の長文読解問題に出題されるテーマは現代の諸問題を確実に反映している。本書は内容理解のための背景知識の解説をより充実させ、分野別の重要語句（約1500語）が文脈の中で自然な形で身につくよう考慮されている。

こちらは出典は問題にしない。頻出テーマが重要だという。その最頻出の7ジャンルとは、国際関係／比較文化・言語／英米文化論／日本論／コミュニケーション／環境問題＆自然保護／科学と人間、である。本書のユニークな点は、肝心の「英文問題」のほうが別冊になっていて、解説が本体であるという、南日や山貞の場合とは主客が転倒していることである。そのほか、全訳（英語ではなく、日本語である！）のあとに「くり返し通読しよう！」と毎度あったり、その日本語の全訳の後に訳文中の難解な

日本語に注がついていたりする。冒頭の長い解説も，最後の参考文献ももちろん全部日本語。これを読み通すだけでも，活字離れの現代の若者には一苦労だろう。ここまでくると超教養派といったところだが，こういう努力は「現代国語」の学力をつけるのには役立っても，はたしてこれが英語の勉強といえるだろうか。

4 戦後の新しい風 ── 単語集の盛衰

　試験問題を見た時，知らない単語が一つもないというのはすべての受験生が見る夢だが，それは所詮叶わぬこと。ならばせめてその夢に一歩でも近づくよう，1語でも多く覚えるほかはない。何をいくつ覚えればいいのか，昔から受験用の単語集は数多く作られた。

　小野圭の『最新研究　英語の単語』（山海堂，1931）は『英文の解釈』についでよく売れて，1945年までに330版を重ねたという。

　A小判といってタバコの箱ぐらいのサイズなので「赤尾のマメ単」と呼ばれた，赤尾好夫（1907-85）『英語基本単語熟語集』（旺文社）も戦前からのものである。奥付によると昭和17年（1942）初版とあるが，10年（1935）の3月には出ていたという説もある。その見出し語は3,809語だったという。昭和17年から数えても，40年近くトップ・セラーの座を独占した。昭和35年（1960）ごろは6,700語，57年の8訂版では3,800語に減った。50年間で1,700万部売れ，今でも綿貫陽による9訂版（1990）が出ている。

　この「マメ単」を真っ向から批判したのが，東大へ200人近くも合格した時代の都立日比谷高校の教師森一郎（1922-91）である。「マメ単」のAの部 abbreviate から abominable までの15語を検討し，そのうち12語に×印（大学受験の単語集には載せる必要がないもの）をつけ，その理由を以下のように解説した。

> **Abdomen**（腹部）―こんな紳士淑女が人前で口にしそうもない下品な語が，神聖な（？）大学入試に出るはずがない。
> **Abduct**（誘拐する）― kidnap を覚えたほうがよい。
> **Ability, able**―中学生でも知っている。
> **Abnormal**―日本語の日常語で，こと新しくいうまでもない。
> **Abode**― house, dwelling, residence などのほうが，ずっと一般的。

そして，大学入試においてまず第1に覚えなければならないのは「抽象的，知的な語ではあるが特殊な語ではなく，いわゆる今日の知識人が好んで口にするような単語」だとして，次の15語をあげた。

> Religion, conscience, tradition, superstition, reason, hypocrisy, convention, instinct, institution, contradiction, conservative, ultimate, radical, rational, superficial

2年後森は自ら『試験にでる英単語』（青春出版社，1967, 1975）を出した。新書判，表紙はペラペラ，単語は ABC 順には並んでいない。著者独自の統計に基づく配列で，各単語には重要度順に背番号がついている。訳語は過去20年間の入試問題で最も多かった訳語を1つだけつけた。例文はない。第2章が最重要単語666語，品詞別になっていて名詞のトップは intellect，動詞は contribute，形容詞は plain から始まる。第3章はそれに次ぐ重要語で，背番号の最後は1,279となっており，索引に出ている総語数は1,800くらい。重要度順に並んでいるから途中で止めても，やったところまでは頭に残る。

これが出ると，現代の若者感覚にぴったりというので，たちまち大評判となった。12年後の昭和54年（1979）には「デル単」の売上が公称70万部で「マメ単」の50万部を抜いた。なぜか関東では「デル単」，関西では「シケ単」と呼ばれて親しまれた。1996

年には1,818刷,1,500万部までいった。翌年には次男の森基雄が2色刷版を出した。

　森が亡くなると,旺文社は宮川幸久の『英単語ターゲット1900』(1984)で首位を奪還したが,基本的にはこれも「デル単」型である。そこに新手が現れた。鈴木陽一『DUO (デュオ)』(アイシーピー,1994,1997) である。この特徴は「文で覚える」という点にある。475の短文のなかに時事英語中心に2,400の単語と熟語が織り込まれている。受験英語の実用英語化が進んで,森の重視したような知的文章特有の難解な抽象語が減って,口語的表現の出題が増えたのである。2000年に大改訂した『DUO 3.0』では重要単語1,600と熟語1,000を重複させることなく560の基本例文に凝縮させた。例文ひとつに平均5語が含まれている勘定になる。見出し語,派生語の同意語,類義語,反意語も網羅している。ネイティブ・スピーカー15名を監修者に加えて,TOEIC(トーイック) (Test of English for International Communication) にも入試にも役立つ「世界で通用する英語教材」を目指した。すでに170万部を越え,韓国,台湾でも翻訳版がベスト・セラー入りした。単語集も今では受験英語の枠を越える時代になったといえよう。一例をあげる。

> Moderate exercise stimulates the circulation of blood.
> (適度の運動は血液の循環を活発にする。)

　この1文で5語が同時に覚えられる,というわけである。もちろんこの下にそれぞれの語の発音,訳語,同意語,派生語など,単語集として必要な解説が続く。

11 世界に誇れる学習英和

晩年の堀達之助

1 日本最初の英和辞典はどれか

　日本の中学生・高校生を対象とした学習英和辞典は，かゆいところに手が届くような親切な説明，とりわけ詳しい語法解説など，アメリカの collegiate（大学生用）辞典などよりもはるかにレベルの高いもので，日本語で書かれているから海外では評価されないが，外国人が知ったらうらやましがるような優れものなのである。

　その学習辞典は何時ごろ生まれ，どのように進化してきたか，というのが本章のテーマであるが，その前に大人用の英和辞典の歴史にも簡単にふれておきたい。

　日本最初の英和辞典については2説がある。第1章ですでにふれた江戸時代の後期に長崎通詞の手によって作られた『諳厄利亜語林大成』(1814) を最初とするか，文久2年 (1862) 開成所が出した『英和対訳袖珍辞書』とするか。どちらをとるかで，日本の英和辞典の歴史に半世紀の開きが出る。両者の違いを表で示してみよう（次ページ参照）。こうして比較してみると，やはり『語林大成』は単語集の域を出なくて，とても辞書の条件を満たしているとはいえないことが分かる。

	『語林大成』	『袖珍辞書』
収録語数	6,000前後	約35,000
発音表記	カナ	初版にはなし
アクセント	なし	初版にはなし
用例・例文	なし	なし
印刷	手書き・写本	英語部分は活字印刷 日本語は木版刷り
刊行	非公開	公刊
目的	鎖国体制の維持・国防	開国による欧米文化摂取
再版・改訂	なし	あり

2 幕末の『英和対訳袖珍辞書』

　これは長崎通詞出身で開成所教授方の堀達之助（1823-94）が幕命によって編集主任となり、同僚の西周助、千村五郎、竹原勇四郎、箕作貞一郎らの協力をえて2年間ほどで作りあげたもの。堀はペリー来航の折には首席通詞を務めたかと思うと、思いもかけぬ罪に問われて入牢したりという、その劇的な生涯は吉村昭の小説『黒船』に詳しい。堀はこの辞書に英文の序文を書いた。

　この辞書は H. Picard: *A New Pocket Dictionary of the English and Dutch Languages* (1843, 1857) の英蘭の部を見出し語にして、それについているオランダ語の訳語を、『和蘭字彙』（桂川甫周、1855）やメドハーストの（通称）『英華字典』（2巻、1847-8）などを参考にして、口語の日本語に訳したものである。訳語の当て方には次の4種がある。

1. bishop 和尚、school 稽古所のように日本に以前から存在する類似の事物の名称を当てたもの
2. custom-house 運上所、railway 火輪車ノ道のように新しい訳語を作ったもの

3. bread 蒸餅（パン），soda 曹達のように外来語を訳語としたもの
4. bank 金銀ヲ預カリ為替ヲ組ム座，dock 船舶ヲ囲フ所など翻訳不可能なため説明解説をするもの

　英字の印刷には先にオランダ政府から幕府に贈られた金属活字を使ったが，日本字の活字はなかったので訳語の部分は手彫りの木版刷りだった。菊判で953ページ，本文は洋紙，表紙は黒のモロッコ革で，わが国最初の洋装厚冊本だった。当時洋紙は貴重品でモロッコ革も輸入が少なかったので，僅か200部しか印刷できず，定価の10倍の20両というプレミアムがついた。タイトルの「袖珍」（しゅうちん）（懐に入る）は底本の'pocket'をそのまま訳したものだが，実際には枕くらいの大きさだったので，俗に「枕辞書」「開成所辞書」と呼ばれた。この初版で今も残っている15本（のち2冊見つかる）の行方を追跡したのが，達之助の曾孫堀孝彦と英学史家遠藤智夫による『英和対訳袖珍辞書の遍歴』である。

　この辞書に対する需要は高かったので，幕府は急いで再版の刊

『英和対訳袖珍辞書』（1862）

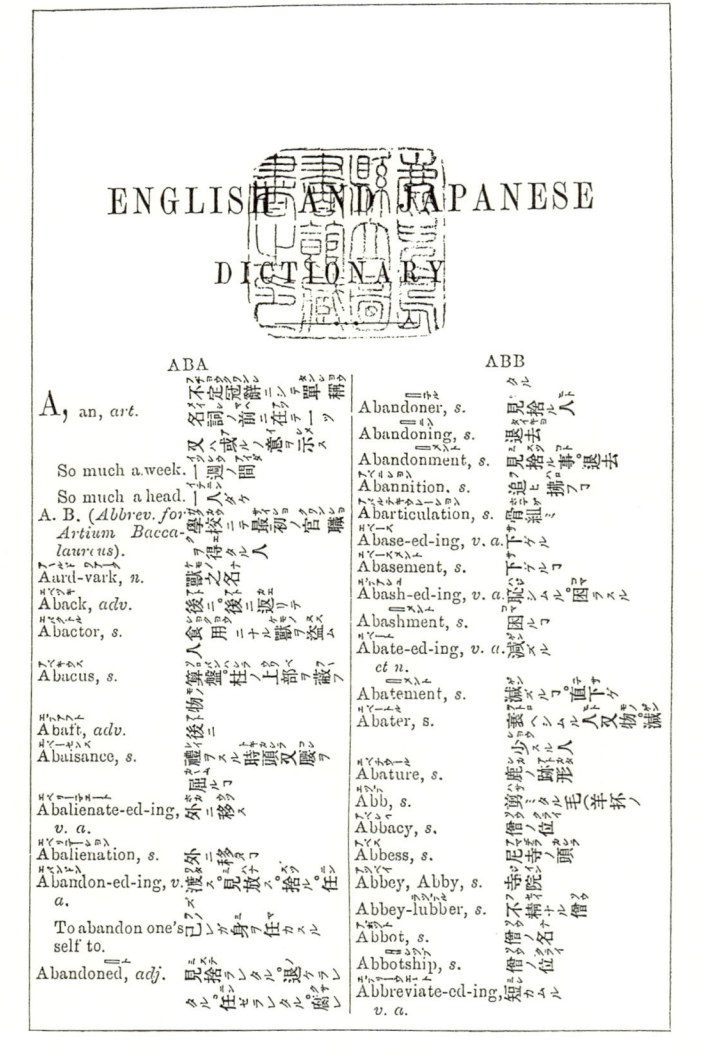

ENGLISH AND JAPANESE DICTIONARY

ABA

A, an, art. 單一ヲ稱ス、又ハ不定冠詞、名詞ノ前ニ在リテ或ハ同ジキヲ示ス意
So much a week.
So much a head.
A. B. (Abbrev. for Artium Baccalaureus), n. 學士ノ職ヲ得タル人ノ名、初ニ授ク
Aard-vark, n. 獸ノ名、蟻ヲ食フ
Aback, adv. 後ノ方ニ、後ニ返ル
Abactor, s. 群ヲナシテ盜ム
Abacus, s. 第一ノ物、算盤、柱ノ上部
Abaft, adv. 船ノ後ノ方ニ
Abaisance, s. 禮ヲ屈ケル時、頭ヲ下ゲ腰ヲ屈スル
Abalienate-ed-ing, v. a. 外ニ移ス
Abalienation, s. 外ニ移ス
Abandon-ed-ing, v. a. 見放ツ、身ヲ任カセル、捨ル
To abandon one's self to.
Abandoned, adj. 見捨ラレタル、退ケラレタル、尚ホサラ

ABB

Abandoner, s. 見捨ル人
Abandoning, s. 見退ケル法、捨去
Abandonment, s. 捨ル事、退去
Abannition, s.
Abarticulation, s. 骨組ヲ語ル
Abase-ed-ing, v. a. 下ゲル
Abasement, s. 下ゲル事
Abash-ed-ing, v. a. 恥シム、困ラス
Abashment, s. 困ラス
Abate-ed-ing, v. a. et n. 減ズル
Abatement, s. 減ズル事、直下
Abater, s. 減ズル人又ハ物
Abature, s. 鹿ノ跡ノ形
Abb, s. 毛糸
Abbacy, s. 寺ノ位
Abbess, s. 尼寺ヲ司ドル人ノ名
Abbey, Abby, s. 寺院
Abbey-lubber, s. 懶ケタル僧
Abbot, s. 寺ヲ司ドル人ノ名
Abbotship, s. 僧ノ位
Abbreviate-ed-ing, v. a. 短ク絶ツ

『改正増補 和訳英辞書』

行を計画した。今度は堀越亀之助が編集主任となって慶応2年(1866)『改正増補英和対訳袖珍辞書』1,000部を出した。翌3年さらに増刷したが、この時は全部木版で袋綴じの和装本だったから、厚さは倍にふくれあがった。

明治2年(1869)、薩摩の学生たちが留学費調達のため、『改正増補和訳英辞書』とタイトルを変えて上海でオール活版で印刷して第3版にあたるものを出した。俗に「薩摩辞書」と呼ばれた。当時はまだ著作権という概念がなかったのだ。『袖珍辞書』は明治に入るとこの薩摩辞書を通じての影響が続く。この時カナ発音がついた。2年後の明治4年その再版『大正増補和訳英辞林』5,000部が出た。この版には達之助の次男堀孝之が参加した。ウェブスター辞典によって8,000語弱を補い、発音もウェブスター式にした。翌年北海道開拓使もこれを荒井郁之助編『英和対訳辞書』というタイトルで3,700部余り作った。これは「開拓使辞書」と呼ばれ、木版刷りの和装本である。付録に化学・鉱山関係の専門用語を補っている。という具合に『袖珍辞書』の流れを汲む辞書は、さまざまに名前を変えてあちこちの出版社から、明治20年(1887)代まで何種類も刊行された。初版から数えて4分の1世紀も生き続けたことになる。

3　明治前半の本格的辞書『英和字彙』

正式には『附音挿図英和字彙』という。柴田昌吉・子安峻共編、明治6年(1873)日就社から刊行。英文タイトルは *An English and Japanese Dictionary, Explanatory, Pronouncing, and Etymological, containing All English Words in Present Use, with an Appendix, illustrated by above 500 Engravings on Wood*. 1,548ページ、収録語数5万5千。

書名の「字彙」という語は，中国の明の時代の最初の画引き辞書『字彙』に由来し，江戸から明治にかけて辞書・辞典の一般的名称として広く用いられた。編者の柴田（1841-1901）は長崎通詞の出身で，維新後神奈川裁判所通弁，翻訳方となった。子安（1836-98）は大垣藩の出身，維新後外務省に勤め，のち読売新聞を創刊した。序文には「英国法律博士阿日耳維［オーグルビーと読む］氏の字書を原本として」とある。John Ogilvie（1797-1867）はスコットランドの辞書編纂家で，彼の辞書には *Imperial*（1847-50），*Comprehensive*（1864），*Student's*（1865, 1871）など2巻本の大辞典から縮約版までいくつもの版がある。そのどれを底本にしたかは意見が分かれるが，収録語数からいって最後のものを中心に他の2冊，それとウェブスターなどをも参照したという説が有力である。

　角書きの「附音」は発音表記付きということで，本書ではウェブスターのように見出し語に直接符号をつけるのではなく，*Comprehensive* の改綴（respelling）書き換え方式に拠った。見出し語の後の（　）内に，（発音記号ではなく）アルファベットで1音1文字（あるいは2文字の組合せ）で発音を表記する方法である。

　「挿図」は挿絵入りということで，この辞書が日本で最初。オーグルビーやウェブスターから取っているが，面白いのは本文の挿絵と同じものを附録の「図解」44ページにカテゴリー別にまとめてあること。これはウェブスター（1859年版）の真似らしい。オーグルビーの *Imperial* には書名に 'on the Basis of Webster's English Dictionary (1840)' とあるくらいで，イギリスの辞書の中ではオーグルビーはアメリカ的だった。またウェブスターが挿絵の附録をつけるときには *Imperial* のものをそっくり利用したといった具合で，この両者は持ちつ持たれつの関係にあった。

第3の特色は、学術専門用語の充実で、初版の漢語的訳語の主な補給源はロプシャイトの『英華字典』(全4巻、香港、1866-69) であった。そのため漢字に総ルビを付けたのが好評だった。

　明治15年 (1882) に出た、角書きを「増補訂正」と変えた第2版 (1万語増) では、井上哲次郎ら東京大学三学部の教授が協力して作った学術用語集『哲学字彙』(1881) の学術的抽象語を多数収録している。明治の日本は新しく入ってきた夥しい数の西洋の学術語をすべて漢 (字) 語で翻訳しようとしたので、この辞書は重宝がられた。いやむしろ本書の漢語偏重がそのような傾向を助長したというべきかもしれない。Chairman (議長)、cabinet (内閣)、science (科学)、atom (原子) などの訳語は本書によって定着したのだという。もう一つ第2版から訳語の部分も英語と同じく左横組み (正植) になった。今ではそれが当たり前だが、『袖珍』以来ずっと日本語は横転縦組み (横植) にするのが普通だったのである。

4　美国平文先生編訳『和英語林集成』

　明治の代表的な和英辞典を1冊紹介しておこう。「美国」は中国語で「アメリカ」のこと。「平文」とは、安政6年 (1859) の開港後最初に横浜に来た4人のアメリカ人宣教師の1人、「ヘボン」こと J. C. Hepburn である。だが、当時の日本ではキリスト教はまだ禁制だったので、医者でもあった彼はまず診療所を開いて日本人患者の治療にあたった。布教が解禁される日に備えて和英辞典を作ろうとした。7年かかって完成したのが『和英語林集成』(慶応3年、1867) である。当時のヘボンの日課は、5時起床、7時まで辞書編集、1時間散歩、8時朝食、9時から施療投薬、1時昼食、2～5時再び辞書編集、夕食前散歩、夜は家族と談話、

というものだった。

　日本では活版印刷ができなかったので，原稿を上海に持っていって印刷した。書名も，和文タイトル・ページの白抜きのデザインも岸田吟香(ぎんこう)のアイディアである。彼は最初患者として訪れ，インフォーマントになり，編集にも協力し，最後は上海まで一緒に行って，謝礼として50ドルと「精錡水(せいきすい)」（中国語で硫酸亜鉛水のこと）という目薬の処方を教えてもらった。今日の「大学目薬」である。この辞書は最初和英だけだったが，上海で印刷校正をやっている間に英和索引をつけた。再版（1872）からはそれを英和辞典として独立させた。

　この辞書は改訂の度に増補されて，高橋五郎が協力した第3版（1886）では初版の2万語が3万5千語まで膨らんだ。英和の方は初版の1万から3版では1万5千になった。初版のローマ字はもっぱら英米人のためのものであったが，3版からは外山正一らの羅馬(ローマ)字会の主張に賛同して修正した。それが今日の「ヘボン式ローマ字」である。つい先ごろまで続いた，和英辞典の見出し語をローマ字で表記するという慣習も，この辞書に由来する。

　ところで，本書の初版が出版されたのが明治維新の前年，再版が明治5年，第3版が明治19年と近代日本の激動期だったので，日本語の変化のいちばん激しい時期を記録する結果になった。それが今では国語学の重要な研究資料になっていて，3つの版の復刻版や対照総索引まで出ている。第3版で初めて登場した語には，銀行（再版では両替），郵便（同，飛脚），巡査，国会，民権，日曜日，女学校，授業，ペン，ポンプなどがある。

　ヘボンは明治学院のヘボン館を建てるために，第3版の版権を2千ドルで丸善に売ったので，その後の版には大きな変化はないが，明治43年（1910）の第9版まで出た。

　その後の和英辞典で今日まで続いているのは，『武信（由太郎）

和英大辞典』(1918) に始まる研究社の『新和英大辞典』(1931, 1954, 1974) である。

5 その後の英和大辞典

　明治の末から大正の初めにかけて，三省堂の『模範英和辞典』(1911)，井上十吉の『井上英和大辞典』(1915)，斎藤秀三郎の『熟語本位英和中辞典』(1915, 1936^2) が出現した。三省堂のものはアメリカの *The Century Dictionary*（6巻，1889-91）式の百科事典風，井上のはイギリスの *The Concise Oxford Dictionary* (1911) を模した語法中心だったのに対して，斎藤のはカナ発音で4万語だが，コロケーションを重視し俗語風のこなれた訳語を特色とした。これら御三家は三つ巴の辞書合戦を展開した。文明開化の時代には新事物への関心が先行したが，それが一段落すると関心は言葉そのものへと移る。それに伴って辞書もコト（事）典からコトバ（辞）典へと進化して，語法や基本語・機能語の扱いに重点を置くようになる。

　昭和の初めにも新しい御三家が出現した。岡倉由三郎の『新英和大辞典』(研究社，1927，10万語前後か) は語法中心で，*COD* に基づく双解方式，『三省堂英和大辞典』(1928) は『模範』と同系統の百科中心，冨山房の『大英和辞典』(1931, 16万) は古典重視。このうち今まで続いているのは研究社ので，1936（Wyld の *Universal English Dictionary,* 1932の影響を受けた），1953，1960，1980，2002と6版 (26万) まで出ている。他に *OED* 式にコトバ典に徹した『岩波英和大辞典』(1970, 11万語)，アメリカの *Random House Dictionary* (1966) を翻訳，増補した『ランダムハウス英和大辞典』(小学館，1973, 1994, 34.5万語)，松田徳一郎の『リーダーズ英和辞典』(研究社，1984, 1999)『リーダーズ・プラス』

(同，1994，両方で46万語)，小西友七・南出康世の『ジーニアス英和大辞典』(大修館書店，2001，25.5万語)，『グランド・コンサイス英和辞典』(三省堂，2001，36万語) などがある。

最近ではこれらの辞書も CD-ROM 版や電子辞書化されて，使用方法にも変化が生じている。またコーパス（大規模英語データベース）の出現で編集方法も変わらざるを得なくなってきた。デジタル版が先行したスーパー英和和英 Web 辞書『英辞郎』(アルク，100万語) などもあり，辞書作りは曲がり角にさしかかっている。

6 学習英和辞典の今昔

初学者を対象とした特別の学習辞典が出現したのは何時頃からであろうか。タイトルだけを見れば，意外と早くて，明治18年 (1885) には小山篤叙『学校用英和字典』というのがある。「例言」によると，「ウェブスターその他の辞書からその語の学校生徒にもっとも切要なるもの数万言を抄訳し」とある。30年代後半から明治末年の間には書名に「中学」とか「初等」とか「学生」というような文字をつけたものが10冊近く出ている。ところがそれらの内容を調べてみると，ほとんどは大辞典の語数と訳語の数を減らして，縮約したに過ぎない。初歩の学習者にこそ必要な用例などは全部削られている場合が多い。つまり大辞典を小型化しただけのもので，これでは学習辞典とはいえない。

それでも中学生は辞書を使っていたわけで，明治33年 (1900) に中学校に入学した河村重治郎は最初『英和新辞林』(三省堂，1894)，上級になると神田乃武らの『新訳英和辞典』(同，1902) を使ったという。どちらも大人用である。

英語を学ぶ中学生などの身になって作られた学習用英和辞典が

出現するのは，大正の末から昭和にかけて（1920年代）である。最近までの代表的なものを年代順にまとめてみる（次ページ参照，書名の「辞典」は省略）。

「大」と記したのは「大学生用」の意味であるが，それはまた「大人（一般社会人）用」でもある。それらは大辞典に比べて単に語数が少なく（10万まで），サイズが小さい携帯版というだけではなく，学習という観点を重視しているのでリストに入れておいたが，ここではそれ以下の，中学・高校生を対象にしたもの（語数でいえば5万前後）に話を限る。

戦後の中学校では教科書の後に「単語リスト」がついていて，そこに意味が全部出ているので，自分で調べる必要がない。最近ではさらに授業が読解からコミュニケーション中心になったので，辞書を引いて予習をする中学生はほとんどいない。したがって本格的な辞書指導は高校に入ってからということになる。

戦前の辞書は中学5年間を2分して，低学年（今の中学）用と高学年（今の高校）用があったが，最近では高校をさらに2分して初級（高1・2）用と上級（高2・3と受験生）用に区別するようになった。昔からの「学習辞典」というのは，その後者の段階を対象にしたもので，前者はそれを薄めたようなものが多く，まだ独創的なものは少ない。そのうえ電子辞書の普及で，サイズや語数による辞書の区別は無意味になってきたというのが現状である。

7　学習辞書名人河村の『クラウン英和』

辞書作りはアートかサイエンスか，個人芸かチームワークか，アナログかデジタルか，議論は尽きない。しかし，学習英和辞典の分野でひとりこつこつと辞書作りに励み，隅々まで神経の行き届いた辞書を世に送り出した人が，少なくとも2人いた。『クラ

1925　三省堂『明解英和』(1939, 1950　可算・不可算表示, 1959, 2.5万語)
　　　大修館『例解中学英和新辞典』(リーダーの単語に用例もリーダーから)
1929　研究社『スクール英和』(別名『新英和中辞典』10年で百万部売れた, 1940, 1957『新』4, 5万語)
1933　研究社『僕の英語辞典』(別名『初級英語』, 中学1-3年のリーダーの単語, 英和対照, 1957『新英和』)
　　　三省堂『センチュリー英和』
1935　三省堂『学生英和』(河村重治郎, 中学1-3年のリーダーから9,650語, 1954『中学英和』, 1959　『初級クラウン』1.2万, 9版)
1939　三省堂『クラウン英和』(河村重治郎, 28,050語, 1954『新』3.4万, 5版)
1940　開拓社『基本英語学習辞典』(ホーンビーら, 3千語弱)
1941　研究社『簡約英和』(岩崎民平, 1956『新』8万語, 大)
　　　研究社『初級英語』(1954『新』)
1964　三省堂『カレッジ・クラウン英和』(9万, 1977, 大)
　　　研究社『基本英語百科』(福原麟太郎ほか, 5,600)
1965　研究社『高校英和』(3万)
1967　研究社『新英和中』(5.6万, 文型表示, 7版, 10万, 35年で1200万部, 大)
1972　学研『アンカー英和』(柴田徹士, 4.2万, 1981, 1993『ニュー』)
　　　研究社『ユニオン英和』(竹林滋・小島義郎, 3.8万, 1984『ライトハウス英和』と改名, 4版)
1980　小学館『プログレッシブ英和中』(11万, 4版, 大)
1983　三省堂『グローバル英和』(木原研三, 発売半年で40万部, 1994『新』9.3万, 2000, 大)
1988　大修館『ジーニアス英和』(小西友七, 7.5万, 3版, 大)

ウン』の河村 重治郎（1887-1974）と『アンカー』の柴田徹士（1910-99）である。この2人には「学習辞書名人」の尊称を贈ってもよいのではないか。2人とも検定試験で中等教員，高等教員（旧制高等・専門学校の教師）の資格を取った人で，大学は出ていない。

　河村が辞書作りに携わったのは48歳の時からで，中学低学年対象の『学生英和』が最初だった。それがなかなか評判がよくて，3年で100刷も版を重ねたので，前からやってみたかった高学年向けの学習辞典を作ることになった。当時は中級用の辞典というものはなく，初級のあとはいきなり大人用を使わなくてはならなかった。

　初版のクラウンは1,458ページの机上版で，見出し語28,050語，最近のこの種のものに比べれば少ないが，『学生英和』の3倍である。これ1冊で中学入学から卒業までをカバーしようとしたのである。評判は上々で戦争になるまでの4年間に230刷，仮に1刷5千部としても100万部売れたことになる。上のリストには河村の名前を入れてしまったが，両書とも表紙に彼の名前はない。当時は無名の新人が書いたものは大先生の名を借りるか，「編集部編」とするのが普通だった。だからこの2つの辞書も「三省堂編輯所編纂」である。

　戦後出た『新クラウン英和辞典』は縦18センチ横10センチの小型携帯版である。昭和39年（1964）の改訂版で一応の完成に達し，その翌年には67万部という年間売上げのピークを迎えた。その「はしがき」によれば，河村の考える学習辞典の定義とは次のようなものであった。

　　英単語に対して単なる日本語訳を与えるいわゆる英和辞典ではなく，なお進んで言葉の下にひそむ言語的または文化的内容を理解せしめ，学習者の真の教養に資すると共に，言語の運用面にお

いても，豊富な用例の学習によって学力の確実な基礎を築くことを目標として編集された辞書。

　学習英和の傑作中の傑作といわれる『新クラウン英和辞典』の人気の秘密はいったいどこにあったのだろうか。その晩年10数年にわたって河村の仕事を手伝った田島伸悟の手になるボズウェル的伝記『英語名人　河村重治郎』には，この辞典の編集裏話がいくつも記されていて興味深い。そこに見られる彼の学習辞典観を箇条書きにまとめてみると，次のようになる。

1. 　学習辞典にそんなに多くの語数は必要ではない。『クラウン』の見出し語は２万８千語。『新クラウン』になって３万3,800。語数の多さを競い合う中で，編集部の再三の懇請にもかかわらず，とうとう最後まで４万を越えることはなかった。（没後の４訂版では５万近くまで増えた。）
2. 　辞書編集の基本は「読みやすさ」にある。１語義についての訳語は，原則として３つまで。使用者はその３つを全部読んで，その語義の全体像をつかむべきである。訳語３つというのは，生徒が一息で読める程度なのである。
3. 　語義の記述にあたっては，意味の流れというものを何よりも大切にした。他の学習辞典がこぞって採用し始めた文型表示や可算・不可算を示す表示も，語義の流れを阻害するおそれがあるとして，受け入れなかった。
4. 　学習辞典の生命は用例にある。用例には句用例と文用例が，また「無色もの」と内容のある「色もの」とがある，といって，改訂の度に文用例や「色もの」を増やしていった。しかしまた，「色もの」が多すぎても，辞書としての落ち着きがなくなる，とも言った。
5. 　外国の雑誌や英米で発行されたカタログやプライス・リストから集めた挿絵を，初版では1,300ページの中になんと2,500個も掲載，改訂の際にはいくらなんでも多すぎるとして削ったほどだった。（晩年には，他書がやたらと挿絵を入れるのを見て，「絵本にしてしまってはいけない。節度が必要」と言っていた。）

版	クラウン	新・初版	新・再版
accommodate	7	9	11
howl	9	7	7
interfere	3	7	7
may	14	28	28
smile	11	14	12
take	78	106	106

　少し説明を加える。語義の記述について具体例をあげると，'sound' の名詞について，戦前の旧版では「音，響き，音響」の1語義しか示していない。『新クラウン』の初版・再版でも「①音，響き，音響。②聞こえる範囲，聞こえる所。」の2つの語義を示すにとどまって，それ以上ふやそうとはしなかった。

　他の辞書ではどうか。A辞典では「1.音，音響，響き，物音，《音声》音，音声，言語音。2声，調子，（声・言葉の）印象，感じ，意味。3，騒音，騒ぎ，ざわめき。」さらにB辞典になると，A辞典の1を2つに分割しているから語義数は4つ。C辞典はB辞典に「聞こえる範囲」の語義を加えて都合5つ。さらにD辞典に至っては語義数6つである（田島による）。河村は，訳語全体の意味の響きがシンホニーのようにその語の全体像を奏でるように分類配列するのを理想としていたという。最近の辞書の語義配列をデジタル的といえば，河村のそれはアナログ的だったといえるだろう。

　クラウンの一番の特徴は「用例中心主義」といわれている。「これは単に用例の数が多いという意味ではない。用例に大きな解説の任務を負わせるということである」と小島義郎は言っている。小島は旧版と『新クラウン』の3版までの用例数を6語について比較して上のような表にしている。

　このように，語義，訳語などをできるだけ抑え，注釈も最小限

にとどめて,ひたすら用例による説明に徹する河村の用例中心主義は,英語教師たちの目にはまさに理想の学習辞書と映った。『新クラウン英和』は大ヒットし,クラウン時代ともいうべき一時期を画した。

しかしやがて情報化時代と呼ばれる時期が到来し,用例以外の情報を満載した辞書が続々と出現するようになると,クラウンの影は次第に薄くなる。その新旧交代の兆しは,『新クラウン』が河村による最後の3訂版を出した昭和47年(1972)に,『アンカー英和』と『ユニオン英和』(現在の『ライトハウス』)が登場したのに始まる。

8　柴田徹士の『アンカー英和辞典』

戦後出たさまざまな学習英和辞典の中で,この辞典ほど玄人筋に好評だったものも少ない。新しく辞書を出そうとしていたある編集者は執筆者たちを集めた席上で「アンカーを真似しないで,アンカーのような辞書を作ってくれませんか」と言ったという。その秘密として,利用者たちは,キメの細かい語義記述,誤りのない生きた用例,的確な語法解説などをあげる。

受験参考書専門の出版社から出たにもかかわらず,じわじわと人気が出たのは,もちろん,「明快・親切」というこの辞書のモットーが単なる宣伝文句ではなかったということなのであるが,もう一つ,主幹の柴田の強力なエディターシップがあった。本書にも小林清一・小西友七の両監修者をはじめ多くの協力者がいたことはいたが,最終的には柴田自身が隅々まで徹底的に手を入れて統一を図ったという。その成果が見事に実を結んで,どのページを開いてもムラのない均質的な記述がなされているというあたりが,利用者の信頼を勝ち得たのであろう。

全ページにわたって目を通すのは、主幹としての当然の義務といえばそれまでだが、執筆者の違う原稿にいちいち手を加えて、編者の血の通ったものにするのは並大抵のことではない。とくに多人数による分担執筆が当たり前になった最近の風潮の中では、なおさらのことである。

　河村に『英語名人　河村重治郎』があるように、柴田には、かつての教え子で英文学者の藤井治彦との対談を本にした『英語再入門』がある。それによると河村と同じく柴田も（そして小林清一も）検定で教員資格を得た。つまり、これら2冊の「親切な辞書」と定評のあった本の背後には、苦労して英語をものにした2人の独学者の体験が生かされているということになる。

　柴田が『アンカー』の編集に着手したのは、昭和40年（1965）、55歳の時だというから、初版完成までに7年かかったことになる。「今までの英和辞典は見るな」をモットーに、英英辞典を主にして、さらに日本人向きに大切な点を付け加えるようにした。自分が希望するような意味、すなわち本当の意味が希望通りの配列になっているような辞書を作ってみたい、と思いながら原稿に手を入れていった、と柴田は対談で語っている。

　その結果、『アンカー』は次のように、語の統語論的側面（個々の単語よりはその単語の文中での機能のほう）を重視した、作文にも役立つ発信用の辞書になった。

1. 語義区分を明確にする。重要語義には平易で適切な例文を入れる。
2. 固有名詞以外のすべての名詞に可算(c)，不可算(u)の表示を付ける。語義ごとに異なるものには、すべてに付ける。
3. A，Bなどの記号を入れたグラフィックな文型表示（動詞型だけでなく、形容詞型，名詞型も）。
4. 動詞の機能の差を語義の「テニヲハ」の有無で示す。

5. 成句を重視し，その機能を［形］［前］のように品詞に準じて示す。「自動詞＋前置詞」は［準他］と示す。

文型表示は具体的でないと分かりにくい。

---
beg では「(beg A of B/beg B for A) B（人）に A（物事）を懇願する」
deprive なら「(deprive A of B) A（人・物）から B（物・権利など）を奪う」

というように示す工夫を編み出した。

成句の機能の区別の例をあげる。

---
keep off ［自］（自＋副）　離れている。
—［準他］（自＋前）　…に近づかない。
—［他］（他＋副）　…を近づけない。

中村敬は 'respectable' の説明を誉める。「この辞典以外のすべてが「尊敬すべき」「りっぱな」「上品な」といった訳語を与えてあとは例文で，ハイそれまでといったところであるが，この辞典だけは冒頭に，

（形）▼通例「悪くない」という消極的な意味に用いるが，英語では控え目に表現する伝統があるので，かなりほめた意味になることがある。

と背後の意味をおさえたうえで，第1義として「（人が）ちゃんとした階級の，犯罪［売春・やくざ］などに関係のない，堅気の，（階級が）下層でない，堅実な（▼「上流の」の意味には用いない）」と説明し，さらに例文 'His parents are poor, but respectable people.' などをあげている。その他の訳語は省略するとして，

なるほどこれならば，'respectable'の原意をかなり正確に伝えている。「尊敬すべき」「上品な」が第1義として出ている他の辞典は，筆者（中村）にいわせれば，ほぼ落第であって，例文を示さずに「訳語」だけのものは有害無益以外の何ものでもないと考える」と書いている。

　中村のこの「学習辞典にモノ申す」と題する文章は，『アンカー』のライバルの『ユニオン』を出していた研究社発行の雑誌『現代英語教育』（1974年10月号）に載ったので物議を醸した。

日本人が書いた英文④

●漱石の学生時代の英作文

　漱石夏目金之助（1867-1916）は明治22年（1889），第一高等中学校の本科１年生（23歳）だった。正岡子規などの同級生と「英語会」というのをつくって，毎月会合を開いていた。これはそこで発表した「兄の死」と題するスピーチの原稿で，森川隆司が東北大の漱石文庫で発見したものである。今では大学生でも知らないような難しい単語（とりわけ -ness でおわる抽象名詞）を多用している。この作文には教師の添削の筆が入っているが，ここでは省略する。訳文の代わりに，晩年のエッセイでこの兄にふれた部分を載せておく。

　... It was three years ago that his death took place, but his image (and it is such a handsome image!) ever presents itself before my eyes. It haunts me in my dreams, it follows me in my solitary rambles and seems to share every joy and sorrow which my heart is capable of feeling. It is an image, engraven upon my mind, too vivid to be effaced by time;—an image which has streaked any character with a gloomy thoughtfulness which I should otherwise recoil;—an image which always keeps me back from those depravities and enslaving indulgence into which I am prone to fall ...

　「私の長兄はまだ大学とならない前の開成校にいたのだが，肺を患って中途で退学してしまった。私とはだいぶ年が違うので，兄弟としての親しみよりも，大人対子供としての関係のほうが，深く私の頭に浸み込んでいる。ことに怒られた時はそうした感じが強く私を刺激したように思う。
　兄は色の白い鼻筋の通った美しい男であった。しかし顔立ちからいっても，表情から見ても，どこかに険しい相を具えていて，むやみに近寄れないといった風の逼った心持を他に与えた。」

（『硝子戸の中・36』1915）

12 御雇外国人からALTまで

アーネスト・サトウ

1 外交官と宣教師

　幕末，安政5年（1858）に各国との修好通商条約が締結されて，神奈川（今の横浜）・長崎・函館などが開港されると，外国人たちが続々と来日した。まずやってきたのが外交官と商人で，次がキリスト教の宣教師たちであった。

　外交官の中には興味深い記録を残した人が多い。ハリス（Townsend Harris, 1804-78）の『日本滞在記』，オールコック（Sir Rutherford Alcock, 1809-97）の『大君の都』，サトウ（Ernest Satow, 1843-1929）の『一外交官の見た明治維新』（いずれも岩波文庫）などがそれである。のちにはアストン（William George Aston, 1841-1911），ミットフォード（Algernon Mitford, 1837-1916），サンソム（George Sansom, 1883-1965）のように有数の日本学者(ジャパノロジスト)になった人も少なくない。彼らは明治5年（1872）に「日本アジア協会」（Asiatic Society of Japan）を結成した。

　宣教師はキリスト教が解禁になるまでは，塾を開いて日本の青年たちに英語を教えた。和英辞典を作ったヘボン（J.C.Hepburn, 1815-1911）夫妻，プレンダーガストのマスタリー・システムを導入したブラウン（S.R.Brown, 1810-80），バラー（James Ballagh, 1832-1920) 兄弟，新約聖書を訳したグリーン（D.C.Greene, 1843-1913），次に紹介するフルベッキ，などがそれである。

2　明治の御雇外国人

　明治になると数多くの「御雇外国人（おやとい）」がやって来た。『広辞苑』によると「明治維新後，政府が先進国の学芸，技術，制度を摂取するために官庁や学校に招いた欧米人。ボアソナード（法律）・ベルツ（医学）・フェノロサ（美術）・コンドル（建築）・モース（進化論）など」とある。英語教師の名がひとつもないのは残念だが，全体像はこれでよくわかる。明治7年（1874）の調査によると総数503名，年俸の合計が大凡100万円とある。日本人の5倍から10倍の金額で，太政大臣（首相）よりも高給の600円という人も数人いた。創立当時の東京大学の予算の3分の1は外国人教師の給与であった。御雇外国人の内訳は，イギリス人269名，フランス人108名，アメリカ人47名など。分野別では最も多かったのが鉄道・通信などの官営事業を担当した工部省関係の228名で，次が文部省77名，海軍省66名と続く。総数は明治8年の527名が最高で，その後は少しずつ減って，明治29年（1896）には77名と最低になるが，明治年間の合計は3,000人にものぼるという。

　話を文部省関係，学校関係に限ると，まずフルベッキ（＝ヴァーベク Guido F.Verbeck, 1830-98）はオランダ生まれのアメリカ人で，安政6年（1859）宣教師として長崎に来て，大隈重信らに英学を教えた。維新後，新政府に招かれて上京し，大学南校の教頭（月給600円）や政府顧問を務め，岩倉使節団の派遣やドイツ医学の採用などを建議した。退任後は宣教師の仕事に戻った。

　ついでモルレー（＝マレーDavid Murray, 1830-1905）が来た。彼はラトガース大学の数学の教授だったが，その日本教育論が森

デイビッド・マレー

有礼に注目されて、明治6年（1873）文部省学監（最高顧問、月給600円）として招聘され、5年にわたって教育行政に参画した。日本の教育がアメリカの知恵を借りたのは戦後が最初ではない。彼は日本の伝統を尊重しようと、フランスをモデルにした明治5年（1872）の「学制」を当時の国情にふさわしいものに改めるよう提案した。東京大学の整備や女子師範学校の創立なども献策し、近代教育制度の基礎を築いた。明治12年（1879）に帰国したのちは、ニューヨーク州の教育局長などを務めた。吉家定夫の『日本国学監デイビッド・マレー』に詳しい。

第4章3-2で内村鑑三の先生として紹介したスコット（Marion M.Scott, 1843-1922）は明治5年9月小学校教員養成のために新設された（東京）師範学校の教頭（250円）に転じた。師範生24名と（附属）小学生90名を入学させ、まず師範生に通訳付きで授業のやり方を教え、それを6クラスに分けた小学生を4人1組で担当させ、実際に教えさせてみるという方法をとった。スコットはアメリカから教科書や教具を取り寄せて、それを使わせた。翌年6月に10名が、7年1月に11名が卒業という短期促成だった。これが組織的な教員養成の初めである。彼はまた小学教則や教科書の編集にも貢献した。明治14年（1881）に帰国してからは、ハワイのホノルルの中学校長を務めた。

3 大学の英語・英文学教師たち

　東京大学の前身の学校で教えた教師たちには，フルベッキとスコット以外には，スポーツ万能でボート，野球や陸上競技を指導したストレンジ（Frederick Strange, 1854?-1889），ロンドンで岩倉具視に誘われて来日，最初にシェイクスピアを教えたサンマース（James Summers, 1828-91, 月給300円）がいた。ホートン（William Houghton, 1852-1917, 300円）は坪内逍遙らに英文学を講義した。彼の試験問題は語学の試験というより，人物の性格描写や作品論を書かせるものだった。ホートンの後を継いだハウス（Edward House, 1836-1901, 80円）は南北戦争の従軍記者で *Tokio Times* という英字週刊紙を発行した。コックス（William Douglas Cox, 1844-1905）は日本人のための英文法，*A Grammar of the English Language for Japanese Students*（2巻，1880-1）を書いた。哲学や美学を教えたフェノロサ（Ernest Fenollosa, 1853-1908）は日本美術の価値を再発見して岡倉天心に教えた。動物学者で，大森貝塚を発見したモース（Edward Morse, 1838-1925）は進化論を紹介した。それを通訳したのが菊池大麗。

　明治9年（1876）に開設された札幌農学校にはアメリカからクラーク（William Clark, 1826-1886）が招かれた。その滞日は1年にも満たなかったが，キリスト教的感化は大きかった。明治13年（1880）にはサンマースが札幌に招かれた。退職後上京，18年ごろ築地の居留地に夫人や娘たちと一緒にサンマー英語学校を開いて大繁盛，2,000人が学んだという。次女のリリー（Lily, 1866-1958）は滞日86年，教え子数万人といわれた。

　東京大学は明治19年（1886）に帝国大学となり，翌年には文科大学（今の文学部）の中に英文学科が設けられた。そこで教えた

英米人の教師はディクソン（J.M.Dixon, 1856-1933, 350円），チェンバレン（B.H.Chamberlain, 1850-1935），ウッド（Augustus Wood, 1857-1912, 350円），ハーン（Lafcadio Hearn, 1850-1904），ロイド（Arthur Lloyd, 1852-1911），ロレンス（John Lawrence, 1850-1916）である。

　夏目漱石を教えたディクソンは日本人学生のための *A Dictionary of Idiomatic English Phrases*（1887）を作った。岡倉由三郎や上田万年(かずとし)を教えたチェンバレンは英語ではなく言語学（当時は博言学といった）で，『日本事物誌』（*Things Japanese*, 1890初版）や『日本口語文典』（1888）を著した。上田敏(びん)や厨川白村(はくそん)，石川林四郎らを教えた「へるん」ことラフカディオ・ハーン（帰化して小泉八雲）は文学鑑賞を教えて人気があった。ジョン・ロレンスはヨーロッパの本格的な言語学（フィロロジー）を伝え，ゼミナール制度で市河三喜，斎藤勇(たけし)，土居光知(こうち)，千葉勉，豊田實らの学者を育てた。

4　高等・専門学校の外国人教師

　地方にも良い教師がいた。静岡学問所には勝海舟の招いたクラーク（E.W.Clark, 1849-1907, 月給300円），福井には『皇国』（*Mikado's Empire*, 1876）で有名なグリフィス（W.E.Griffis, 1843-1928），ワイコッフ（Martin Wyckoff, 1850-1911, 250円），3人はアメリカのラトガーズ大学の出身。山形には米沢方言を研究したイギリス人ダラス（C.H.Dalls, 1841-94, 250円），熊本洋学校に招かれたジェーンズ（L.L.Janes, 1838-1909, 400円）は南北戦争の北軍の大尉で徳富蘇峰兄弟をキリスト教に導いた。

　仙台の第二高等学校には森有礼文相の依頼で『文部省英語読本』（*English Reader: The High School Series*, 1887-8, 200円のち

300円）を作ったデニング（Walter Dening, 1846-1913）がいた。彼の次男はのちに駐日イギリス大使になった。慶応にラグビーを移入したクラーク（E.B.Clarke, 1874-1934）は京都の三高に移り，のち上田敏亡き後の京大英文科で，石田憲次や矢野峰人（ほうじん）を教えた。金沢の四高には *OED* の編集に関わったスペイト（Ernest Speight, 1871-?）が来た。彼は後に東大でも教えた。鹿児島の七高には全3巻の *A History of Japan* (1903-26) を完成したマードック（James Murdoch, 1856-1921）がいた（平川祐弘の『漱石の師マードック先生』参照）。山口高商のち東京高商で教えた英習字のガントレット（Edward Gauntlett, 1868-1956）。長男のオーウェン（J.O.Gauntlett, 1906-88）は戦後青山学院大学で教えた。

東京高等師範にはオクスフォードを出たばかりのワットキン（R.G.Watkin）が来てチョーサーや発音記号を教えた。五高から移ったスウィート（W.E.L.Sweet, 1876-1963）は教え子の飯島東太郎（とうたろう）と共著で『英国風物談』（正続2巻，1918-21）を出した。東京外語には後に書誌学者として名を成すマッケロウ（Ronald McKerrow, 1872-1940, 250円）がいて，帰国後教え子の片山寛（ひろし）との共著『英語発音学』(1902) が出た。ジョーンズの発音辞典の出る10年以上も前である。英作文の教科書で有名なメドレー（Austin Medley, 1875-1940）は明治39年から昭和13年まで32年間も外語で教え，昭和3年（1928）には「在日外人教師の会」(Association of Foreign Teachers in Japan) の初代会長になった。

明治15年（1882）には全国にミッション・スクールが70校あって，2,600人の学生が学んでいた。そこにも献身的な教師がたくさんいた。YWCA の総幹事河井道を育てた札幌の北星（ほくせい）女学校のスミス（Sarah Smith, 1851-1947）とその後継者モンク（Alice Monk, 1872-1952），弘前の東奥義塾のイング（John Ing, 1840-1920），仙台の東北学院のゲルハート（Paul Gerhard,

1873-1948)。息子のロバート（1905-63）も戦後ICU（国際基督教大学）で教えた。青山女学院のパイダー（M.Pider, 1880-1967）は東京女子大学でも創立以来教えた。横浜のフェリス女学校を作ったキダー（Mary Kidder, 1834-1910）。ミッションではないが、明治33年（1900）に津田梅子が創立した女子英学塾（今の津田塾大）を40年にわたって支えたハーツホーン（Anna Hartshorne, 1860-1957）。

5　YMCA English Teachers（青年会英語教師）

明治20年（1887）ころ、文部省が地方の官公立学校のために多数の外国人教師を求めていることを知った北米YMCAは海外教師派遣委員会を組織した。翌21年、大学を卒業したばかりの3名の若いYMCA teachersが来日した。そのひとりスウィフト（J. T. Swift, 1861-1928）は東大、東京高師、東京高商などで教えて、昭和3年（1928）に及んだ。この委員会の活動は2期に分かれ、第1期（1888～95）はアメリカ・カナダの9大学から15名が来日した。第2期（1900～28）は文部省の再度の要請で明治の末までに99名が来日し、32の都市の学校に勤務した。

彼らの多くは2年契約で、地方の中小都市の公立中学校で、80円から100円という安い給料で、週16～24時間も会話や作文、時には地理・歴史なども教えた。そのうえ課外にはバイブル・クラスも開いた。夏休みになると、妙義山や軽井沢に集って教材や教授法についての協議会を開いた。

明治39年に彼らが創刊した機関誌が *The English Teachers' Magazine*,（『英語教授』、1906-17）で、この誌名はいま大修館書店発行の『英語教育』の英語タイトルになっている（第14章の2参照）。大正2～5年（1913-16）に3回開かれた「英語教員大会」

も YMCA Teachers' Conference を拡大したもので,「内外人英語教師会議」とも呼ばれていた。その頃全国で26人が「青年会英語教師」(Association Teachers) として登録されていた。

　これらの若者たちの中には,日本に残って宣教師や YMCA の活動家になる人もあれば,帰国して外交官や教師になって再来日した者もいた。このようなアメリカ人青年たちの数は,明治の末年までに100人近くにも達したという。その中には広島高師で教え,機関誌の編集主任も務めたスミス (P.A.Smith, 1876-1945),海軍兵学校,神戸高商,青山学院などで教えたミュラー (Frank Müller, 1864-1917),神戸高商,戦後は神戸大で50年以上も教えたロイ・スミス (Roy Smith, 1878-1969) などがいた。

6　パーマーの英語教授研究所

　日本では明治以来,鹿鳴館に象徴される欧化・国際化とその反動としての伝統尊重・国粋主義の季節が交互に訪れる。日清戦争 (1894-5) 以後国語重視に傾いていた振り子は,第1次世界大戦 (1914-18) が終わると再び揺り戻す。国際協調主義と英語教育の重視である。

　そんな風潮の中で,大正11年 (1922) に文部省顧問としてイギリスから招かれたのがパーマー (Harold E.Palmer, 1877-1949) である。彼の来日を最初に喜んだのは YMCA 関係者やミッション・スクールの教師たちであった。翌年英語教授研究所 (現在の語学教育研究所) を創立,自ら所長となった。昭和11年 (1936) に帰国するまでの14年間にわたって,研究所の活動を中心に著述・講演・放送など多様な活動を行って,日本の英語教育界に働きかけた。当時は「外国人のための英語教育」はまだ草創期で,世界的に見ても彼の運動は先進的だった。パーマーの給与は当初

3年間は松方幸次郎の寄付で年1万円,そのあとは文部省から年4千円,のち6千円。当時の外国人教師の平均給与は年5千円であった。

　まず外国人教師たちがパーマーを支持し協力した。青山学院のマーチン（J.V.Martin, 1875-1962）は自分の学校の生徒を使ってパーマーの提唱するオーラル・メソッドの授業をやって見せた。次第に日本人教師の中からも賛同者が現れて,やがて1930年代に入ると地方の学校でも「福島プラン」や「湘南プラン」が実を結んだ。研究所の第10回記念大会には全国から593名の教師が参加した。

　パーマーの後を継いだのはホーンビー（A.S.Hornby, 1898-1978）であった。次第に戦争へ傾斜していく中で,彼はパーマーの構想を生かして日本人のための英英辞典（*Idiomatic and Syntactic English Dictionary*, 開拓社, 1942）を開戦直前に完成させた。これが現在世界中で知られている *Oxford Advanced Learner's Dictionary* の初版である。日本の英語教育界はこのことをもっと誇りにしていい。

7　地方の中学の場合

　明治前期には中学校というのは各県に一つしかなかった。江戸時代の藩校の後身というのが多かった。当然そこでも外国人教師を招聘した。明治23年（1890）に来日した小泉八雲はまず松江の中学校の教師になった。彼は2人目の外国人教師で月給は100円だった。それから5年後,四国の松山で外国人教師の後任を求めているところに,夏目金之助（漱石）が名乗りをあげた。帝大出の秀才なら外国人でなくてもいいか,ということになって,彼は前任者の月給80円をそっくり貰ったので,校長よりも高給取り

だった。外国人は玉石混交で、あたりはずれが大きかったので、松山では以後外国人教師を雇うのをやめた。

　大正に入ると、各県でさまざまな動きが出てきた。

　静岡県の例でいうと、外国人を非常勤の嘱託という形で英語教師として雇用する制度が大正8年（1919）に始まって昭和6年（1931）まで続いた。具体的には静岡商業（月給20円）、榛原中（嘱託で月5円）、浜松一中、沼津中、掛川中、富士中、下田の豆陽中などが25〜35円の月給で雇い入れた、という記録が残っている。ところが昭和7年からは、これらの学校から外国人教師の姿が次々に消えて、昭和15年（1940）には清水の市立商業1校だけになってしまったという。昭和6年の3月に教授要目が改正されて、英語の授業時間数が減らされたためであろう。

　この頃、全国ではどのくらいの外国人教師がいたかというと、昭和3年（1928）に「在日外人教師の会」が結成される直前の調査によると、英米人以外も含めて全部で482人、その内訳は高等・専門学校が268名で、中等学校が214名となっている（語学教育研究所編『英語教授法事典』Teacher の項）。当時の中学校数は全国で500余りというから、3校に1人くらいの割合で外国人教師がいたことになる。

8　戦後の Fulbright Teachers

　戦時中の「英語は敵国語」から一転して、敗戦で振り子はまた揺れる。米軍に占領されて、巷にはジープに乗ったアメリカ兵があふれる。再び明治初年のようにアメリカ英語（米語）が中心になる。皇太子の英語の家庭教師を務めたのは、禅や俳句の研究家で天皇の人間宣言の英文草案を作成したブライス（R.H.Blyth, 1898-1964）と、アメリカから招かれたクウェーカー教徒のヴァ

イニング夫人（E.G.Vining, 1902-99）だった。『皇太子の窓』（文藝春秋, 1953）は夫人の滞日4年の回想記である。

　昭和28年（1953）からはフルブライト英語教員が毎年来日する。日本人の留学制度としてはまずガリオア（米国占領地域救済資金）留学があり、それがフルブライト法による人物交流計画に移行した。その中にはもちろん英語教育関係者も含まれていた。昭和28年からは英語教員だけのプログラムというのが始まり、昭和43年（1968）まで16回続いた。この頃はアメリカも気前がよかった。毎年46カ国から300名もの教員を招いた。日本からも全国から選抜された25～40歳の英語教員が30人程度、半年間留学した。

　アメリカからも英語教員を派遣しようということになったのが、上に述べたフルブライト教員招致計画（Fulbright Secondary School Teachers of English）で、こちらは毎年10人前後、主として附属学校などに配属された。そのひとり、東京大学附属中学校に来たローソン（E.A.Lawson）の場合をみてみよう。

　昭和28年にフルブライト委員会から学校にアメリカ人教師派遣の打診があった。日本側は当時話題になっていたミシガン・メソッドを体得していることに、こちらの主体性を重んじてくれる人、という希望を出した。9月になって現れたハイスクールのフランス語教師だというローソンはまさに希望通りの青年だった。中学2年3クラスの週4時間の授業全部、計12時間を担当してもらい、日本人教師は参観した。とくにチャートを使っての文型練習、コントラストによる発音練習などが印象的だった。放課後はその日の授業を中心にミシガン・メソッドの理論と実践についての勉強会をやった。

　翌29年（1954）4月の新学年からは、3人の日本人教師が新しい2年生の授業にミシガン・メソッドを加味してみて、ローソンからコメントをもらうようにした。5月、2日間にわたって全国

の先生たちを招いて研究発表会を開いた。ローソンのマイクロ・レッスンのほか中島文雄東大教授にこの教授法の基礎理論である構造言語学について講演してもらった。300人近い参加者があり、戦災で焼け残ったままの講堂の床が抜けはしないかと心配した。ローソンに滞在を半年延ばしてもらって、秋には語学教育研究所の全国大会で1年生の授業のティーム・ティーチングの実演をやってもらった。

9 フリーズとELEC

　昭和31年（1956），アメリカのロックフェラー財団の援助で日本の英語教育改革が始まった。その時はもう占領は終わって日本は独立を回復していたが，英語教育の改革は占領政策のやり残しともいわれた。そこでアメリカ側から送り込まれたのがミシガン大学教授のフリーズ（C.C.Fries, 1887-1967）であった。彼の教授法は当初「フリーズ・メソッド」とか「ミシガン・メソッド」と呼ばれていたが，「オーラル・アプローチ」で定着した。同年夏に東京でELEC（エレック）（日本英語教育研究委員会，のち英語教育協議会）創立のための専門家会議が開かれた。アメリカからはフリーズのほかにトワデル（W.F.Twaddell, 1906-82）が，イギリスからはホーンビーが招かれた。

　この後フリーズは毎年桜の咲く頃になると来日して、3カ月ほど滞在してはシラバスや教材を作った。そのほかにも多くの専門家がやって来て、教員の講習会やELECの検定教科書の作成に関わった。しかしちょうど学習指導要領が改定されて検定が強化される時期で、ELECの教科書は次々に手直しを余儀なくされた。やっとできあがった教科書は当初の理想とは程遠いものだった。オーラル・アプローチを標榜した教科書で一番売れたのは

ELECのではなくて、三省堂の『ジュニア・クラウン』だった。

1960年代半ばには、オーラル・アプローチの中心である「パタン・プラクティス」（文型練習）が一世を風靡し、全国津々浦々の中学校にまで広まって、英語教師が歩くとパタン、パタンと音がする、と揶揄されたほどだった。ところが60年代後半になると、チョムスキー（Noam Chomsky）の変形文法が台頭し、構造言語学は衰退してオーラル・アプローチも行き詰まった。アメリカ側はELECのために12年間に200万ドル近くを援助したという。

10　MEFとBETS

渡部昇一は昭和46年（1971）に出た『英語教育』の20周年記念号に「戦後の英語教育——回想と提案」と題する知的英語教育論を寄せて、その末尾にこう書いている。「会話の力はどうするか。『外人を備え』というのが解答である。さいわい日本人1人当たりのGNPはイギリスを越えたそうである。2年契約ぐらいでチャーター機で運ぶのだ。終身雇傭の必要がないから案外安上がりだろう。」当時は誰も本気にしなかったが、20年後にはこれが現実になった。

昭和44年（1969）文部省と在日合衆国教育委員会によるフルブライト助手招聘制度が始まった。これは昭和51年（1976）まで8年間続いて239名が来日した。昭和52年（1977）からは日本が主体になってアメリカから英語指導主事助手（MEF＝Mombusho English Fellows）の招致が始まり、昭和61年（1986）までの10年間に782人を招いた。

一方イギリスでは昭和52年（1977）にウォルファーズ（Wolfers）という実業家が日本政府に対して英語教師の長期派遣計画を提案、日英両国の代表による委員会で検討された結果、翌年

(1978)から30歳未満の独身大卒者で，英語教師としてふさわしい者という条件で募集した。給与は配属学校の設置者（つまり県や市町村）の負担とし，往復の旅費を含めて年300万円前後とされた。男子14名女子8名が選ばれて，まずロンドンで11日間の事前研修をし，来日後は文部省による3日間のオリエンテーションを実施した。これは「英国人英語指導教員（BETS＝British English Teachers and Scheme）招致計画」と呼ばれ，昭和61年までの9年間に約500名が来日した。この教師たちが帰国して作った会の名が「按針会」。最初の来日イギリス人ウィリアム・アダムス（三浦按針）にちなむ。昭和57年度における英米からの招致者は69＋74＝143名であった。

昭和52年（1977）に在日外国人語学教師を中心に「全国語学教師協会」が結成された。会員は日本人700人に対して外国人500人だった。現在の「全国語学教育学会」（JALT＝Japan Association of Language Teachers）の前身である。昭和52年度における全国の国立大学で外国語を担当していた外国人教師（常勤）は195名で，講師（非常勤）は318名だった。

11　JETプログラムとALT

昭和61年に自治省（以下，省名はいずれも当時）が「国際交流プロジェクト構想」を発表，翌年から「語学指導などを行う外国青年招致事業」（JETプログラム，Japan Exchange and Teaching Program）が開始された。職種は「国際交流員」（CIR＝Coordinator for International Relations）と「外国語指導助手」（ALT＝Assistant Language Teacher）の2種類で，初年度の参加者はアメリカ・イギリス・オーストラリア・ニュージーランドの4カ国からの848名（うち813名が英語指導助手）だった。

それまでの MEF と BETS は発展解消することになったが，これによって大きく変わった点は，従来は文部省からの補助金で実施されていたのが，これからは自治省からの地方交付金による地方公共団体の単独事業として実施することになったことである。これは JET プログラムが英語教育の振興策というよりは，日本の対米貿易黒字が増えすぎたので，貿易摩擦解消策の一環として計画されたためである。そして海外での広報と外国人青年の募集・選考は外務省が行い，外国語指導助手をどう活用するかを指導・助言するのが文部省の仕事ということになった。契約期間は1年だが，希望すればもう1年だけ延長されることもある。これは3省にまたがる国家的プロジェクトで，その規模において明治の御雇外国人に匹敵するものといえる。

　もうひとつの相違点は，MEF は各県に1人か2人だったから教育センターなどに配置して，学校巡回訪問（one shot visit）という一過性の形態をとらざるを得なかった。BETS は学校配置が原則だったが，なにしろ人数が限られていた。JET では量的拡大によって，学校を勤務場所とすることが可能になり，日本人教師と組んで授業をする Team　Teaching（協同授業，Paired Teaching とも）という形式をとるようになった。

　選考は第1次（書類）と第2次（面接）の2段階に分かれる。面接は書類選考をパスした者について，相手国にある日本大使館

国名	応募者数	面接実施者数	新規採用予定数	倍率
アメリカ	2,071名	約1,000	約470	4.4
イギリス	620	約95	約125	5.0
オーストラリア	773	約160	約80	9.7
ニュージーランド	81	約50	約20	5.7
合計	3,545	約1,305	約695	5.1

によって選ばれた選考委員によって行われた。

初年度の応募状況は前ページ表の通りだった。

研修は文部省の担当であるが，来日前の大使館での「面接中の研修」にも力を入れる。来日後は，到着直後に1週間のオリエンテーションと，勤務期間の中頃に「中間期研修」(mid-year conference)を行い，仕事上の諸々の問題点について話し合う。

以上は，発足当初の仕組みで，その後15年間に制度上の変更もあったが，ここでは参加国と参加人数の伸びだけを示しておく。

1988（昭和63）カナダ・アイルランドからの招致開始
　　　　　　　参加国6
1989（平成1）非英語圏（ドイツ・フランス）からの招致開始
　　　　　　　参加国8
　　　　　　　（それまでAETと呼ばれていたのがALTに）
1992（平成4）中国からの招致開始　　　　　参加国9
　　　　　　　当初の目標だった参加者3,000名を達成
1994（平成6）参加国11，参加者4,000名突破
1996（平成8）参加者5,000名を突破
1998（平成10）ALTの対象言語に中国語と韓国語を加える
2000（平成12）参加国39，参加者6,000名を突破
2002（平成14）文部科学省「『英語が使える日本人』の育成構想」で，外国人を正規教員に採用することを提案

12　ALTとJTEによるTeam Teaching

外国語を教える場合に，その言葉を母語とする人，つまりネイティブ・スピーカーをインフォーマント（情報提供者）として活用するのだが，戦時中の米軍での「外国語特別訓練計画」

(ASTP=Army Specialized Training Program) ではアメリカ人教師が教材を提示し，ネイティブ・スピーカーはドリルだけを担当して，別々に教えていた。日本のALTは，教員免許状を持たない者を教壇に立たせるわけにはいかない，日本人教師（JTE）と無関係な存在にはしたくない，コミュニケーション活動を活性化する役割を期待したい，などの理由から，ティーム・ティーチング（JTEとALTによる協同授業，略してTT）の形態をとることになった。

　TTの導入は現場に大きな衝撃を与えた。その最たるものはJTE（Japanese Teacher of English）の不安である。長年太平の眠りをむさぼっていた教室にいよいよ黒船がやって来る！　外国人教師に授業をすべて任せてよいのなら話は簡単だが，一緒に授業をするとなると事前の打合せも必要になる。そのための時間も英語力もJTEには乏しいのが悩みの種だ。日本の英語教育の実情については一通りのオリエンテーションを受けてきたはずだが，なぜこんな教科書を教えなくてはならないのかと反撥する相手をどう説得するか。ALTの役割を理解させるには，英語で授業計画を書いて示さなくてはならないが，それは容易なことではない。

　ALTの方だって千差万別である。外国語を教えるということがどういうことか，十分に理解している人からまったく分かっていない人まで，ピンからキリまでいる。人柄や態度も多種多様だ。月に30万円もらって観光旅行に来たつもりの若者もいる。露骨にそういう態度をされると，JTEのほうも面白くない。上からの押しつけはご免だ，同じ金を使うなら日本人教師を留学させろ，受験指導の邪魔になる，などなど反対の理由には事欠かない。

　しかし，全体としてはJTEもALTもTTに熱心に取り組んだ。JETプログラムの発足当時，文部省で英語の教科調査官としてこれを担当した和田稔は，10年後にALT導入のプラス面と

して次の3つをあげた。

1. 言語活動の確立に大きく寄与した。長年試行錯誤を繰り返していたが, 一気に具体化された。つまり授業が変わった。
2. JTEの英語の発話能力向上に寄与した。研究会などでもALTがいると英語でやるようになり, 英語の先生が英語を使う機会が増えた。
3. 日本と世界の英語教育の接点ができた。ALTが帰国後, 大学院などで日本の英語教育を研究テーマにする, つまり世界的コンテクストで論じられるようになった。

ペリー来航で眠りから覚めた日本が結局は明治の開国を迎えたように, 日本の英語教育ももうここまで来れば後戻りをすることはないだろう。

13 小学校英語の歴史は古い

浅田栄次

1 公立小学校での英語教育

　平成14年（2002）度から「総合的な学習の時間」が設けられて，公立の小学校でも英語を教えることが可能になった。公立小学校で英語を教えるのは歴史始まって以来，とでも言わんばかりの騒ぎようであるが，それはとんでもない誤解である。

　英語といえば一部の附属学校や私立学校を除けば中学校から始めるものと思われてきたための誤解である。たとえ全国一律ではなくても，公立小学校でも明治以来戦後の6・3制の発足直前まで，60年以上にもわたって，英語が教えられてきたという事実はとかく忘れられがちである。何種類もの検定教科書さえあったと聞けば驚く人も多いであろう。もちろん時代時代の風潮によって，はやりすたりがあったこともまた事実である。

　小学校（国民学校）といっても尋常（初等）科と高等科があり，最後まで残ったのは「高等科の英語」である。高等科といえばとかく日陰の存在と見られがちで，しかも年齢的には今の中学校にあたるのだから「小学校の英語」とはいえないのではないか，といわれるかも知れない。それならそれで，戦後の新制中学校の発足とともに始まった義務教育としての英語教育の先取りという観

点からでも,「高等科の英語」はもっと注目されてもよいのではないか。

2 高等小学校の英語

まず,公立小学校の英語科の制度面から見た変遷を,松村幹男,江利川春雄,竹中龍範らの研究によってまとめてみる。

明治17年(1884)11月,文部省達によって「英語の初歩を加うる時は読方,会話,習字,作文等を授くべし」とされた。当時の新聞に「全国小学校に英語科を新設／だが先生からが英語を知らず／といって英語教師を雇えば金が要る！」(『郵便報知』12月12日)といった見出しが見える。英語を奨励した森有礼の文相時代,明治19年(1886) 4月に高等小学校(10～14歳)ができて,そこに英語科(標準週3時間)が設けられたのが「小学校の英語」の制度化の最初である。

しかしながら,教科目に占める英語科(外国語科)の位置はきわめて複雑である。英語科は昭和21年(1946)度の新学制移行まで,常に「加設することを得」る教科であった。その上,明治23年(1890)度から昭和16年(1941)度までは,随意科目としてもよい,とされていた。ただし,明治44年～大正8年(1911-19)度は「商業」の授業の中に組み込まれていた。

「加設科目」というのは,必修科目以外に,土地の情況などによって付加することのできる教科目のことで,学校単位ですべての児童・生徒が履修しなければならない「必設科目」と,全員の必修は義務づけない「随意科目」とがあった。小学校の英語科のどれくらいが必設科目,あるいは随意科目であったかを示す全国的な統計はない。

英語科の加設状況もまた複雑である。明治32年(1899)以前の

加設率状況を示す全国レベルの統計はないが、明治20年代前半には大半の高等小学校で英語が課されていたようである。岡倉由三郎は明治27年（1894）に『教育時論』に連載した「外国語教授新論」の中で、次の4つの理由から、小学校から外国語を学ばせるのは害こそあれ、利はないと主張した。

1. 日本語の習得すら不十分な小学生に外国語を教えるのは弊害が少なくないこと
2. 外国語教授に十分な支出ができないので、不適当な教師しか雇えないこと
3. 小学校だけで終わる生徒が多く、外国語に費やした時間が無駄になること
4. 中学に進む一部の生徒のために随意科として設けても、別途の労力を費やすこととなり、訓育上弊害を生じやすくなること

明治28年（1895）に盛岡高等小学校に入学した石川啄木（明治19年生まれ）は英語を週3時間学んだという記録が残っている。当時は尋常小学校が4年で、啄木はそこを卒業して、10歳で高等小学校に進んだ。明治33年（1900）から昭和15年（1940）度までは統計が残っていて、次ページのグラフが示す通りである。これには市町村立と私立の両方が含まれている。明治40年（1907）からは義務教育の尋常小学校が6年に延長されて、高等小学校はその上の2〜3年ということになったから、これ以後は英語教育の開始時期が啄木の時代より2年遅くなった。この加設率の変化に基づいて江利川はこの期間を3期に分けている。

● 第1期　確立期（明治44年〈1911〉度まで）

明治19年（1886）の高等小学校発足を契機に本格的な段階に入った英語科は、27年（1894）前後には教育勅語が出されて欧化主義が終わると、英語ブームが去って、いったん下火になる。そ

の後また持ち直して、この統計の始まる33年（1900）頃からは加設校数・加設率ともに安定する。明治41年（1908）には文部省著作の初めての小学校用英語教科書（浅田栄次の執筆という）、*The Mombusho English Readers for Elementary Schools* 全3巻が刊行された。この教科書は登場人物の大部分が日本人というのが、当時としては異色である。この本は昭和まで30年以上、ほとんど改訂なしに版を重ね、累計約240万部にも達したといわれる。

当時の『小学校各科教授法』の「英語科」の項にはこうある。

> 今小学校を卒業して小学校以上に進学すべき者の数と、小学校卒業後直ちに実際生活に処して外国人に接する場合多き者の数とを合して、全児童数の十分の七以上に達すれば、この科を課するの必要あるものとすべし。
> （小泉又一・乙竹岩造共編、明治37年初版、同43年改訂）

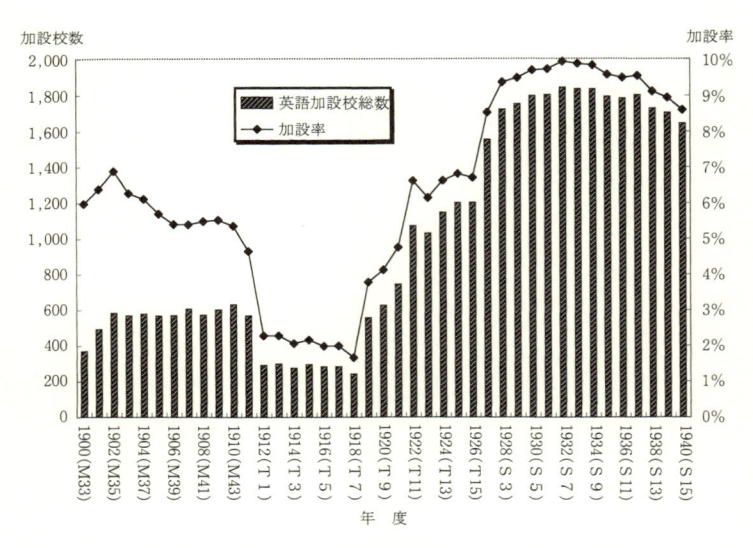

高等小学校における英語の加設率（1900-1940）

●第2期　低迷期(大正元年〈1912〉度から7年〈1918〉度まで)

　第1次世界大戦の時期を含む極端な低迷期。明治45年は大正元年であるが、その年から高等小学校では手工・農業・商業のうち一つが必修加設となり、それに伴って英語は商業の授業に含められることになった。それに対して伊藤長七はこう反論した。

　　　わが小学教育にありては、先年まで土地の事情によりて英語をも課したることあるに拘わらず、例のわが画一なる教育行政の見地より、尋常小学には一切英語を省き、土地の状況をも、子弟の将来をも何も構わず、高等小学に於いて、商業科の一部にこれを課せんとするに至りしが如き、吾輩はかくの如きの画一が、必ず悔いを後年に残すに至るべきを疑わず。児童語学習得能力の発達を究めて、中等教育以上に進むべき児童の前途のためにこれを計るときは、今の尋常5、6学年に於いて、その器械的記憶力と言語模倣力の全盛なるに当りて、外国語を課することの得策なるは多言を要せざるところ、中等教育及び高等教育に於ける外国語教育問題の難しき謎も、恐らくは、庫の一個の鍵によりて解決せらるべきものにはあらざらんか。

　　　　　　　　　　　　　　　　(『現代教育観』同文館、1912)

●第3期　隆盛期(大正8年〈1919〉度から昭和15年〈1940〉度まで)

　大戦の終結とともに国際協調の時代を迎え、大正8年からは再び独立科目となり加設率も急上昇する。小学校の英語の専科正教員の免許状も出されるようになった。昭和2年(1927)に出た脇屋督(神戸・御影師範)の『最新　外国語の学習と教授』(青々書院、6年改訂増補)は小学校の英語教授法に重点を置いている。加設率は昭和7年(1932)度にピークを迎える。それ以後は徐々に減少するが、相対的には依然として高水準を維持している。なお、大正15年(1926)度以降は実業科目が必修化されたために、加設科目のほとんどが英語(外国語)となった。

　1930年代になると加設率はかげりを見せ始める。昭和8年

(1933)度の9.9%をピークに以後は減少傾向に転じ，15年（1940）度には8.6%にまで低下した。昭和14，16年には国定教科書 *The New Monbusyō English Readers for Elementary Schools* 全2巻が新たに刊行された。この教科書は開戦前夜の昭和16年（1941）だけで35万部も発行されている。この数は国民学校高等科の児童数約200万の2割弱である。同一年齢の旧制中学校1，2年生の生徒数が約20万だったのだから，こちらはそれを上回ることになる。

●第4期　激動期（昭和16年〈1941〉度から21年〈1946〉度まで）

　国民学校高等科となり，太平洋戦争の戦時中も英語科は存続した。昭和19年（1944）秋には1冊本の国定教科書『高等科英語』（1・2年生用）が刊行された。戦争が終り，昭和22年（1947）度からは新制中学校の英語へと引き継がれた。（第9章2-2参照）

　以上のような制度のもとで，高等科で教えられた英語にはどのような特徴があったかを，「施行規則」などからまとめてみると次のようになる。

　1．「土地の情況」によって加設する教科
　2．「処世に資する」実用英語
　3．「発音より始める」口頭教授
　4．「簡易なる会話」指向
　5．「近易なる」英語の読解

　つまり週2～3時間で教える「易しい使える英語」を目標としていた。戦後の中学校の英語教育を論じる場合に，とかく戦前の週5～6時間もあった，旧制中学のエリート・コースの英語を基準にして考える人が多いが，以上述べたような高等小学校の英語を参考にして再考してみてはどうであろうか。

3　2つの具体例

　一般の公立小学校ではなく，高等師範の附属と私立小学校という特殊な学校の場合ではあるが，2つの具体例をあげる。

3-1　東京高等師範学校（現・筑波大学）附属小学校の場合

　この小学校は，第12章で述べたM. M. スコットによるわが国最初の師範教育の実験校に起源を持つ古い小学校で，英語科教育の歴史も比較的よく知られているので，取り上げてみる。

(1) **明治時代**

　明治5年（1872）9月に創立された（東京）師範学校は，小学校教員の養成を目的としたので，翌6年1月「師範生徒実地練習の為め」附属小学校を設立した。

　明治5年9月の「小学教則」によれば，小学校を上等と下等に分け，上等小学の教科目の中に「外国語の一二」があったが，実際にどれくらい実施されたかは分からない。附属小学校でも当然英語が教えられたはずだが，その記録はない。明治12年（1879）の「教育令」では，外国語は小学校の教科目からは除かれたが，5年後の明治17年（1884）の「小学校教則綱領」では，土地の情況によって英語を加えることができる，となった。

　面白いことに，附属小学校では，「教育令」で外国語がなくなった12年10月（13年2月ともいう）に，随意科として「上等小学校第6級以上の生徒はその望により英文又は漢文を習学するを得べし」として，各学年に週3回次のような教授内容を定めている。

　　第6学年　　（12歳）　　英語の綴字・読方
　　第7学年　　（13歳）　　英語の読方・文典
　　第8学年　　（14歳）　　英語の読方

ところが，文部省が英語を復活させた明治17年の附属小学校の「教科細目」からは英語は消えてしまっている。21年（1888）になるとまた復活して3年生から週3時間英語を課し，24年（1891）には5，6年生に週5時間も課したという記録がある。

　日清戦争の終った明治28年（1895）には国粋主義の台頭でまた一時廃止されたことがあるらしい。23年に入学して29年に卒業した神保格は，中学に入って初めて英語を学んだ，と言っているから，年度によってかなり違いがあったようである。神保の2年下の学年にはまた英語が教えられたようだ。というのは，明治31年（1898）に附属中学校が外部から生徒を募集することになったときには，その入試に英語を課しているからである。（なお，この附属中学の英語入試は大正10年〈1921〉まで続いた。）

　明治36年（1903）には，高等小学校の第1学年（今の小学5年）から第4学年（今の中学2年）までに，英語の読み方・書き方・綴り方・話し方を週2時間課している。明治31年頃からは，東京高等師範学校及び附属中学校の英語科教官はほとんど全員が，多少とも附属小学校の英語教育に関係した。その中には岡倉由三郎，篠田錦策（きんさく），伊藤長七，神保格などの名前が見出される。

(2)　**大正時代**

　大正4年（1915）には，中学進学組である第1部の5，6年生に対して，週2時間の読み方・書き方・綴り方・話し方が教えられ，第2部の高等小学校でも，1，2年生（今の中学1，2年）に英語が週2時間課されている。大正6年（1917）以降は第1部5，6年生のみに2時間ずつ教授され，それが昭和15年（1940）頃まで続いていた。

　この時期には附属中学の教官が交代で教えに行っている。たとえば，福原麟太郎は大正8-10年附属小学校で教えたが，その時のことは後年の著書『英語を学ぶ人々の為に』（研究社，1946）に

詳しい。佐藤保胤(やすたね)は週3時間の授業を30分6回に分けて教えるという実験を試みた。寺西武夫も週2回第1部の5年生を教えに行った経験がある。

> 「今度,寺西先生がみなさんに英語を教えてくださることになったが,しっかり勉強するんですよ。」みんな口をそろえて「はぁーい」と怒鳴る。私は少々度肝を抜かれた形である。
> 　大抵の生徒は家でもう既に英語を習っていて,予め教科書を教わって来ているらしい。塩谷栄先生(しおや)の教科書だったと記憶している。なかなか活発で,打てばひびくといった調子でよく答える。しかし何かの拍子でちょっと手綱がゆるんだりすると,授業の収拾がつかなくなってしまう。
> 　　　　　　　　　　　　　　　　　(『英語教師の手記』吾妻書房,1963)

(3) 昭和時代

　昭和に入っても附属中学の教官による小学校の英語授業は続いた。その中には村岡博,石橋幸太郎,中山常雄,山辺吉也,加藤市太郎などパーマーの英語教授研究所に関係した人々の名が見える。それは専ら進学組の第1部のことで,第2部は附属小学校主事の佐々木秀一が教えた。第4部の男子高等小学校(今でいう就職コース)では,実用英語を週2時間1,2年生に教えたりしている。このような状態が少なくとも昭和15年(1940)くらいまでは続いた。それ以後,戦時体制のため中断されたのがいつかは,はっきりしない。

　自分でも附属小学校で教えたことのある石黒魯平(ろへい)は,その成果についてはかなり否定的である。

> 　附属小学校第1部では第5,6学年に1週約2時間を課している。その成績において,舌使いの柔軟であることは確かに認められているが,その他の点でいかほどの利益があるか明らかにとらえられてはいない。
> 　　　　　　　　　　　　(『外語教授―原理と方法の研究』開拓社,1930)

(4) 戦後

　昭和21年（1946）3月，アメリカ教育使節団が参観に来る前日，櫻庭信之が附属小学校の専任訓導として英語の授業を再開した。

> 　当時筆者は，附属小学校の第1部，第2部，第3部の4年生以上の児童と高等小学校の第1，第2学年に，全般的に英語を教授した。第4学年には週1時間，第5，第6学年には週2時間で，主として当時のオーラル・メソッドにより，聞き方・話し方中心の授業であった。
> 　　　　　　　　　　　　（『東京教育大学附属小学校　教育百年史』1973）

　これは，北島メリー，師岡愛子，市川愛子，竹田薫子らの協力を得て，昭和30年（1955）3月まで続いた。「なかでも，北島の歌と遊戯をまじえた授業は名人芸ともいうべきもので，小学校英語の本質を示すものとして，多大の貢献をした」と櫻庭は高く評価している。それがなぜ廃止されたのか，櫻庭は5年後にこう書いている。

> 　日本人は熱しやすく冷めやすいと言われているが，ご多分にもれず，東京教育大学附属小学校では，明治以来の伝統をすてて，昭和30年4月以来英語教育を廃止した。佐藤保太郎主事（今の副校長）が退官されてからは，教育の根本方針にも変更があったのであろうが，残念なことであった。実験学校として自他ともに許す同校が英語教育を廃止したことは，全国的にも大きな影響を与えるものであろう。
> 　　　　（「小学校の英語」『新英語教育講座』第5巻，
> 　　　　　研究社，1960年改訂第4版）

　なお，こののち，昭和39年から41年（1964-66）にかけて，東京教育大学文学部に附設された外国語教育研究施設による初等英語教育の実験が，附属小学校の4～6年生を対象に行われた。これは「テープ授業組」（実験群）と「ナマ授業組」（対照群）とを

比較したものだが、結果は前者が後者に比べて優るとも劣らないというものだった。それで昭和42年3月に卒業した児童たちは3年間にわたって延べ60時間英語を学び、39年11月には語学教育研究所の全国大会でその成果を披露したこともあった。

3-2　成城学園初等学校の場合

　成城小学校は大正6年 (1917) に創立されたが、大正11年 (1922) になって米国イリノイ州の模範師範学校からミス・ブリッジス (Miss Bridges) を招き、英語を正課として小学1年から5年までは週2時間、6年生は3時間課すことになった。ただし授業時間は1,2年が30分、3,4年が35分、5,6年が40分であった。これは翌年改められて各学年とも50分ずつ週2時間となった。東京女子大学を出たばかりの天達文子 (1901-65) が助手兼通訳を務めた。

　草創期の英語科の目的は、次のようなものであった。

> 　英語科に於ける第一の願いとするところは、児童がその単純なる模倣性に富めるところにより、最も自然に興味を持って幼少の頃より英語の雰囲気の中に十分にひたらせ、しらずしらずの中に簡単なる言葉に綴られたる音にしたしませそれを彼ら自身発音することにより、口びる、舌、喉頭などを自由になめらかに動かす練習をなさしめ、教師の正しき発音を耳にして直ちに、言い返えさしめて英語をたやすく口にする習慣をつける事、絵、物品、歌その他、目、耳を通して簡単なる日常の語を学び、三年以上には、教科書を用い、単純なお話を読ませ、その中の語より会話をなし又劇のように作りなおして対話をも試みている。要するに、小学校における英語は読み書きよりも、耳を通して大人にても会得し得ざる空気に慣れさせる事にある。
>
> 　　　　　　　　　　（小原國芳編『成城小学校』1929）

このような理想の下に、ブリッジスを中心に、*Natural Method for English Teaching* を教科書に、直接教授法による指導がなされた。低学年の児童には、最近の Total Physical Response と同じように、英語で指示を与えて動作で反応させ、高学年の児童にはさらにフォニックス（phonics）という方法で発音を指導している。

このブリッジスを中心とした「牛込時代」(1922-29) に対して、それに続く「砧（現・成城学園）時代」は、時勢の影響を受けてか、当初各学年40分ずつの週2時間であったのが、昭和13年 (1938) には4年生以上に週1時間を課すだけとなり、昭和16年から20年 (1941-5) にかけては英語教育を中止している。

この時代の指導法も直接教授法で、低学年においては（中略）絵、物品、歌その他、耳を通して簡単なる日常の語を学び、3年以上には教科書を用いて単純な話を読ませ、その中の語から会話をし、また劇のように作りなおして対話も試みたりして、口頭訓練を重視している。

そして、戦後は昭和22年 (1947) 度から実施された成城学園初等学校の新教育課程では英語は1年から6年まで週1時間課すことになった。その後カリキュラムの改訂により、昭和34年 (1959) からは1年生には英語を課さず、昭和50年 (1975) 以降は4年生以上に週1時間を課すことになった。

4 私立小学校での実態

昭和30年代に入ると小学校での英語教育はむしろ縮小の傾向が見られる。その中で私立小学校でどのくらい行われていたかの調査結果がいくつか残っているので、それをまとめておく。昭和32年 (1957) に広島大学教育学部英語教育研究室が行った実態調査

によると，実施校は全国で僅かに36校だけで，分布を見ると東京都22校，神奈川県13校，名古屋市1校となっている。ただし1年から6年まで全学年で教えているところが21校と，過半数を占めているのが注目される（『英語教育研究』第1号，1958）。昭和38年（1963）には語学教育研究所の研究大会で，中尾清秋，野上三枝子らを中心に初めて小学校部会が開かれた。

　昭和52年（1977）の野上らの調査によると，国立で正課として課しているのは愛知教育大学附属岡崎小学校ただ1校であった。私立で109校。開始年度が記入されていたのは82校で，創立当初からというのが慶応義塾と学習院。戦前からというのが18校で，64校は戦後になって始めている。地方別では関東54（うち東京が22），北海道・東北・中部が13，関西28，中国・四国・九州・沖縄が14校である。英語教師総数199名のうち，145名が日本人で，54名が英語を母語とする教師。10年後の昭和62年（1987）には113校の私立（うち3校はクラブ活動としてのみ）と国立3校（うち2校はクラブ活動）が記録されている。これが5年後には126校（全私立小学校の84.2％）となる。

　昭和53年（1978）には日本児童英語振興協会（JAPEC）が雑誌『児童英語教育』（-1981）を創刊，55年（1980）からは「全国統一児童英語技能検定試験」も実施した。同じく55年「日本児童英語教育学会」（JASTEC）が結成された。昭和62年（1987）には『児童英語21』（杏文堂，-1989）が創刊された。

　平成4年（1992），文部省は公立小学校への英語教育導入の可能性を探るため，大阪市の2小学校を研究開発校に指定した。この指定は以後8年間に全都道府県の63校に拡張された。平成6年（1994）には日本英語検定協会（STEP）が「児童英検」を始め，7年にはJASTECが「小学校から英語教育を！」というアピールを出した。その頃300万人の児童が英語塾に通っているといわ

れた。韓国では1997年から小学校に英語が本格的に導入された。

5　公立小学校への英語の再導入

　平成10年（1998）改定の小学校学習指導要領では，平成14年（2002）度から実施の「総合的な学習の時間」の中で，児童に外国語（英会話）等に親しませる機会を与えることができるようになった。これは英語を教科として教えるというのではなく，国際理解教育の一環としての英語活動で，「歌やゲームをしながら，楽しく英語にふれさせ，日本語とは異なる『ことば』を使いながら，慣れ親しませる」という方向が示されている。

　これは私立小学校での教科としての英語教育とは本質的に異なるが，これに似た試みはすでにいくつか先例がある。成田空港開港を機に始まった千葉県の英語クラブ活動，横浜市の国際理解教室などがそれである。横浜のそれは毎週1回外国人講師（JETプログラムのALT）がやってきて，学級担任と一緒にする授業である。昭和62年（1987）5校で始まったのが，12年後には全市立小学校348校で実施されるようになった。

　文部科学省の調査によると，「総合的な学習の時間」導入の初年度（2002）には68.9％の学校が「国際理解」の授業を実施しており，その内「英会話」は全国で約12,000校（福岡県では全小学校の9割にものぼる），3年生から6年生の51〜56％で実施している。年間授業時数としては11時間（月1回）以下が約65％となっている。平成20年度改訂で小学校5，6年生に週1時間の英語（外国語活動）が必修となり，翌年には文科省作成の教材『英語ノート』が公表された。

14 英語教師が読む雑誌

喜安璡太郎

1 明治・大正の代表的英語雑誌

　明治時代には，英語でする学問全体を「英学」と呼んだ。英語教師は「英学者」，英語学習者は「英学生」である。雑誌も，英語関係のことならなんでも載せる「英学雑誌」だった。それが時代が下るにつれて次第に専門分化してくる。

　明治17年（1884）9月に出た『洋学独（ひとり）案内誌—*English and German*』（山田藤吉郎，明教社）というのが英語学習雑誌の最初らしい。当時流行のリーダーの訳注を連載した，月刊の自習書のようなもので，全40ページのうち16ページが「独逸学之部」だった。翌年11月には『英文学生学術雑誌—*The Student*』が創刊された。広告以外はすべて英文で，日本語もローマ字で綴られていた。英文学や英文法関係の記事のほかに日本文学や支那文学の英訳も載せた。これを「英語雑誌の嚆（こう）矢」という人もいるが，2年で廃刊になった。明治25年（1892）から10年続いた増田藤之助（1865-1942）の『日本英学新誌』は明治中期を代表する英語雑誌。月2回発行で高度な英語英文学研究誌として世評が高かったが，今から見ると雑誌というよりは講義録に近い。

　明治30年代に入ると英語雑誌が乱立するようになり，明治の末

までに出たものを合計すると60誌近くになる。その中で21世紀の現在まで生き残っているのは『英語青年』ただ1誌である。これは前年に創刊された『ジャパン・タイムス』の切抜きを集めて，学生版として明治31年（1898）4月に創刊されたもの。全文英文で，最初は単に『青年—*The Rising Generation*』といった。明治38年（1905）喜安璡太郎（しんたろう）（1876-1955）が経営・編集にあたるようになると面目を一新した。大正時代には文学作品の訳注全盛（1950年代まで）となり，読者対象も学生から教師，教師から専門学者へとレベルをあげていった。昭和になると論文中心で「英文学界の官報的存在」といわれるまでに成長する。戦時下の昭和19年（1944）まで40年も喜安が編集にあたり，そこで『英語研究』と合併して発行所を研究社に移した。現存最古の歴史を誇る雑誌で，先ごろ創刊100周年記念号を出した。（2009年からウェブ版に）。

『英語研究』は明治41年（1908）に研究社（当初は「英語研究社」といった）の最初の雑誌として創刊された。初めは『初等英語研究』といい中学2，3年程度の学習誌だったが，受験色を強めたり，英文学の紹介記事が増えたり，時事英語中心になったりしたのち，戦中戦後の休刊をはさんで，復刊後は再び文学中心に戻って昭和50年（1975）まで続いた。

大正時代は英語ジャーナリズムの全盛期で，当時の代表的な雑誌としては『中外英字』，『英語青年』，『英語の日本』の3誌があげられる。『中外英字』は磯辺弥一郎（1861-1931）が開いた国民英学会という学校の機関誌『中外英字新聞研究録』として明治27年（1894）に創刊され，英語雑誌界の王者として君臨した。途中なんども誌名を変えたが最後は『中外英語』となり，32ページが12ページまで減り，関東大震災の年（1923）第30巻第9号で廃刊になった。専門と実用と受験とを兼ねた総合誌で，磯辺がほとんど独力で編集にあたり，そのゴシップ欄が呼び物だった。明治41

年(1908)創刊の英語学習雑誌『英語の日本』は斎藤秀三郎の正則英語学校の準機関誌で,佐川春水(1878-1968)が主筆で,彼の連載「滑稽誤訳集」が評判だったが,大正6年(1917)に,第一次世界大戦による物価高のため,10年で終刊となった。

これらの代表的な雑誌は総目録や復刻版も出ているし,めぼしい雑誌すべてについては『目次総覧』という便利なものもあるので,その内容を調べることができる。ここでは以下,英語教育の専門誌だけを取り上げることにする。

2 最初の英語教育専門誌『英語教授』(1906-17)

第12章で述べた YMCA Teachers 第2期の人々が中心になって,明治39年(1906)の夏,仙台近くの菖蒲田で外国人教師たちの大会が開かれ,話し合いの結果,英語教師のための雑誌を発行することになった。経費は YMCA が中心になって外国人の教師から募った。こうして同年12月に創刊されたのが『英語教授 ― The English Teachers' Magazine』(教文館,のち秀英社発行)である。編集主任は広島高等師範のP. A. Smith で東京のE. J. Allen が発行人,杉森此馬,高杉滝蔵,渡辺半次郎,Frank Müller らが協力することになった。

全文英文で年3回,創刊号は僅か16ページだったが,やがて50ページ前後になる。第2巻から熊本謙二郎,岡倉由三郎,永野武一郎(のち石川林四郎,塩谷栄,神保格,津田梅子,A. C. Hartshorne ら)が編集に参加し,W. E. L. Sweet が発行人。年5回になり,日本語の記事も載せるようになる。大正6年(1917)12月の第10巻第5号まで,全51冊が出た。

主な記事を拾ってみると,第1巻にはE. P. Hughes: The Teaching of English to Japanese in Japan や Question Box(の

ちthe がつく）欄が，第2巻に長岡擴「中学英語教授改良私見」，伊藤長七「小学校に於ける英語科」，片山寛「単語の教授に就いて」など，第3巻には上條辰蔵「中学校に於ける英語教授並びに一般の英語学習に就て」，篠田錦策「英習字の教授に就て」，渡辺「津田梅子女史訪問記」など，第4巻には杢田與惣之助：How to Learn English など，第5巻の神保「英語読本の講義を生徒に持たする教授法研究」は虎の巻公認論，第6巻にはそれに対する篠田の反論，杉村一枝「東京府立第一中学校英語科」などがある。第8巻にはA. C. Hartshorne: First Year Work，村田祐治「直読直解」，石川「読本中の韻文に就いて」，第9巻にはP. A. Smith: Thinking in English，野上源造「復習練習の必要に就いて」，第10巻には岡倉「風物知識の必要」，塩谷「中学校の英作文に就いて」などの記事がある。大正2-5年（1913-16）に3回わたって開かれた「英語教員大会」の記録（第6-9巻）も貴重なものである。

3 英語教授研究所の『ザ・ブレティン』(1923-41)

　大正11年（1922）ハロルド・E・パーマーは「良い英語を正しい方法」で広めるために来日した。来日後1年間日本の英語教育の実情をつぶさに観察した後，12年（1923）5月に英語教授研究所（*IRET = the Institute for Research in English Teaching*，現・語学教育研究所）を設立し自ら所長となって，オーラル・メソッドを広める拠点とした。会員を募集したところ，国内だけでなく，欧米はもちろんインド，トルコ，アフリカなどからも申し込みがあり，内外で458名もの入会があった。そして彼の英語教授法に関する考えや方法論，研究所の調査研究の成果などの発表の場として，年10回の所報『ブレティン』（*The Bulletin of the Insti-*

tute for Research in English Teaching）を発行することになった。

　6月に第1号，7月に第2号を出したところで，関東大震災が起こったので，10月15日に改めて新シリーズの第1号を出すことになった。100号（1939年1月）までは菊倍判4ページ，それ以後は菊判24～32ページに表紙がついた。この機関誌には初めはもっぱらパーマーが，帰国後の123号（1936年4月）からは後継者のホーンビーが，ほとんど毎号執筆した。またイェスペルセン，ブルームフィールド，サピアなど海外の著名な言語学者や英語学者の論文を再録，あるいは寄稿している。したがってこの雑誌は，日本の英語教育だけでなく，当時まだ揺籃期にあった「外国人のための英語教育」に関する研究の発展過程を知るのにも役立つ。当初はすべて英文で，国内よりはむしろ海外から会員になった学者や教師たちによく読まれた。

　昭和4年（1929）の研究所の大会で，英文ばかりだった『ブレティン』に邦文欄（Japanese Column）を設けようという動議が出されて，「新英語教育」というタイトルで翌年3月の第62号からスタートした。その「欄頭言」にはこうある。

　　　英語は英語のまま味うに如くはないように，日本の感情は邦文を以てするに優るものはない。本欄の目的はこのBulletinの英文と同じく，教授法及びその教材の討究にあるが，新しき使命は邦文を通じて一層親しく，会員及び会員外の同志に訴えることにある。

　戦争が始まると内務当局から誌名の変更と英文記事掲載の取り止めを命じられた。昭和16年（1941）12月 *The Bulletin* 最後の179号を発行，昭和17年（1942）に研究所が「語学教育研究所」と改称されたのに伴って，機関誌も2月発行の180号（号数は通

算, A5判, 34ページ) から『語学教育』と改題, 内容も和文中心になった。戦争中は発行回数も次第に減ったがどうやら生き延びて, 戦後の昭和22年 (1947) 12月には200号を出すことができた。昭和48年 (1973) 1月301号で終刊, 50年続いたことになる。

なお, 合本復刻版 (名著普及会, 1985) の別巻には福島プランの英文報告書をはじめ37点にのぼるパンフレット, リーフレット, 付録の類も集められている。

4 東京文理大の『英語の研究と教授』(1932-47)

東京文理科大学が第1回の卒業生を出した昭和7年 (1932) の4月に創刊された。英語のタイトルを *The Study and Teaching of English* という。「英語教育研究会編輯」となっていて, 文理大・高等師範・附属の英語教官による卒業生のための機関誌で, 明治・大正の『英語教授』の後継誌といってもよい。主幹は主任教授の石川林四郎 (のち神保格, 青木常雄)。石川は「発刊の趣旨」の中でこう述べている。

> 英語学の研究を深く掘り下げていくには, 活用し得る英語の地盤が狭くてはならない。英文学の識見を高く築き上げるには英語の基礎が弱くてはならない。英語を教えようとする者に必要な正確な言語意識をもって英語英文学の研究を進め, その研究の間に, いわゆる英語の力を養うことが本誌の主眼である。(中略) 個々の記事は興味ある読物であると共に一つの体系の部分となって, 1年あるいは2, 3年の間に, 英語の宝典または英語学英文学中それぞれの部門の概観となる計画である。

というわけで, 連続講義や特別講座が多いのが特色である。卒業生たちは恩師の授業を引き続き受けているような気分でこれらの記事を読んだことであろう。最初の数号は福原麟太郎と寺西武

夫が編集にあたり，後は文理大の成田成寿，黒田巍(たかし)ら助手，副手たちが担当した。発行所は1年目だけ研究社で，2年目からは興文社。最初16ページ，のち30ページ前後。2年目から菊判を横に広くしたノート判になったが，第8巻（1939）からB5判に戻った。

　掲載内容は英文学関係が福原，成田，英語学が大塚高信，黒田，英語教授法理論は神保，英国風物が飯島東太郎（表紙に写真を載せたイギリスの王様列伝を連載），篠田錦策（Education in England），注釈が渡辺半次郎，学校参観記（福島中学はこれで有名になった）が青木，寺西，佐藤正治，英作文講座がA. F. Thomasなど英語科スタッフを総動員しての執筆である。色刷りの絵を付録につけた石川の「ホガースの版画解説」は18世紀英文学の背景研究ともいうべきもので，彼の精緻な学風をよく示している。古い卒業生の回顧録を載せるのも特色の一つで，今では貴重な英語教育史の資料になっている。高師の入試問題や教員検定の試験問題も毎年講評つきで載せている。

　戦時下の雑誌統制のために昭和16年（1941）9月の第10巻第6号でいったん休刊，戦後は昭和21年（1946）6月に復刊，第11巻

『英語の研究と教授』（1935年12月号）
肖像はドクター・ジョンソン

第1号だけが地平社で第2号から愛育社発行となり，22年の9月第12巻第6号で廃刊（ここまでの全126冊が「本の友社」から合本復刻されている）。昭和23年（1948）10月，第13巻からは『英語・教育と教養』(*The English Review*) と改題，福原麟太郎主幹，金子書房発行なる。24年9月から『英語教育』（第14巻第5号）と改題され，25年4月の第15巻第1号まで出た。2年後同じタイトルで研究社から再出発することになる。

5　『英語教育』(1952-　)

　敗戦日本の占領がやっと終って独立を回復した月，昭和27年（1952）4月に東京教育大学英語教育研究会編集，研究社発行で創刊された。創刊号は全30ページ定価40円で，特別な表紙がなくて，いきなり第1ページに題字と目次，それに福原麟太郎主幹の「刊行のことば」が載っている。2代目主幹となった石橋幸太郎は「編集後記」で『英語教授』と『英語の研究と教授』にふれたのち，「今度出す『英語教育』*The English Teachers' Magazine* はこれら2つの雑誌と因縁をもっている。前者からはその英語の誌名を借り，後者とは実質的に直接的のつながりを持つ。さらにまた，これは雑誌ではないが，岡倉由三郎著『英語教育』（明治44年）とは単に題名を同じくするばかりでなく，精神的な血のつながりがあることは争えない。本誌の表題はその本の背文字を写させてもらった」と書いている。

　やがて10月号からは表紙が別について，表題も印刷活字になり，巻頭言は中に入った。編集は当初助手の仕事だったが，3年後に発行所が現在の大修館書店に移ると同時に，清水克祐が専任の編集担当者となった。（のち鵜沢敏明，河合久子，池田惠一らが担当。）昭和36年（1961）4月の「創刊10周年記念特大号」（84ページ）か

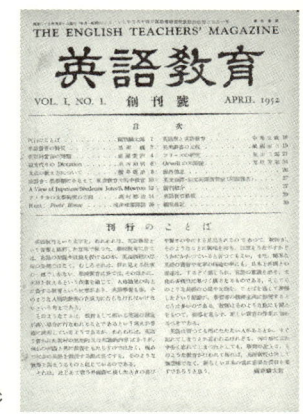

『英語教育』創刊号第1ページ

らは，それまで表紙に刷っていた目次を中に移し，きれいな図案，絵画，写真などが順次表紙を飾るようになった。やがて昭和43年（1968）から毎号100ページと，現在と同じ厚さになる。昭和47年（1972）からは背中が平らな「平綴じ」になり，以後は毎号特集を組むことになる。

　この雑誌の最大の呼び物は『英語教授』にもあった"Question Box"で，28年（1953）の4月に始まった。この欄の育ての親，宮田幸一の登場は6月号からで，分詞構文に関する質疑への解答に「K. M.」と署名している。当初は単なる質疑応答欄で，解答者も不特定だったのが，自分で集めた2万枚を越える用例カードに基づいて，微に入り細を穿った宮田流の解答ぶりが好評を博したので，12月号では覆面を脱いで「文法の質疑に答えて」と題する「Q. B.の楽屋話」を書いた。昭和40年（1965）3月で宮田は引退，その解説は『教壇の英文法』（研究社，1961）にまとめられている（第2章6も参照）。その後もQ. B.は渡辺藤一（筆名・登士），小西友七などを中心に続けられ，最近ではネイティブも担当するようになったり，アンケートやコーパスが活用され

第14章　英語教師が読む雑誌 ── 255

るなど,ずいぶんと様変わりしてきている。

　半世紀の歴史の中での一番大きな変化は,東京教育大学の廃学(1978)によって英文科の長老教授が主幹になるという慣例もなくなり,その後は「大塚英語教育研究会」が編集名義人になっていたが,それも昭和57年(1982)からは消えて,一段と教育大色が薄れたことである。それと同時に,英語教育学,応用言語学が隆盛になるにつれて,英文学・英語学関係の記事が次第に減った。『英語教育』は他誌と比べると『研究と教授』以来の伝統もあって,風物知識などにも力を入れているほうではあるが,最近は明日の授業に直接役に立つような記事が目立つようになった。執筆者リストを見ても,昭和40年代までは吉田正俊,櫻庭信之,外山滋比古,鳥居次好,伊藤健三,小笠原林樹,田崎清忠などが目立つが,50年代以降になると小川芳男,垣田直巳,羽鳥博愛,若林俊輔,中村敬,松畑煕一,朝尾幸次郎などが多くなる。

　2002年に創刊50周年記念別冊『英語教育Fifty』を出したが,それには総目録のCD-ROMがついていて,50年間の記事がタイトルと執筆者名から検索できるようになっている。(詳しくは,同誌(2001-3)に連載された伊村元道「『英語教育』50年―バックナンバー再読」を参照)

6　『現代英語教育』(1964-99)

　昭和39年(1964),研究社は「現代英語教育講座」(全12巻)の刊行を機に,初等英語雑誌を休刊にして,『現代英語教育』(*Modern English Teaching*)の創刊に踏み切った。創刊当時の編集長は小出二郎,このあと,奥和郎,後藤典彦,村上英生,里見文雄,浜松義昭,杉本義則,津田正,柳沼豊が順次編集を担当した。『英語教育』の編集担当者はいつも複数で,書籍の編集を兼

ねたが，研究社では「主筆」独りで編集し４，５年で交代する慣わしだった。

　創刊号で比べると，大修館が表紙がカラー写真で全76ページなのに対して，研究社は表紙は１色刷りで60ページ。そこで小出は文学語学よりも教材研究など英語教育そのものに集中，「ふだん着の授業拝見」や地方の人物記などで現場と密着し，どのページどの行にも情報を盛り込んだ。特集テーマで比較してみよう。大修館が４月号から順に「シェイクスピア」，「ラフカディオ・ハーン」，「海外の英語教育事情」，「高校・大学入試問題」なのに対して，研究社では「新指導技術の再吟味」，「文型指導再考」，「関係詞の理解と教授」，「英語学習の動機付け」を特集している。

　しかし，２冊目を購読しようとする英語科や個人読者は多くはなかった。後藤は従来の無難な啓蒙記事よりも，ポレミックな論客を発掘して，問題提起型のオピニオン誌にしようと努めた。「教える側の英語力」，「建前と本音の間」，「私塾と学校の英語教育」，「指導要領とわたし」などをテーマにした。昭和50年代の特集記事の寄稿者ベスト10をあげてみると，若林俊輔，羽鳥博愛，斎藤栄二，隈部直光，斎藤誠毅，名和雄次郎，森永誠，中村敬，伊村元道，遠藤八郎。

　津田も英語教育雑誌の限界に挑むかのような企画を次々に立てた。「目で見る英語教育」，「英語教育探偵団」，「英語教育界の隠れた主役たち」，「あかるい学級新聞」など同じ話題でも料理のしかたに工夫をこらした。これらのユニークな企画は，多くの矛盾をはらんだ営みである英語教育の有り様をどうしたら誌上に反映することができるか，よくよく考えた結果の仕掛けだったのであろう。90年代後半からは予備校講師の起用が目立ったのも，本当の英語教育は今や予備校にしかないという洞察からだろうか。７年にわたる奮闘も空しく，主筆交代の翌年，あえなく休刊に追い

込まれた。

　平成11年（1999）3月に35周年記念の「特大最終号——永久保存版」を出して休刊した。最後の特集は「21世紀英語教育への遺言」で，65人がそれぞれ宛名のある遺言を書いている。「明日の授業にすぐ役立つアイディアを！」という先生が多いが，「私は小誌をハウツー雑誌ではなく，『こんな問題について考えてみませんか』という問題提起と意見交換の場，いわば『あさっての授業に役立つ』雑誌にしたいと考えてきました。それが果たせなかったことが今は心残りです」と柳沼は最後の編集後記に書いた。

7　『英語教育ジャーナル』（1980-82）

　昭和55年（1980）に編集主幹若林俊輔（1931-2002）によって創刊されたもので，発行は三省堂だが，編集作業は遠藤八郎の主宰する国際教育協議会の協力で，会社とは別にオフィスとスタッフを持って仕事をした。若林の個性が色濃く反映した雑誌だったが，2年半で早々と幕を下ろした。若林は後にこう述懐した。

　　　この雑誌は売れなかった。なぜ売れなかったか。理由はある程度わかっている。たとえば，毎月の特集記事のタイトルである。どうやら，その時の英語教育界はこういった問題に関心を寄せなければならない，といった私自身の思い込みが，この雑誌を作らせたのである。これでは売れない。申し訳なかった（といっても，それほど後悔しているわけではないが）。（中略）
　　　そもそも，英語教師集団構成メンバーの多くは，こういった，政治・政策とのかかわりを好まない（らしい）。この雑誌の編集を続けた2年半の間にも，私自身，英語教育界の大先輩の数人から，「もっと紳士的にやるべきだ」とか「政治に首を突っ込まない方がいい」という忠告を受けた記憶がある。
　　　　　　　　　　（『私家版英語教育ジャーナル―退官記念論文集』1995）

ここでふれている特集は昭和56年（1981）1月号の各政党の文教委員に聞いて歩いた「80年代の英語教育政策を問う」のことで，これについて津田正はこう書いている。

> 　政党などに文教政策，しかも英語教育などという個別の問題を聞こうなどと私ならハナから思わない。そんなもの，あるわけないだろう，という無力感が先に立ってしまうからだ。若林先生は違う。いや，先生とて，政党から英語教育への明確なビジョンなど引き出せるとは期待していなかったと思う。しかし政党であるからには英語教育についてもきちんとした政策を持っていて欲しいし，もしいま持っていなくても，このインタビューを機会に考えるようになって欲しい，そう若林先生は考えたに違いない。そういう強引さこそ，先生の先生たる所以であったし，私がうらやましいと思った点であった。（中略）
> 　私が先生の雑誌に学んだのは，売れる雑誌の作り方ではない。私が真似したいと願ったのは，対象へ向かう編集者の「姿勢」，つまり，人が人に向かって働きかけ，相手が変わるかもしれないことを真っ直ぐに信じる姿勢であった。
> 　　　　　　　　　　　　　　　（『語研ジャーナル』創刊号，2002）

　こうした編集者たちは，英語教師が大部分を占めるその読者像をつかみあぐねて，四苦八苦してきた。最近では授業にすぐ役立つ記事しか読まれないというが，それでいいのだろうか。この他にも数多くの雑誌が発刊されては消えていったが，ここでは現在も出ている3誌だけをあげておく。

『新英語教育』（三友社，1959- ）

　昭和34年（1859），日教組系の英語教師の集団として結成された新英語教育研究会の機関誌として創刊された。当初季刊，隔月刊だったが，昭和52年（1977）からは月刊となり一般読者をも対象とするようになって，今では400号に迫る。

『**英語展望**』（大修館書店，学研，英語教育協議会，1961- ）

創刊当初は *ELEC Bulletin* という題だったが，昭和45年（1970）の第29号から『英語展望』と改題されて，今日に及んでいる。最初季刊だったのが，90年代になると年1回になってしまった。2002年夏号で110号を数える。

『English Journal』（アルク，1971- ）

英語学習誌に新機軸をもたらした雑誌で，この雑誌の企画した「1,000時間ヒアリング・マラソン」は量を聞かせるという点で画期的だった。

15 日本人にとって「英語」とは

森 有礼

1 日本人にとって英語とはなんだったのか

　英語教育史の本を見ると，たいてい「英語存廃論」というのに1章が割かれている。これはどういう論かというと，大正の初めと終わり，そして昭和戦前にも，「中学校の教科から英語科をはずせ」という主張が論壇を賑わせた，その議論，論争を指す。個人が英語を学ぶことまで反対するわけではないので，厳密にいうと「英語科存廃論」あるいは「英語教育廃止論」というべきものである。「存」は「存置」，「廃」は「廃止」の略で，「時間数を縮小せよ」というのもあったので，「縮廃論」と呼ぶ人もいる。これらに対する英語教育界からの反論はまた「英語教育目的論」にもなる。

　ところがよく調べてみると，英語教育重視に対する疑問は，早くも明治前半から出ていたし，その後も，戦争中は別としても，戦後も英語教育に対する批判はなんども間歇的に噴出している。「平泉・渡部論争」（1975）しかり，「英語第二公用語化論」（2000）しかり。考えてみれば，明治以来日本の英語教育の歴史は，英語ブームとその反動としての英語無用論の繰り返しだった。それはまた日本近代史におけるナショナリズムとインター・ナショナリ

ズムの交代とも連動している。

そこで本書の締めくくりとして、このテーマを少し広げて、近代日本人にとって英語とは何だったのか、という視点からこの問題を振りかえってみることにしたい。なお、以下で引用する発言の全文は、川澄哲夫編『英語教育論争史』という千ページにも及ぶ部厚い資料集で読むことができる。

2 翻訳で足りるか——幕末の福沢・村田論争（1859）

福沢諭吉の安政6年（1859）の蘭学から英学への転向は『福翁自伝』でよく引用される個所だが、ここではそのもう少し先の部分から引用したい。福沢が長年学んだオランダ語を捨てて、英語学習を始めることを決意し、その仲間を見つけようとしているところである。

> 番町の村田蔵六［後の大村益次郎］の所に行って勧めたところが、これはどうしてもやらぬという考えで、「無益なことをするな。僕はそんな物は読まぬ。いらざることだ。何もそんな困難な英書を、辛苦して読むがものはないじゃないか。必要な書は皆オランダ人が翻訳するから、その翻訳書を読めばソレで沢山じゃないか」と言う。「なるほどそれも一説だが、けれどもオランダ人が何もかも一々翻訳するものじゃない。僕は先頃横浜に行って呆れてしまった。この塩梅ではとても蘭学は役に立たぬ。是非英書を読まなくてはならぬではないか」と勧むれども、村田はなかなか同意せず、「イヤ読まぬ。僕は一切読まぬ。やるなら君たちはやり給え。僕は必要があれば蘭人の翻訳したのを読むから構わぬ」と威張っている。
>
> （『福翁自伝』「英学の友を求む」）

ここに見られる村田の考え方は、そのまま遠く大正・昭和の英語存廃論の中に出てくる「翻訳院（あるいは翻訳局）設置」の考

え方に通じるものである。現に，明治5年（1872）には太政官の正院に「翻訳局」が設置されたことがあった。現代は当時よりもっと多くの翻訳書が巷にあふれている。「翻訳があるから，英語なんかやる必要はない」という声に，英語教師はどう答えるか。

3　森有礼の英語国語化論（1872）

　明治5年（1872），時の駐米代理公使森有礼（もりありのり）（1847-89）は日本語廃止・英語国語化論を唱えて，アメリカの言語学者にたしなめられた，ということになっている。森の議論はそれほど単純なものではなく，よく読めば，日本語改良論でもあり，同時にまた英語改良論でさえあったことがわかるが，この際はそれは参考文献にあげたイ・ヨンスクや小林敏宏らの論文に任せることにする。取り敢えず当時世間が誤解したように「不完全な日本語では文明開化は無理だから，いっそ英語を日本の国語にしてしまおう」という主張だとすると，これは21世紀日本の英語公用語化論と似ている。なにしろ井上ひさしの『国語元年』（1985）によると，「国語」（共通口語）制定の動きが始まったのは明治7年（1874）からだというから，これはそれよりもっと前の話である。

　もしも，この森の提言が，当時はまだけっこう開明的だった明治政府に採用されて，実現してしまったとしたら，今の日本はどうなっていたであろうか。みんな英語がぺらぺらで，かえって良かった，などと言えるかどうか。実際には，森の日本語廃止論は第12章に登場したモルレーの「国語を保存するは国民性（ナショナリティー）を保存する所以なり」という見解によって否定され，漢字語を増やすことによって日本語を鍛え直そうという努力のほうが強く働いた。その結果，日本語は西洋文明を翻訳するに耐える言語として今日まで成長してきたのである。

4　井上毅は英語力低下の元凶？（1896）

　夏目漱石の「語学養成法」は第6章でも引用したが，その中の「語学の力が衰えた原因」という項にこうある。

　　　余の見るところでは過去の日本に於いてもっとも著しく人工的に英語の力の衰えしめた原因がある。それは確か故井上毅氏が文相時代の事であったと思うが，英語の教授以外には，出来るだけ日本語を用いて，日本の language に重きを措かしむると同時に，国語漢文を復興せしめた事がある。

　　　　　　　　　　　　　　　　　　　　　　　　（「語学養成法」）

　この漱石の文章のせいで，井上は英語教育史上ではすっかり悪役にされてしまった。井上毅（1844-95）の文相在任期間は明治26年（1893）3月から翌27年8月までで，在任中の27年3月に改正された中学校の「学科及びその程度」では，確かに第二外国語が廃止され，国語漢文の時間が5時間から7時間に増加している。

　井上は憲法制定や教育勅語の起草にも参加した有能な官僚で，10年以上も前の明治14年（1881）の政変の際にも，敗れて下野した民権派の大隈重信や福沢諭吉がイギリス指向であったのに対して，国権派の立場から近代国家日本のモデルはドイツにこそ求めるべきだとした。東京大学の加藤弘之と結んで，ドイツ語重視策を推進するなど，英語教師からは目の敵にされても仕方のない面もあった。

　この時，大隈の作った東京専門学校（現・早稲田大学）に対抗して，井上が政府から多額の助成金を出させて創設した私立学校が，独逸学協会学校（現・独協学園）だった。井上はまた上申書の中で，自由民権論をもたらす英仏学に対抗するためには，忠愛恭順の道を教える漢学を振興すべきである，とも述べている。国

語尊重の理由に関しては井上はこう言う。

> 文明国はその言語文章を尊重し、これを普通教育の首位に置いて、これに最長の時間を与えて学習させる。国語の発達をはかるのは、復古ではなく進歩である。而して国語は学術界の思想に応ずるために、広く材料を漢文漢学に取るのみならず、欧州の論理法に採って、文明の進歩と随伴すべきである。

漱石の文章をよく読むと、国家の独立は英語の知識くらいと交換できるはずもないのだから、井上のとった政策は日本の教育が進んだ結果として当然のこと、と容認している。その上で、そういう政策を取れば将来語学の力の衰えるのは最初から予想されたはずのことで、今日（と漱石がいうのは17年後）に到って教え方が悪いとか、時間が足りないとか言い出すのはおかしなことである、とも言っている。

大学教育についても同じで、日本は明治の早い時期に教授用語を日本語に切り替えるのに成功したが、21世紀になるとまた英語で講義すべきだという声が出る。世界には自国語で高等教育のできない国も少なくないが、果たして、どちらがよかったのか。

5 受験英語の発生（1903）

明治も後半になって日本の近代化が一通り完成してしまうと、英学は初期の役割を終える。英語はもはや文明開化の手段でもなければ、高等教育を受けるための不可欠の資格でもなくなる。それでもなお「英数国漢」などといって英語科が主要科目のひとつであり続けたのは、また別の目標が生まれたからである。

いったん目標を喪失した英語教育が見つけた新しい目標、それは「受験英語」（第10章参照）であった。その具体的な時期を川澄

哲夫は，受験参考書の第1号とされる南日恒太郎の『難問分類英文詳解』（第10章3-1参照）が刊行された明治36年（1903）6月だとする。そして「これが英語教育の性格をゆがめ，病的なものにしていった」と非難する。

　明治初期の，「これからの世の中英語ぐらい知らないと立身出世はできない」から，後には，「英語さえやっておけば食いはぐれはない」まで，英語を学ぶ動機付けはいろいろだったが，これ以後英語は，上級学校受験という場で勝利者になるための手段，というところに落ちついた。

　目的のなくなった英語教育に残された目的が受験英語。そこで教えられるものは，森常治（じょうじ）の表現を借りれば，English ではなくて日本独特の「英語」なのである。しかしそれはあくまでもホンネであって，タテマエはまた別になくてはならない。そこで師弟ともに受験あってこその英語科とは知りながら，口では立派なタテマエを唱えたり，「入試は諸悪の根源だ」と言ってみたりする。建前と本音，教科としての英語科のこの二重構造，これが大正，昭和，いや戦後にまで及んで，英語教育論議をいたずらに混乱させてきたのではないだろうか。

6　岡倉由三郎の『英語教育』(1911)

　岡倉の代表的著作の一つである『英語教育』という本は，今でも名著とされている古典であるが，彼はその第5章「英語教授の要旨」で目的論を語っている。それを一読してまず驚くのは，1世紀近く前の当時すでに，世間からは英語教育は効果があがらぬと非難を受け，学生は英語に対しての学習意欲を著しく失っていたようで，岡倉がそういう相手をなんとか説得しようと必死になっていることである。

岡倉由三郎

　岡倉はまず，中学で5年英語を学んだ長男と，女学校で5年裁縫を稽古した次女を比較して，妹のほうは一通りは着物も縫える，羽織袴の仕立もかなり間に合うというのに，兄のほうときたら，「普通の英書も読めず，卑近な英文も書けず，5年間の修業はほとんど何らまとまった形跡を残さない」のは何故か，と問う。裁縫の上達が早いのは，それが出来なければ女子として恥ずかしいと思われること，家に帰れば実践する機会があること，その出来ばえは母や姉から誉められたり叱られたりする，からだろうという。ところが英語学習にはこのような有利な条件がほとんどない。

6-1　英語教授を有効ならしむる条件

　授業を有効にするために，英語教師は次のような工夫をすべきである。

1. 時勢の必要上，外国語の知識なきは，一身上の不便はさておき，相当の地位あり教育ある人士としては，非常の恥辱であるという観念を，学生の脳裏に銘記せしめる。
2. 教師たる者が，学校以外に生徒に接する時，なるべく外国語の書籍を蔵し，外国の風物を描ける額面，絵画，写真などを示し，外国語に対して趣味を起こさしむべき方便を設けること。
3. 父兄たる人が家庭に於いて常に外国書を手にし，これを耽読

するようにすれば，子弟もこれに感化せられて，自分もかくのごとくなりたしと願うように至るべきは自然であろう。（これには「一般に望むは，あるいは少し無理かも知れぬが」と前置きがある。これが無理なら，母や姉が裁縫を見てやるように，復習の監督や試験をしてやれ，ともある。）
4. 英語以外の教師が授業の際間接に英語科の便利をはかってくれるようにすること。英語と日本語は全く系統が違うので，英語教師は説明すべきことが多い。国語や漢文，地理歴史の教師がちゃんと教えておいてくれれば，英語そのものの教授練習に時間が使えて，もっと進歩するだろう。あらゆる学科に原書を用いた時代には語彙が豊富だったが，今はそうはいかないから，他学科の教師がその学科に関係のある英語を「なるべく正確な形で授けることが望ましい」。

岡倉のここでの提案は英語教師としてはよく分かるのだが，まるで学校も家庭も英語科中心に回っているように受け取られるかもしれない。

6-2 英語教育の目的

岡倉はここでも再び裁縫を例にとって，学生にとって日本語は普段着，外国語は晴着，礼服にあたるという。（この比喩を借りると，21世紀の日本人は英語を普段着〈カジュアル・ウエア〉の一つにしようとしている，ともいえる。）普段着だけで満足しているのは外国語学習の障害になるから，学生に晴着である英語学習の大切なことをよく理解させることが必要であるという。

学科の目的には，教育的価値（Educational Value，いわゆる修養）と実用的価値（Practical Value）の2種がある。教育的価値は他学科でも果たせるので，わざわざそのために英語に「今日の如く多大の時間と労力とを割くにも及ばぬ。」英語科でなくては

果たせないものが実用的価値なのであって、そちらの方に重点が置かれるべきだという。

ここまでは全くその通りであるが、岡倉がそれぞれの価値として具体的にあげているものを見ると、今日われわれが考えるのとは少し違っている。岡倉のいう価値は次のようにまとめることができる。

〈教育的価値〉
1. 英語の内容、つまり風物教材から得られる利益（今でいう国際理解教育）見聞を広めて固陋（ころう）の見を打破し、外国に対する偏見を撤すると共に、自国に対する誇大の迷想を除き、人類は世界の各処に同価の働きをなし居ることを知らしむる。

2. 言語上の材料から得られる利益
(1) 語句の構造、配置、文の連絡、段落などを究めて、精察、帰納、分類、応用などの機能を練磨し、
(2) かつ、従来得たる思想発表の形式、即ち母国語の外に、さらに思想発表の一形式を知り得て、精神作用を敏活強大ならしむる

〈実用的価値〉
英語を媒介として、種々の知識感情を摂取すること。換言すれば欧米の新鮮にして健全な思想の潮流を汲んで、我国民の脳裏に灌（そそ）ぎ、二者相助けて一種の活動素を養う。

さらに進んで、英語教授の目的たる**実用方面**は果たして如何なるものかというと、これに対しては自分は猶予なく「読書力の養成」ということをもって答えるのである。

これが岡倉の「文化教養説」と呼ばれているもので、後の教養英語論はここでいう「教育的価値」の1．と「実用的価値」とを合わせたものであるが、その当否はあとで検討することにする。

岡倉は「読書力の養成」をあげた理由を、大略次のように説明している。

我国の維新以来,偉大なる進歩発達をなせるは,主として外国の新知識新思想を採用したためで,その手段となり媒介となったものは,外国語なる事は,誰しも首肯する所である。かくのごとく,我国は外国語に負う所多く,今後も益々その恩恵を蒙らざるべからざる次第であれば,この点に英語学習の目的を定めるのは最も適当なことと思う。
　1週6,7時間を割いて英語を教授するは畢竟このためで,もし他学科で間に合うが如き教育的価値のみならば,か程の時間労力を割くの要なきのみならず,我国の現勢から見て,かくの如き贅沢は許すことの出来ない所である。

　岡倉は,実用的価値を,「英語を話す国民と文通をしたり,又は談話をしたりするを得る資格を作ること,従って専ら会話,次には作文を英語の主要なる方面」と解する人がいるが,中学卒業生のすべてが外国人と交際するようになることなど,夢にも考えられないことだから,これは正鵠を得た解釈ではない。十分の読書力がなければ,決して満足に話し,正確に書くことはできないのである。これに反して読書力がひと通り揃っていれば,必要に応じ,話したり書いたりすることは困難ではない,即ち読書が会話作文の基礎となるのである,とした。発信する前にまず受信を,という考え方である。

　岡倉のこのような主張は今どのように評価されているか。「岡倉のいう実用的価値は余りに抽象的すぎて,果たして,当時,教育界,あるいは社会に対してどれくらいの説得力をもっていたか疑問である」(竹中龍範)とか,「矛盾に満ちた言葉で,英語を学ぶことの意味を『文化教養』にあるとしたのだが,それはただ英語利益集団の自己弁護としか受け取れず,うつろに響くだけであった」(川澄哲夫)などと,概して否定的である。

7　大正期の英語存廃論

7-1 『教育時論』の「外国語科必修」是非論 (1916-7)

　大正の初め3回にわたって英語教員大会が開かれた。その最後の大会が開かれた大正5年（1916）の『教育時論』（開発社発行，旬刊）第1133号に，かつて文部大臣も務めたことがある大岡育造が「教育の独立」を寄稿，「中学校より必修外国語科を除却すべし」と主張した。その論旨は「厳然として独立せる国が，普通教育に於いて外国語を必修科とする理由は断じてない。外国語を除却することによって，幾多の利益を収め得る。第一には生徒の苦痛の減少である。第二には教育費の負担軽減である。第三には時間を他に転じて有効に使用し得られることである。而して一般の知識が低下することを防ぐためには，国家に翻訳局を設け，新知識を翻訳して安価に供給すればよい」というのである。大岡のこの論文には，その後の英語教育論争に見られる論点の大部分が含まれている。

　同じ10月の第1135号では，早大教授で雑誌『太陽』の主幹浮田和民が，「外国語問題」と題し，「外国語を課することは極めて必要ではあるが，これを必修科とすることには反対する。そもそも語学の習得には特殊の才能を要する。故にこれを希望者に課するようにしたい」と述べた。

　11月の第1138号では，東京外語の村井知至が「中学校に於ける英語教育の拡張」と題して大岡の説に真っ向から反論した。「大世界的局面に処するには，普通知識もまた大世界的ならざるべからず。中学卒業生の英語の役に立たざることは，外国語を必修科にするの不可なるにあらずして，教授法の不完全か，学修者の努

力の足らざるが故なり。世界の1等国は皆1，2の外国語を必修科とす」と主張し，結論として「中学校に於けるあらゆる学科を，悉く英語の教科書を以て教授し，今日の英語の時間として用うる時間を国語漢文の時間となすことの反って至当なるを信ずるものなり」と英語教育拡張論を展開した。大岡は12月の1140号で「英語を学ばざれば我国民の世界観念は向上せず」というのは「英国崇拝に過ぎたり」と反論，村井も1141号で「英語を必修科として課することは東洋唯一の先進国たる光栄の存するところにあらずや」と応戦した。

　大正6年1月の1142号には元文部次官澤柳政太郎が「中学校における外国語問題」を寄せている。中学校の教則によれば，外国語教育の目的は「普通の外国語を了解し，且つこれを運用するの能を得しめ，兼ねて智徳の増進に資するにあり」とあるが，前半は西洋諸国と同じで，さらに後半を加えたものである。我国では運用の機会は外国に比べて極めて少ない。「後半を力説するは，独立国の対面と思想の独立に危害を及ぼすものと言うべし。」智徳の増進は国語によって図るべきで，英語を必修科とすることには疑問がある，と澤柳は述べた。翌月の1146号には富山県の射水郡長で英語教師の経験もある大森貞治郎という人も「中等学校の外国語教授」を寄せて，学制を改めて，外国語を課さない中学校・専門学校というコースを作れと主張した。このような英語存廃論はこの時にはいつしか影をひそめてしまったが，7年後には早くも再燃する。

7-2　排日移民法が生んだ英語への反撥（1924）

　大正13年（1924）5月にアメリカが移民法を改正して，日本からの移民をすべて禁止したとき，日本人の対米感情は極度に悪化

した。日本人は帰化不能外人としての汚名を着せられたのである。日本人の誇りは深く傷つけられた。(この移民法は実に第2次大戦後の1949年まで効力が続いていた。)

70年にわたる日米友好の絆はここで断ち切られた。新渡戸稲造は「2度と再び米国の土は踏まない」と誓った。内村鑑三は基督教徒団対米協議会を結成して反対運動の先頭に立った。日米戦争を予想するような物語が少年雑誌にも登場して、反米感情を煽り立てた。報復として、英語への反撥も強まり、過激な英語排撃論が『東京朝日新聞』などに載った。

その代表的なものは、海軍少佐福永恭助の「米国語を追払え」(東京朝日、6月18日)であった。「米国大使館から我が外務省に来る一切の外交文書に日本文を添えていないのに、外務省が排日移民法に対する抗議書を英文で綴るということ、それ自身がすでに国辱の最たるものである。」「我国首都の町通りを歩いてみるがよい。往来の看板という看板、英語の書かれていないものは稀だ。」「国民たるものは又自ら内に省みて米国語の濫用を慎み、国語の擁護を図らなければならない。国語の世界的発展のためには煩わしい漢字をやめて、日本語をローマ字で綴る事」を提唱した。

これを受けて数日後には、朝日新聞記者、杉村楚人冠の「英語追放論」(6月22日)が出た。さすがに軍人的な敵愾心から出た報復論ではなく、かねてからの持論を述べたものである。

> 私はかねてから今の中等教育から英語を追い出したいと思っている。それが出来ないなら、せめて中学の英語を随意科にしたいと思っている。今の中等学校の英語教育ほど無用なものはない。1週間10時間位教えて、5年たったところで、何になるものでない。
>
> 殊に今の英語教育は読むことにのみ重きを置いて、その他はほんの付けたりに教えるだけだから、中学校を卒業しても、話も出

来なければ手紙も書けない。読む方にしたところが，まことに中途半端のもので小説が読めるじゃなし，新聞が読めるでもなし。卒業後，高等の学校にでも入って，さらに研究を続けるなら格別，そうでない以上は，大抵3，4年のうちに忘れてしまうのが落だ。世の中にこれほど馬鹿々々しい事があるものでない。

続いて英文学者の戸川秋骨も中学からの英語放逐論に賛成して「看板の英語と中学の英語」(7月6日)を書いた。「看板の英語は何の役にたつか。只それで，偉そうに見えると思う気持の満足に過ぎぬ。中学の英語も先ずこの看板の英語と見て誤がない」と皮肉っている。

渋川玄耳は「何を恐るゝか日本」という，題を見ただけでも民族精神が奮い立つような英語追放論を発表した。(『中央公論』7月号)小見出しを並べれば，内容の見当がつくだろう。「日本は世界の大民族」，「亜細亜連盟は陋説」，「自主心を奮い起こせ」，「僕妾道と乞食道」，「米国より恐ろしい者」，「英語を排斥せよ」，「国民を愚にする英語」，「高等教育にも英語無用」，「教育年限短縮と外国語廃止」，「国語尊重が必要」，「弊風打破と国家の確立」，「米国に報復せず」。

北昤吉は「中等諸学校の英語排斥」(国民新聞8月9日)で，中等学校の卒業生は，英語を通じて，世界の思想を理解し，国際生活に参与する能力があるとは思われぬ，と中学校英語無用論を展開した。

8 藤村作の「英語科廃止の急務」(1927)

講談社発行の大衆雑誌『現代』の昭和2年(1927)5月号には，東京帝大国文科の教授藤村作(1875-1953)による「英語科廃止の急務」と題する爆弾的論文が発表されて，一大センセーション

藤村　作

を巻き起こした。

「模倣の時代は過ぎた。今 上 (きんじょう) 陛下朝見式勅語の中に仰せられた『模擬ヲ戒メ創造ヲ努メ』という御言葉は昭和の御世の国民の特に注意して，聖旨を奉戴(ほうたい)してその実現に満身の努力を捧げねばならぬことと信ずる。」このような文章で英語存廃論を始めなければならなかったところに，昭和という時代の不幸があったのであろうが，論旨そのものにそれほどの新味はない。藤村は，日本人が日常生活まで外国を模倣するのを非難し，教育制度における外国語の過重な負担を指摘し，外国語が国民生活に必要というのは疑わしい。中等学校の英語科，専門学校の外国語などは廃止して，大学の予備校（つまり旧制の高等学校）あたりで習得させればよい，と主張した。そして外国語を廃止するとともに，国家による大翻訳局の新設を提唱した。

この藤村の論を踏まえ，『現代』は「中等学校の英語科をどうするか」と銘打って5カ月間にわたってこの問題を特集した。まず6月号では，東京高等師範附属中学の斎藤斐章主事（副校長，歴史科）が「一日も早く改めたい」と藤村に賛成すれば，朝日新聞専務の下村宏も，現在の中学校における英語教育は，西洋人が住んでもいない田舎の町外れによく見かける英語の看板と同じであり，英語など「知っても知らなくてもよい」と述べた。

第15章　日本人にとって「英語」とは ―― 275

ついで8月号と9月号で，作家の加藤武雄「最早翻訳文明の時代でもあるまい」と，佐藤紅緑(こうろく)「英語よりも日本語」が，藤村の「翻訳局案」に賛意を表した。

これに対して，英語教師たちは当然反論した。7月号では，早稲田大学教授の帆足理一郎が，8月号には岡倉由三郎が反対論を述べた。帆足の論は要旨次のようなものである。

> 英語教育には，実用価値のほかに教養価値がある。普通教育の目的は，人間としての品性の涵養，知見の開拓，情操の純化，芸術味の修得を目的とするものであらねばならぬ。そのためには，道徳的理想の色彩濃厚に，宗教的情操の匂い朗らかなる英文学に親しませしめるのがいちばんよい。そうして他国の思想や理想や，人情や風俗を知ることは，翻訳を通してでは不可能である。原語の匂いを通して獲得したものが，我等の肉となり血となるのである。だから普通教育から外語を駆逐せんとするが如きは，人道主義の発展を阻害するものであるばいかりでなく，我が民族の国家的発展の芽をむしり取る愚を笑うべきではないか。

これは，良くも悪くも，多くの英語教師の平均的な意見を代表していたと思われる。それに対して岡倉の「藤村作氏の反省を促す」は，内容はともかく，その居丈高(いたけだか)な物言いが災いして，10月号に投書した水谷東洋夫の言葉を借りれば「嘲笑悪罵至らざるなく，論理よりも八ツ当りに嘲罵を事と」し，「第三者にさえ甚しき不快の感」を与えたようで，かえって逆効果だった。

『現代』は10月号で「我国教育の根本的改善策―中等学校の英語科をどうするか」という46ページの特集を企画し，投書を募った。中学生をはじめとして教師，中等学校長，新聞記者，会社重役など各界各層に及ぶ長短1,670通の投稿があり，そのうち80余通を掲載した。2割余りが廃止賛成，7割強が随意科説または時間削減説だった。その中の一つ『福岡日日新聞』記者の金生喜造

のものは，有名な英語の先生たちが唱える教養価値と現実との間の大きなへだたりをこう指摘している。

> 今日の中学校の英語教授は，岡倉先生の堂々たる御意見の通りに教授されていないことは否定し難い現実である。見よ，些細な文法の規則を忘れたものは，重罪を犯したものゝ如く叱責されているではないか。舌の曲げ方の下手な生徒は，一時間棒立ちに立たされて，いじめられ恥かしめられ，あざけり罵られて居るではないか。人々のプライドをきずつけ，人の子のすなおな品性を賊(そこ)うて，何の教養価値があろうぞ。
>
> （「改善の余地多し」）

藤村は10月号に「英語科処分の論争に就いて」を発表，依然として自説を曲げなかった。存置論者は，英語教育には実用価値と教養価値がある。外国語を知り，外国と外国人を知ることによって，かえって国民としての自覚と反省が得られる，というが，藤村は思想内容を知るだけなら翻訳で間に合うのではないかと反論している。

> 私は，翻訳なんか駄目だ，原文で読んで言語や文学の持つ匂や味を味わい得る為に英語科が必要だ，と仰しゃる存置論者の指していられる英語の学力はどういう程度のものであろうか。この点は英語科の存廃を論ずるに当って十分に見当をつけなけて置かねばならぬと思います。

藤村はまた，こんな皮肉も言っている。

> 何処まで進んだら，外国文を読むのに，頭の中で自国語に全く翻訳することなしに読めるものか私にはわかりませんが，さういうことが中等学校や高等学校の学生に望まれることでしょうか。外国人として英語の前置詞の使い方のむつかしさは，25年日々英文を書き英語を話す職に在った私の知人が今以て十分に出来ない

とこぼしておられる事実でもわかりますが，こういうものが自由に使いこなせるでなければ，言語の匂いは十分にはわかりますまい。私は天爾波［助詞・助動詞のこと］が自国語であるので，幸いな事に和歌や俳諧や，古典文の美も相当に解し得ると思うておりますが，それでも随分苦労はさせられます。

9 英語教育界の反響

9-1 東京高師の『我国中等教育における外国語』(1927)

英語教育への世間の風当たりが厳しくなったのに対して，英語教育界からは必要論が主張された。その代表的なものとして同年10月に東京高等師範学校英語部（主任・石川林四郎）の発表した『我国中等教育における外国語』という意見書草案がある。1.外国語学習の必要，2.普通教育における外国語科，3.中等学校における外国語教授の目的および程度，4.外国語教授に要する時間数，5.外国語教授の方法，6.教授方法の改善，という内容の堂々たる理想論ではあるが，実行は容易ではないだろう。
同じ昭和2年10月，東京府英語教員会も「英語教育に関する意見書」を発表している。（『英語教育史資料』第2巻に収録）。

9-2 『英語青年』のアンケート (1928-9)

『英語青年』では，1年遅れて翌年10月から昭和4年（1929）6月までの延べ18回にわたって，「中等学校英語科問題」と銘打って諸名士137人へのアンケートを連載した。

> (1) 現在日本の中等教育に於てはどの程度の英語の智識を与えることを目的とすべきか。
> (2) 授業時間の配当の最少限度はどの位の程度と見るべきか。

　その結果を集約すると，(1)文部省が文政審議会に諮詢していた英語の授業時間削減と随意科案（進学と就職の2部制）には賛成が多かった，(2)英語教育の目的については「読書力の養成」をあげているものが多い，(3)教授法の改善と受験英語に対する批判が目立った。存置論者（つまりほとんどの英語教師）の見解は，多少のニュアンスの違いはあっても，大勢としては学校で教えている英語は実用にならないことを認めた上で，それでもなおそこには「教養価値」があるのだ，という主張である。具体的には，自国語に対する理解が深まる，言語一般に対する認識がが深まる，他の文化（今でいえば異文化）を学ぶことができる，などといったところである。

　つまりここへ来て，明治以来の西洋文明摂取のための「手段としての英語」，という考えが完全に放棄され，副次的，教育的価値だけでも英語科には存在理由がある，と主張されるようになったのである。後に「教養英語論」と呼ばれるようになるこの主張は，明治の岡倉においては英語教育の目的の2つの側面のうちの1つであったはずが，この頃から，実用に対立するものとしての教養，という存在になってきたといってよい。その代表的論客は，岡倉の弟子の福原麟太郎であった。

9-3　福原麟太郎の教養英語論 (1934, 1936, 1948)

　昭和9年3月と10年2月，歴史学者で貴族院議員の三上参次は

外国語の軽減と翻訳院の設置に関して議会で文相に質問した。福原麟太郎（1894-1981）は昭和9年（1934）に『英語青年』（9月1日号）の「英学時評」欄に「英語教育の価値」という文章を書いた。昭和11年（1936）12月には岡倉由三郎の代筆をして40ページにわたる『英語教育の目的と価値』（研究社，英語教育叢書の1冊）を執筆した。後に教養英語論の古典とされる名著で，要旨次の通りである。

> 英語教育は学校教育の一課程であるだけでなく，国家の問題でもある。また英語を通じて行う教育であって，ただ英語の知識を授けることとは区別しなければならない。英語を教えながら「精神陶冶」に力を尽くすのである。この意味で「英語教授」ではなく「英語教育」というのが，学校で教える英語を呼ぶのにふさわしい名である。
> 　英語教育は，日本文化を反省するための外国文化の入門である。そうして教師は，この文化を知るという英語教育の目的をよく心得，外国文化を賢明に選択し，これに入門的解説を与え，正しい批判を示すべきである。これによって一国の文化は益々発達してゆく。英語教育廃止論者は，このような英語教育の価値を認めようとしない。
> 　だが，英語のもつ実用価値を軽蔑するわけではない。明治初年，わが国の学校で英語を学ぶことになったのはこの実用からである。この英語の実用性を楯にして，中等学校英語必要論や廃止論を出すのは誤りである。英語教育の趣旨は教養価値にあり，英語教育を受けたものは正しく自国の文化を批判しうるとともに，外国の文化をも正しく批判し，かつそれが自国文化に必要な存在であるか否かを判断することができるのである。

他の人々の論のように言い訳じみたところがなく，一つひとつが強い信念から出た言葉であるから，説得力に富んだ堂々たる正論であるが，現実が正論通りに動いていないのもまた事実で，それは福原も先刻承知である。

こういう説を出すと必ず質問されるのは,今日の中学校は受験学校である。受験準備をしなければならないから,そんな非実用的なことは出来ないという。実際そうである。私のような説は女学校や師範学校などで一番よく実行しうるのである。先ず今日理想的な英語教育はこの女学校と師範学校に存在しうると思っている。それから青年学校などであろう。中学校にしても英語を廃止しようなどと言っているような,高等専門学校入学試験などに煩わされないところで,大いにこの私どもの主張する英語教育を行うべきである。

福原はすでにこの段階で劣勢を認めていたようであるが,戦後も彼はこの信念を貫いた。昭和23年（1948）には戦前戦後の文章を集めた『英語教育論』（研究社）を世に問うた。福原のいう「教養」とは,経験を意識することによって得られるものであり,「教育」とはそれを意識させることだという。したがって,条件反射的な反復練習によって無意識に習得させる教授法を,福原は良しとしなかった。そして,この教養英語教育を具体化した教科書や辞書も作って出したが,大して売れなかった。（第4章5参照）

10　戦時下の英語教育論

昭和6年（1931）に文部省は中学校の上級を進学と就職の2種類に分け,授業時数の縮減を実施した。同じ年に満州事変が起こり,昭和12年（1937）には中国との全面戦争が始まり,戦時体制に入った。昭和10年（1935）ごろから女学校の英語が随意科になったり,廃止されたりするところが出てきた。昭和13年（1938）には藤村作がまた「中学校英語科全廃論」（『文藝春秋』3月号）を発表した。論旨は前と同じだったが,時流に乗って世論

の支持を得た。しかし、戦時下の文部省も中学英語の全廃にまで踏み切ることはしなかった。その時代の英語教師たちは英語教育の目的をどこに見出したのであろうか。川澄哲夫の『英語教育論争史』には当時の発言が数多く集められているが、そのほとんどは、戦争が終われば、とても読み返す気にはなれないようなものばかりであった。

11　戦後の英語教育論争

　戦後の英語教育が戦前と大きく変わったのは、義務教育に英語が取り入れられたことである。中学校の英語は名目は選択だが、高校入試があり、学校選択だったりして、結果的には必修と同じであった。そこから問題が生じる。戦後最初の英語教育論争は、この義務化の是非をめぐって起こった。

11-1　加藤周一の義務教育化反対（1955）

　昭和30年（1955）、加藤周一の「信州の旅から―英語の義務教育化に対する疑問」（『世界』12月号）がジャーナリズムを賑わせた。その論旨は20年後の平泉渉の主張と奇妙なまでに似ている。加藤の論拠は次の3点からなる。

(1)　日本の中学生の圧倒的多数は、仕事の上で将来英語を実用に供する機会をもたない。
(2)　実用に供する必要のある場合には、今の中学校はもとより高等学校卒業生の知識でも不充分至極である。国際会議に至っては大学卒業生の大部分がゼロである。
(3)　従って、全国の中学生に漫然と不充分な教育をほどこす代わりに、一部の生徒をもう少し徹底的に教育できるような方法を、

何とかして編みだしてゆく必要がある。

そこで、加藤の結論は「義務教育にちかい形で、日本中の大部分の子供に英語を教えることは、全く無益有害であって、一日も早くやめるべきである」というのである。これに対して11月9日の『読売新聞』で、藤村作が廃止論を発表したころ東大国文科の学生だったという評論家の臼井吉見が賛成した。11月16, 17日の『東京新聞』では英文学者の中橋一夫が教養英語論の立場から反対した。加藤は翌年2月の『世界』で「再び英語教育の問題について」論じた。この時代、外国語の必要は増しこそすれ減ることはないと思っていたのに、世間が思いのほかこれに同調したので、英語の教師たちはあわてた。

福原の教養英語論を戦後に受け継いだのは『英語青年』編集長だった外山滋比古だったが、彼はこの当時の教養派と実用派の力関係について、こう書いている。(この後、外山は中学校の英語は一度止めてしまうほうがいいと提案したり、むしろ国語教育に望みを託して国語教科書の編集に関係したりするようになる。)

> 教養主義のアポロギア（弁明）を提出するはずの大学教授が、いま廃止になったら失業者が出るから困るというような泣き言を並べたのだから、社会が教養主義に愛想づかしをしたのも無理はない。反対論があらわれたら有効なアポロギアをもって反撃しなくてはならないのである。もしその反撃に失敗すればそれには消滅の運命が待っている。教養主義が反撃に失敗したのを見て力づけられたのは実用主義派であった。果たせるかな、日経連から「役に立つ英語」の要望書が出された。
> （「英語教育目的論の移り変わり」、『英語教育』20周年増刊号、1971）

ELECが創立された昭和31年（1956）に日経連（日本経営者連盟）から「役に立つ英語」の要望書が発表されて、大きな反響

を呼んだ。「新制大学卒業生の語学力は，逐年向上しているが，いまだ産業界が要求している程度には達していない。一般的にいって，就職のための常識面に片寄り，基礎的な掘り下げ，原書などを読みこなす研究態度，勉強方法に欠けている」と指摘した上で，6項目にわたる要望を出している。これに答えて，文部省は昭和35年（1960）に英語教育改善協議会（会長・市河三喜）を発足させた。

11-2　平泉・渡部論争（1975）

20年後の昭和50年（1975）には，平泉 渉と渡部昇一の間で英語教育論争が起こった。前年の49年4月，自民党政務調査会に参議院議員の平泉渉が「外国語教育の現状と改革の方向」と題するいわゆる「平泉試案」を提案した。その骨子は，現在の英語教育は役に立たないから，本当に英語を必要とする上位5％程度の生徒を選んで徹底的にエリート教育を施すべきである，という一種の英語教育廃止論であった。これに対して，受験英語は日本人の知的訓練に役立っているという立場で，真っ向から論争を挑んだのが英語学者で，異色の論客でもある渡部昇一で，文藝春秋発行の雑誌『諸君！』の誌上で7回にわたって論争した。その内容は『英語教育大論争』にまとめられている。この論争の社会的背景を分析したものでは，参考文献にあげた鷗外の孫の森常治の論が詳しい。

11-3　英語第二公用語化論（2000），「英語が使える日本人」（2003）

平成12年（2000）1月に首相の私的懇談会である「21世紀日本の構想」が，日本人に英語を日常的に併用させようという，英語

第二公用語化を論議することを提言,賛否両論が出た。明治の森有礼は *Education in Japan*（1873）の序文にこう書いた。

> このような状況のもとで,日本以外には決して通用しない貧弱な日本語は英語の支配に屈服する運命にある。知識を求めてやまない知的な日本民族が,西洋の科学・芸術・宗教の素晴らしい宝庫から重要な真理を把握しようと努力するとき,貧弱で不確かな言語を頼りにすることはできない。これらすべての理由が日本語の廃止を示唆している。

21世紀の英語公用語論者たちは,「英語を国語に」ではなくて,「第二公用語に」というのが森の主張と違う点だが,彼らも結局は日本語に対して森と同じような認識をもっているのではないだろうか。「公用語」というのは,普通,国内に数種の民族語がある国家で,標準的な共通語として公認された言語を指す。日本のように英語を母語とする住民がごく少数（中国語や朝鮮語を話す人の方がはるかに多いはず）で,彼らからの要望もないのに,「第二」とはいえ,国家の方から進んで英語を「公用語」にしましょう,という発想それ自体が世界的に見ても珍しい。

もうひとつ,平成14年（2002）に文部科学省が発表した「『英語が使える日本人』の育成のための戦略構想──英語力・国語力増進プラン」がある。翌年には「行動計画」も発表されて実施に移されつつある。これは従来の4倍近い11億円規模の予算をかけて,学習指導要領の範囲を逸脱しない範囲で外的環境条件を整え,英語教育改革の成果をあげようというものである。具体的には,1）日本人に求められる英語力を,国民全体の場合と,専門分野の担当者,国際社会で活躍する人材の場合とで,到達目標を分ける。2）70%バイリンガルを目指す,スーパー・イングリッシュ・ランゲージ・ハイスクール（SEL high）100校計画,平成

18年度(2006)からの大学入試センター試験へのリスニング・テストの導入など,「英語は英語で教えよう」という授業改善,3)中高英語教員全員(6万人)を対象に10日間の現職教育を含む,教員の指導力向上,4)小学校の英会話活動の支援,などが含まれている。これらは最初の5ヵ年計画で,関係者によると,そのあとまだ第2次,第3次の計画が必要で,「英語が使える日本人」(英検1級,TOEFL（トーフル）なら600点)の完全な実現には30年1世代はかかるであろう,とのことである。

　それにしても,21世紀の日本の英語「教育」はこのまま技能養成だけを目標に突き進んで行くのであろうか。英語力と並んで「国語力の増進」も添えられているのが救いではあるが,教養派すでに去って実用派いまだ成果あがらず,というのでは,明治以来英語と悪戦苦闘を続けてきた先人たちに対して,申し訳がないのではなかろうか。

日本英語教育史年表
(江戸・明治・大正～終戦・戦後～)

*( )内の数字は関連の章
〈社会の動き〉

西暦	年号	事項
1600	慶長5	ウィリアム・アダムズ(三浦按針)来日(1)
1603	8	〈江戸開府〉
1636	寛永13	長崎出島完成
1715	正徳5	新井白石『西洋紀聞』
1774	安永3	杉田玄白ら訳『解体新書』出版(2)
1806	文化3	中野柳圃歿(2)
1808	5	〈フェートン号事件(1)〉
1809	6	ブロムホフ来日, 長崎通詞に英語教授(1)
1811	8	『諳厄利亜興学小筌』(1)
1814	11	『諳厄利亜語林大成』(1,11)　〈ナポレオン退位〉
1838	天保9	緒方洪庵が適塾を開く(4)
1840	11	渋川敬直『英文鑑』を訳す(2)
1847	弘化4	Webster's *American Dictionary of the English Language* (3)
1848	嘉永1	ラナルド・マクドナルド英語教授(3)
1851	4	中浜万次郎帰国(2,3)
1853	6	〈ペリー来航〉
1857	安政4	蕃書調所で蘭学教授(英学も副)(6)
1859	6	ヘボンら来日(11,12)
1860	万延1	〈咸臨丸渡米〉
1862	文久2	開成所『袖珍辞書』『木の葉文典』刊(2,11)
1864	元治1	新島襄アメリカに密航
1865	慶応1	森有礼ら密かにイギリス留学　〈南北戦争終る〉
1866	2	中村正直ら幕府留学生イギリスへ(6)
		福沢諭吉『西洋事情・初編』刊
		Webster's *Spelling Book* (3)
1867	3	ヘボン編『和英語林集成』刊(11)
1868	4	慶応義塾創立(4)　〈大政奉還〉

日本英語教育史年表 —— 287

西暦	年号	事項	*（ ）内の数字は関連の章〈社会の動き〉
1868	明治1	王政復古，明治改元，東京遷都	
1869	2	薩摩学生編『和訳英辞書』(11)	
1871	4	文部省創設	
		津田梅子ら最初の女子留学生渡米(6)	〈岩倉使節団〉
1872	5	学制頒布(6)，小学教則	〈英語ブーム〉
1873	6	森有礼，英語国語化論を主張(15)	
		開成学校の教授用語を英語とすることに(6)	
		米人モルレー文部省学監に(12)	
		柴田昌吉ら『附音挿図英和字彙』(11)	
1876	9	札幌農学校開校，クラーク教頭(6,12)	
1879	12	教育令公布(学制は廃止)	
1881	14	「中学校教則大綱」布達(外国語は週6時間)(7)	
1882	15	Viëtor: *Der Sprachunterricht muss umkehren!* (5)	
1883	16	東京大学，日本語で講義する方針に(6)	
		A. S. Barnes: *New National Readers* (8)	
1886	19	学校令公布，高等小学校に英語科(13)	
1889	22	『正則文部省英語読本』(8)	〈大日本帝国憲法〉
1890	23		〈教育勅語〉
1893	26	井上毅文相，国漢教育を振興(15)	
1894	27		〈日清戦争〉
1897	30	外山正一『英語教授法』(8)	
1898	31	『(英語)青年』創刊(14)	
		斎藤秀三郎『実用英文典』(2)	
1900	33	神田乃武の英文法教科書	
1901	34	スワン来日，グアン・メソッドを普及(5)	
1902	35	中学校教授要目(6)	
		片山寛・マッケロー『英語発音学』(3)	〈日英同盟〉
1904	37	Jespersen: *How to Teach a Foreign Language*	〈日露戦争〉
1905	38	岡倉由三郎帰国，南日恒太郎『英文解釈法』(10)	
1906	39	『英語教授』創刊(14)	
1907	40		〈カナダ・アメリカで排日暴動〉
1908	41	小学用国定英語教科書(13)	〈義務教育6年に〉
1911	44	夏目漱石「語学養成法」(6)	
		岡倉由三郎『英語教育』(15)	

西暦	年号	事項	*（ ）内の数字は関連の章 〈社会の動き〉
1912	大正1	市河三喜『英文法研究』(2) 山崎貞『公式応用英文解釈研究』(10)	
1913	2	第1回英語教員大会(内外の教師400人)(12)	
1914	3		〈第1次世界大戦〉
1915	4	斎藤秀三郎『熟語本位英和中辞典』(11)	
1916	5	大岡育造「教育の独立」(15)	
1917	6	Jones : *English Pronouncing Dictionary* (3) 細江逸記『英文法汎論』(2)	
1918	7	『武信和英大辞典』(11)	
1921	10	小野圭次郎『英文の解釈・考へ方と訳し方』(10)	
1922	11	パーマー文部省英語教授顧問として来日(5,12)	
1923	12	英語教授研究所設立（パーマー所長）	〈関東大震災〉
1924	13	第1回英語教授研究大会 英語廃止論さかん(15)	〈アメリカで新移民法制定〉
1925	14		〈ラジオ放送開始〉
1926	昭和1	小卒100万人の中，高小へ58万，中等学校へ12万 JOAK「初等英語講座」（岡倉由三郎担当）開始	
1927	2	岡倉由三郎主幹『研究社新英和大辞典』(11) 藤村作「英語科廃止の急務」(15)	
1931	6	英語の授業時数初めて減る(7)	〈満州事変〉
1932	7	東京文理大『英語の研究と教授』創刊(14)	
1933	8	第10回英語教授研究大会で福島プラン発表	
1934	9	議会で中学の英語授業時間削減の主張(15)	
1935	10	研究社「英語教育叢書」全31巻	
1936	11	パーマー帰英 櫻井役『日本英語教育史稿』 広島文理大『英語教育』創刊	
1937	12		〈日中戦争〉
1938	13	藤村作「中学校英語科全廃論」(15)	
1939	14	河村重治郎『クラウン英和辞典』(11)	
1940	15	文部省，英語教科書の5種選定(9)	
1941	16	国民学校令	〈太平洋戦争〉
1942	17	英語教授研究所を「語学教育研究所」と改称 ホーンビーら『新英英大辞典』(12) 各大学，英米人教師を解職 高等女学校の英語随意科に(9)	
1943	18	中等学校令 語学教育研究所『外国語教授法』	
1944	19	準国定教科書『英語』(9)	

西暦	年号	事項	
		*（　）内の数字は関連の章	
		〈社会の動き〉	
1945	昭和20	敗戦，米軍進駐，英語ブーム	
1946	21	NHKで平川唯一「カムカム英語会話」始まる(3)	
1947	22	新制中学校発足，義務教育で英語(15)	
		学習指導要領・英語編(試案)(6)	
		文部省著作 Let's Learn English (9)	
1948	23	Jack and Betty (9)	
1949	24	第1回ガリオア留学生渡米	
1950	25	全英連(全国英語教育研究団体連合会)結成	
1952	27	東京教育大『英語教育』創刊(14) 〈独立回復〉	
		米フルブライト英語教員来日	
1953	28	江川泰一郎『英文法解説』(2) 〈テレビ本放送〉	
1955	30	GDM英語教授法研究会創立(5)	
1956	31	フリーズ来日，ELEC創立(5,12)	
1958	33	中学学習指導要領告示―基礎学力重視(6)	
1959	34	新英研結成，三友社『新英語教育』創刊(14)	
1960	35	「役に立つ英語」論議(15)	
1961	36	語学ラボラトリー協会(LLA)創立	
1962	37	大学英語教育学会(JACET)創立	
1963	38	第1回実用英語検定実施(10)	
1964	39	研究社『現代英語教育』創刊(14)	
		〈東京オリンピックで英語ブーム〉	
1965	40	森一郎『試験に出る英語』	
1972	47	柴田徹士『アンカー英和』 〈海外渡航者200万〉	
1975	50	平泉渉／渡部昇一で英語教育論争(15)	
1979	54	TOEIC第1回テスト実施(10)	
1980	55	児童英語教育学会創立(13)	
1981	56	中学の英語授業が週3時間になり，反対運動おこる(7)	
1985	60	英語授業研究会発足	
		コミュニカティブ・アプローチに関心集る(5)	
1987	62	JETプログラム発足，ALT招致(12)	
1989	平成1	高校に新科目オーラル・コミュニケーション(6)	
1994	5	〈日米でインターネット元年〉	
1997	8	グローバル化／異文化／国際理解が合言葉に	
2000	12	英語第二公用語化論(15)	
2002	14	小学校の総合学習で英語(13)	
2003	15	「英語が使える日本人」の育成のための行動計画(15)	
2008	20	小学5，6年で英語必修(外国語活動)	

参考文献

●全体に関するもの
高梨健吉・大村喜吉編『日本の英学100年』全4巻，研究社，1968-69
大村喜吉・高梨健吉・出来成訓編『英語教育史資料』全5巻，東京法令出版，1980
櫻井役『日本英語教育史稿』敞文館，1936，翻刻版，文化評論社，1970
赤祖父茂徳編『英語教授法書誌』英語教授研究所，1938
●第1章　イギリス船がやってきた
川澄哲夫編『資料日本英学史1(上)・英学ことはじめ』大修館書店，1998
日本英学史史料刊行会編『長崎原本『諳厄利亜興学小筌』『諳厄利亜語林大成』研究と解説』大修館書店，1982
日本英学史学会編『英語事始』TBSブリタニカ，1979
日蘭学会編『洋学史事典』雄松堂出版，1984
杉本つとむ『日本英語文化史の研究』八坂書房，1985
茂住實男『洋語教授法史研究』学文社，1989
大阪女子大『蘭学英学資料選』大阪女子大，1991
外山幹夫『長崎奉行』中公新書，1988
岩下哲典『江戸のナポレオン伝説』中公新書，1999
片桐一男『出島』集英社新書，2000
●第2章　日本人にとっての英文法
高梨健吉・大村喜吉編『日本の英学100年』全4巻，研究社，1968-69
佐々木達・木原研三編『英語学人名辞典』研究社出版，1995
杉本つとむ編著『英文鑑―資料と研究』ひつじ書房，1993（影印篇は1928年の油印本）
南出康世「学校文法の成立と背景（1-6）」『英語教育』1990年4-8月号，大修館書店
斎藤秀三郎著，出来成訓解答解説『実用英文典』名著普及会，1985
大村喜吉『斎藤秀三郎伝』吾妻書房，1960
大塚高信『英語学論考』研究社，1949
田島松二『わが国の英語学100年』南雲堂，2001
伊藤裕道「英文法教育の歴史」『語学研究』102号，拓殖大学言語文化研究所，2003
●第3章　カナ発音はどこまで通じるか
ウィリアム・ルイス，村上直次郎編，冨田虎男訳訂『マクドナルド「日

本回想記」―インディアンの見た幕末の日本』刀水書房，1979
吉村昭『海の祭礼』文芸春秋，1986
中浜明『中浜万次郎の生涯』冨山房，1970
川澄哲夫編『中浜万次郎集成』小学館，1990
田辺洋二「英語教育史に於ける発音の片仮名表記―中浜万次郎『英米対話捷径』の表記を中心に」『英語教育史研究』第2号，1987
島岡丘「新『カナ発音表記』に思う：是非と有効性」『英語教育』1998年8月号，大修館書店
若林俊輔「カナ発音表記のこと：島岡教授の『批判』に答える」同，10月号

●第4章　唯一の国産教授法「訳読」
茂住實男『洋語教授法史研究』学文社，1989
澤村寅二郎『訳読と翻訳』英語教育叢書7，研究社，1935

●第5章　輸入教授法の時
A. P. R. Howatt : *A History of English Language Teaching*, OUP, 1984
A. P. R. Howatt & Richard C. Smith eds. : *Foundations of Foreign Language Teaching : Nineteenth-century Innovators*, 全6巻, Routledge, 2000
A. P. R. Howatt & Richard C. Smith eds : *Modern Language Teaching : The Reform Movement*, 全5巻, Routledge, 2001
フィエトル著，大野敏男・田中正道訳『言語教育の転換』渓水社，1982
語学教育研究所編『英語教授法事典』開拓社，1962
同上『復刻・パーマー選集』全10巻，本の友社，1995
伊村元道『パーマーと日本の英語教育』大修館書店，1997
小篠敏明『Harold E. Palmer の英語教授法に関する研究』第一学習社，1995
石橋幸太郎・中島文雄・黒田巍『英語教育シリーズ』全21巻，大修館書店，1957-63
Lynn Earl Henrichsen : *Diffusion of Innovations in English Language Teaching : The ELEC Effort in Japan*, 1956-1968
松村幹男『明治期英語教育研究』辞游社，1997
片桐ユズル・John Constable（編）: *A Semantically Sequenced Way of Teaching English : Selected and Uncollected Writings by I. A. Richards* 山口書店，1993

●第6章　制度としての英語教育
原平三『幕末洋学史の研究』新人物往来社，1992
石附実『近代日本の海外留学史』ミネルヴァ書房，1972，中公文庫，1992

櫻井役『日本英語教育史稿』敞文館，1936，翻刻版，文化評論社，1970
太田雄三『英語と日本人』TBSブリタニカ，1981，講談社学術文庫，1995
大村喜吉・高梨健吉・出来成訓編『英語教育史資料第1巻・英語教育課程の変遷』，東京法令出版，1980
和田稔『日本における英語教育の研究―学習指導要領の理論と実践』桐原書店，1997

●第7章 授業時数と言語材料・言語活動
櫻井役『英語教育に関する文部法規』英語教育叢書28，研究社，1935
羽鳥博愛「学習指導要領の変遷」『ECOLA（英語科教育実践講座）第17巻』，ニチブン，1992
若林俊輔『「指定語」の変遷をたどる―中学校学習指導要領（1968年版～1998年版）』私家版，1999
牧野勤・伊村元道『中学校英語教科書における語彙調査』中央教育研究所，「研究報告」No. 15, 19, 26, 31, 38, 44, 51, 1979～97
D. A. ウィルキンズ『ノーショナル・シラバス』（島岡丘訳注）桐原書店，1984
＊戦後の学習指導要領は http://nierdb.nier.go.jp/db/cofs/ で見ることができる。

●第8章 戦前の「リーダー」
池田哲郎「英語教科書」『日本の英学100年・明治編』，1968
松村幹男「英語教育史のなかの教科書」教育学講座第9巻，学研，1979
江利川春雄「英語教科書の50年」『英語教育Fifty』大修館書店，2002
高梨健吉・出来成訓『英語教育史史料第3巻・英語教科書の変遷』1980
高梨健吉・出来成訓編「英語教科書名著選集」全29巻・別巻解説，大空社，1993
小篠敏明・中村愛人『明治・大正・昭和初期の英語教科書に関する研究―質的分析と解題』渓水社，2001
小篠敏明・江利川春雄編著『英語教科書の歴史的研究』辞游社，2004
江利川春雄（代表）「明治以降外国語教科書データベース」（明治20年―昭和21年，5,687件）http://www.wakayama-u.ac.jp/~erikawa./index.html（CD-ROM版も，2002年作成）
伊村元道・若林俊輔『英語教育の歩み』中教出版，1980
外山正一『ゝ山存稿』全2巻，丸善，1909，復刻版，湘南堂書店，1963
伊村元道『パーマーと日本の英語教育』大修館書店，1997

●第9章 戦中・戦後の「コース」
星山三郎「戦時下の英語教育界」『昭和50年の英語教育』大修館書店，1980

福原麟太郎「英語辞書の話」『新英語教育講座』第6巻，研究社，1949
稲村松雄『教科書中心　昭和英語教育史』開隆堂，1986
江利川春雄「英語教科書の50年」『英語教育Fifty』大修館書店，2002
江利川春雄「敗戦占領下の暫定教科書」『日本英語教育史研究』第9号，1994
江利川春雄「文部省著作 Let's Learn English の編集とその周辺―木名瀬信也／中村道子による証言」『日本英語教育史研究』第17号，2002

● 第10章　試験問題の変遷と受験英語

速川和男「英語学習参考書の研究―小野圭次郎」『日本英語教育史研究』第5号，1990
永原敏夫『試験と学修』英語教育叢書10，研究社，1936
田中茂範『データに見る現代英語表現・構文の使い方』アルク，1990
竹内洋『立志・苦学・出世――受験生の社会史』講談社現代新書，1991

● 第11章　世界に誇れる学習英和

吉村昭『黒船』中央公論社，1991，中公文庫，1994
早川勇『辞書編纂のダイナミズム』辞游社，2001
堀孝彦・遠藤智夫『英和対訳袖珍辞書の遍歴』辞游社，1999
岩崎克巳『柴田昌吉伝』一誠堂書店，1935
望月洋子『ヘボンの生涯と日本語』新潮選書，1987
小島義郎『英語辞書物語（上・下）』ELEC，1989
田島伸悟『英語名人河村重治郎』三省堂，1983，1994
柴田徹士・藤井治彦『英語再入門』南雲堂，1985

● 第12章　御雇外国人からALTまで

竹内博『来日西洋人名事典』日外アソシエーツ，1995
髙梨健吉・大村喜吉編『日本の英学100年・明治編』研究社，1968
海老沢有道『日本キリスト教歴史大事典』教文館，1988
村瀬寿代訳著『日本のフルベッキ』洋学堂書店，2003
吉家定夫『日本国学監ディビッド・マレー』玉川大学出版部，1998
平川祐弘『漱石の師マードック先生』講談社学術文庫，1984
A・P・カウイー『学習英英辞書の歴史―パーマー，ホーンビーからコーパスの時代まで』研究社，2003
E. G. ヴァイニング，小泉一郎訳『皇太子の窓』文藝春秋，1953，1989
L. E. Henrichsen: *Diffusion of Innovations in English Language Teaching : The ELEC Effort in Japan 1956-1968* Greenwood, 1989
文部省著作 *Handbook for Team-Teaching*，ぎょうせい，1994
和田稔「AET導入と日本の英語教育」『現代英語教育』1996年9月号，

研究社
●第13章　小学校英語の歴史は古い
松村幹男「高等小学校英語科の意義」『明治期英語教育研究』第8章
江利川春雄「小学校における英語教育の歴史(5)―全体像の把握をめざして」『英語教育史研究』第11号，1996
竹中龍範「わが国における早期英語教育の歴史」『早期英語教育』「英語教育学モノグラフ・シリーズ」，大修館書店，1983
福原麟太郎監修『ある英文教室の100年』大修館書店，1978
野上三枝子「成城学園初等学校における英語教育の歴史」『成城学園教育研究所研究年報　第1集』1978
●第14章　英語教師が読む雑誌
出来成訓監修『英語関係雑誌目次総覧』全12巻＋著者名索引，大空社，1992-94
大村喜吉ほか編『英語教育史資料第4巻・英語辞書・雑誌史ほか』，東京法令出版，1980
出来成訓編『英語教授・復刻版・解説編』名著普及会，1985
『英語の研究と教授・復刻版，総目次・索引』本の友社，1994
『英語教育 Fifty』大修館書店，2002年『英語教育』5月別冊
●第15章　日本人にとって「英語」とは
川澄哲夫編『資料日本英学史2・英語教育論争史』大修館書店，1978
竹中龍範「英語教育・英語学習における目的意識の変遷について」『英学史研究・第15号』1982
茂住實男「ドイツ学振興政策と英学の危機―最初の英語教育廃止論」『日本英語教育史研究・第11号』1996
イ・ヨンスク『「国語」という思想』岩波書店，1996
小林敏宏「森有禮の『脱亜・入欧・超欧』言語思想の諸相」『成城文藝』2001，2002
井上ひさし『国語元年』中央公論社，1985，中公文庫，2002
竹内洋『教養主義の没落―変わりゆくエリート学生文化』中公新書，2003
平泉渉／渡部昇一『英語教育大論争』文藝春秋，1975
森常治「『平泉試案』の社会的背景」『英語教育問題の変遷』「現代の英語教育・1」，研究社出版，1979
船橋洋一『あえて英語公用語論』文春新書，2000
山田雄一郎『言語政策としての英語教育』渓水社，2003
寺沢拓敬『「なんで英語やるの？」の戦後史』研究社，2014

あとがき

　1冊本の英語教育史としては，戦前に櫻井役『日本英語教育史稿』(1936)，戦後に高梨健吉・大村喜吉『日本の英語教育史』(1975)があった。後者が出たころ，筆者は高梨，大村両先生の下で，間もなく閉学になる東京教育大学の『ある英文教室の100年』を編集していた。これが英語教育史関係の仕事の最初だった。

　その後，日本英学史学会に入ったり，同志とともに日本英語教育史学会を立ち上げたりして，4半世紀が過ぎた。その間，英語教育史に関する論文や雑誌記事，別掲のような編著などを出す機会に恵まれた。本書はそれらの材料を基にして改めて書き下ろしたものである。

　初稿には放送英語講座や英習字の章もあったが，紙数の関係で省いた。教員養成制度や教育機器の利用についても当然取り上げるべきであったが，準備不足で割愛した。それでも，独力で通史が書けるはずはなく，同学の諸氏の業績に負う所が多いのはもちろんである。できるだけ典拠を明記するように心がけたが，あるいは失礼した向きがあるかも知れない。また，本文中では敬称を一切省いた。謹んでお許しを乞う。

　3年前，「英語第二公用語化論」が世間を騒がせていたころ，英語教師の立場から反論を書こうと思い立ったが，いつの間にやら話題が立ち消えになり，私の企画も取りやめになった。本書の最終章はその時の原稿を手直ししたものである。

　それではいっそ一般読者にもわかるような英語教育の歴史をまとめてみては，というお話を池田恵一氏からいただいて，本書に

着手した。執筆半ばで，池田氏が社内の異動で編集部を離れることになり，編集の実務は池田菜穂子さんの担当ということになった。原稿の整理から図版の選定，索引の作成にいたるまで，菜穂子さんには親身にお世話をいただき，大変有難かった。

いま日本の英語教育界は一大転換期を迎えており，過去の遺物はパソコンの「削除」よろしく，何もかも一緒くたに「ごみ箱」に捨て去られようとしている。そのような危機感の中で，本書はそれらの遺産をできるだけ具体的に記録にとどめようという試みでもある。

この小さな本を，長年筆者がお世話になった，今年創立80周年を迎えた(財)語学教育研究所と，来年20周年を迎える日本英語教育史学会に捧げる。

2003年9月　　　　　　　　　　　　　　　伊　村　元　道

＊　　　　　＊

〈第4刷を出すにあたって〉

本書を出してから10年の歳月がたった。その間3年ごとに2回版を重ねた。著者としては思っても見なかった喜びである。今回は4年半ぶりの増刷である。

昨年2013年は英語教育界にも新展開があって，久しぶりに議論が沸いた。発端は政府の教育再生実行会議の提言である。英語関係では小学校での英語の教科化と大学入試へのTOEFL活用が反論を呼んだ。英語教師の陣営からは早速「迫り来る破綻」を憂うる本や「ガラパゴスからの脱却」を主張する本が出た。専門家側がいくら「外国語教育の素人が的外れの発言を繰り返していることを大いに遺憾とする」といったところで相手は聞く耳を持たない。この構図は10年前20年前と少しも変わらない。そこで本書にもまだ出番があると思って増刷を快諾した。（2014年1月）

■人名索引

Barnes, A. S. 129
Brebner, Mary 70
Brown, S. R. 70
Clark, W. L. 168
Curme, George 188
Gouin, François 70
Hartshorne, A. C. 249, 250
Houghton, W. A. 174
Hughes, E. P. 249
Jespersen, Otto 70, 188
Marcel, Claude 70
Medley, A. W. 183
Müller, Frank 249
Ollendorff, H. G. 70
Picard, H. 23, 196
Prendergast, Thomas 70
Sewel, Willem 16
Smith, P. A. 222, 249, 250
Swan, Howard 70
Sweet, Henry 70
Sweet, W. E. L. 249
Thomas, A. F. 253
Viëtor, Wilhelm 70
Wyld, H. C. 203

あ

青木常雄 157, 252, 253
赤尾好夫 192
浅田栄次 236
アダムズ, W.（三浦按針） 3, 228
アニアンズ, C. T. 30
天達文子 243
荒井郁之助 199
イ・ヨンスク 263
飯島東太郎 220, 253
イェスペルセン, O. 65, 251

石川啄木 235
石川林四郎 219, 249, 250, 252, 278
石黒魯平 241
石橋幸太郎 241, 254
磯辺弥一郎 248
市河三喜 26, 46, 74, 219, 284
伊藤長七 237, 240, 250
稲村松雄 163, 165
井上毅 105, 264, 265
井上十吉 203
井上哲次郎 201
岩崎民平 26, 163
巖本マーガリート 158
イング, J. 220
ヴァーベック→フルベッキ
ヴァイニング, E. G. 224
ウェブスター, ノア 42
浮田和民 271
内田魯庵 128
内村鑑三 57, 84, 217, 273
ウッド, A. 219
江川泰一郎 27, 30
大岡育造 271
大隈重信 216, 264
オーグルビー, J. 200
太田雄三 175
大塚高信 26, 27, 253
大槻玄沢 33
大村益次郎 262
大和田建樹 60
岡倉天心 218
岡倉由三郎 70, 72, 203, 219, 235, 240,
　　249, 254, 266, 268, 270, 276, 280
緒方洪庵 52
小川芳男 163, 256
荻生徂徠 52
オグデン, C. K. 76
小野圭次郎 183, 187, 192

か

片山寛　220,250
勝海舟　41,81,83,219
桂川甫周　196
加藤周一　282
上條辰蔵　250
川澄哲夫　262,265,270,282
河村重治郎　207,209
神田乃武　178,204
ガントレット，E. G.　220
ガントレット，J. O.　94,220
菊池大麗　55,83,218
岸田吟香　202
北島メリー　242
北吟吉　274
木名瀬信也　162
ギブソン，C.　76
喜安璡太郎　25,129,248
グアン，F.　69
熊本謙二郎　129,249
クラーク W. S.　58,85,218
クラーク W. L.　168
クラーク E. W.　219
クラーク E. B.　220
グリフィス，W. E.　219
黒澤孫四郎　102
ゲルハート，P.　220
ゲルハート，R.　221
小泉八雲　219,223
小島義郎　209
コックス，W. D.　218
古藤晃　191
小西友七　204,210,255
子安峻　199

さ

斎藤秀三郎　24,26,30,47,70,203,249
佐川春水　249

櫻井役　88,103,111
櫻庭信之　168,242,256
サトウ，E.　215
佐藤保胤　241
サピア，E.　251
澤村寅二郎　62
澤柳政太郎　272
サンマース，J.　218
ジェーンズ，L. L.　219
塩谷栄　241,249
宍戸良平　89,112,162
志筑忠雄　19
篠田錦策　240,250,253
柴田徹士　207,210,211
柴田昌吉　199
渋川玄耳　274
渋川敬直　21
島岡丘　49
清水義範　166
下村宏（海南）　275
ジョーンズ，D.　46
神保格　127,142,240,249,250,252
スウィート，W. E. L.　220,249
スウィフト，J. T.　221
杉田玄白　18,52
スコット，M. M.　58,84,217
ストレンジ，F. W.　218
スペイト，E. E.　220
スミス，Sarah　220
スミス，Roy　222
セウェル，W.　12,16,19
ソシュール，F.　68
杉村楚人冠　273

た

高橋五郎　202
竹沢啓一郎　163,165
武信由太郎　202
田島伸悟　208,209

田中茂範　186
田辺洋二　40
ダラス，C. H.　219
チェンバレン，B. H.　70,138,219
チョムスキー，N.　227
津田梅子　85,150,221,249
津田仙　23
坪井信道　52
坪内逍遙　85,218
ディクソン，J. M.　219
デニング，W.　220
寺西武夫　157,241,253
デル・レー，A.　93
戸川秋骨　274
外山滋比古　168,256,283
外山正一　64,70,83,84,137,138,139,
　140,142,143,144,157,174,202
ドレイスプリング　138
トワデル，W. F.　226

な
長岡擴　250
中尾清秋　245
中島文雄　26,168,171,226
中野好夫　169
中野柳圃(志筑忠雄)　19,20,21
中浜万次郎　22,37,41,50,56,80
永原敏夫　186
中村敬　171,212,256,257
中村道子　162
長与専斎　54
夏目漱石(金之助)　86,105,128,214,
　219,223,264
南日恒太郎　178,187,188,191,266
西周(周助)　83,196
新渡戸稲造　58,61,273
野上三枝子　245

は
ハーツホーン，A. C.　221,249
パーマー，H. E.　30,71,75,93,143,
　148,157,165,173,222,250
ハーン，L.　→小泉八雲
パイダー，M.　221
ハウス，E.　218
萩原恭平　163,165
羽鳥博愛　168,256,257
馬場佐十郎　20
原仙作　187,189
ハリス，T.　41,83,215
平泉渉　282,284
平川唯一　47
広瀬淡窓　52
フィエトル，W.　68,69,70
フェノロサ，E.　216,218
福沢諭吉　40,52,54,83,125,262,264
福永恭助　273
福原麟太郎　167,168,240,252,254,
　280,283
藤村作　274,275,277,281,283
プライス，R. H.　224
ブラウン，S. R.　59,70,215
フリーズ，C. C.　72,74,75,226
ブリッジス　243,244
ブルームフィールド，L.　251
フルベッキ，G. F.　84,216
プレンダーガスト，Th.　59
ブロムホフ，J. C.　10,11,16
ヘボン，J. C.　201,215
ベルリッツ，M. D.　69
帆足理一郎　276
ホートン，W. A.　174,218
ホーンビー，A. S.　30,94,114,223,
　226,251
細江逸記　30
堀孝之　199
堀達之助　38,196
堀越亀之助　199

ま

マーチン，J. V. 223
マードック，J. 220
マクドナルド，R. 34,35,36,37
増田藤之助 247
町田則文 55
マッケロウ，R. 220
松平康英 5
杢田與惣之助 250
マレー，L. 21
三浦按針（アダムス） 3,228
三上参次 279
宮内秀雄 168,171
宮田幸一 28,255
ミュラー，F. 222,249
村井知至 183,271
村田蔵六→大村益次郎
村田祐治 62,250
メドハースト，W. H. 196
メドレー，A. W. 183,220
モース，E. S. 216,218
本木正栄 10,11,12,14,16,35,40
森有礼 85,104,216,234,263,284
森一郎 192,194
森常治 266,284
森山栄之助（のち多吉郎） 34,37,38
モルレー（マレー），D. 70,216,217,263

モンク，A. 220

や

矢田部良吉 142
山崎貞 25,182,183,191
吉雄永保 14,20
吉沢美穂 77

ら

リチャーズ，I. A. 76
ロイド，A. 219
ローソン，E. A. 225,226
ロプシャイト 201
ロレンス，J. 26,219

わ

ワイコッフ，M. 219
若林俊輔 49,171,256,257,258
脇屋督 237
渡部昇一 227,284
渡辺藤一（登士） 255
渡辺半次郎 249,250,253
ワットキン，R. G. 220

■書名索引

Bulletin of the Institute for Research in English Teaching 250, 251
Century Dictionary 203
COD 43, 203
Dictionary of Idiomatic English Phrases 219
DUO(英単語集) 194
Education in Japan(森有礼) 285
Elementary Catechisms, English Grammar 22
English Grammar, adapted to the different classes of learners 21
English Journal 260
English Pattern Practices(ミシガン) 170
English Pronouncing Dictionary(ジョーンズ) 46
English Reader: The High School Series(デニング) 219
English Teachers' Magazine 221
English Through Pictures(GDM) 76
First Six Weeks of English(パーマー) 93
Globe Readers 167
Grammar of the English Language for Japanese Students 218
History of Japan(マードック) 220
How to Teach a Foreign Language(イェスペルセン) 65, 70
Idiomatic and Syntactic English Dictionary 223
Jack and Betty 163, 166
Junior Crown English Course 168
Kanda's English Readers 152
King's Crown Readers 151, 152
Korte Wegwyzer der Engelsche Tale 16
Language as a Means of Mental Culture and International Communication 70
L'art d'enseigner et d'etudier les langues(グアン) 70
Let's Learn English 91, 160
Mastery of Languages 70
Method of Teaching Modern Languages in Germany 70
Mombushō Conversational Readers 144
Mombushō English Readers for Elementary Schools 236
Natural Method for English Teaching 244
New Method of Learning to Read, Write, and Speak a Language in Six Months 70
New Monbusyō English Readers for Elementary Schools 158, 238
New Pocket Dictionary of the English and Dutch Languages 196
OED 203, 220
Outline of English Phonetics(ジョーンズ) 46
Oxford Advanced Learner's Dictionary 223
POD 43, 168
Practical Study of Languages(スウィート) 70
Prendergast's Mastery System, Adapted to the Study of Japanese or English 70
Pronouncing Dictionary of American English(ケニヨン・ノット) 48
Random House Dictionary 203
Road to English 163
Sprachunterricht muss nmkehren!

(フィエトル) 68,70
Standaed English Readers(パーマー) 143
Thinking in English(パーマー) 144
Universal English Dictionary 203
World through English 163

あ

アート英作文 183
ある受験生の手記 177
アンカー英和 207,210,211,213
諳厄利亜興学小筌 10,12,14,16
諳厄利亜語林大成 14,16,36,195
英吉利文典 22,55,83
井上英和大辞典 203
ウィルソン・リーダー 60,126
ウェブスター辞書 41,42,43,85,200,204
海の祭礼(吉村昭) 36
永遠のジャック&ベティ 166
英華字典 196,201
英語(国定教科書) 153,158,162
英語学辞典(市河) 26
英語科処分の論争に就いて 277
英語科廃止の急務 274
英語基本単語熟語集 192
英語教育(雑誌) 28,49,221,227,254,256
英語教育(岡倉) 70,266
英語教育ジャーナル 258
英語教育シリーズ 75
英語教育大論争 284
英語教育に関する文部法規 103
英語教育の目的と価値 280
英語教育論(福原) 281
英語教授(雑誌) 70,249,252,254
英語教授法(外山) 70,137,139
英語研究(雑誌) 248
英語再入門 211

英語青年 28,130,248,278,280
英語追放論 273
英語展望 260
英語と日本人 175
英語の研究と教授 252,254,256
英語の単語(小野圭) 192
英語の日本 248,249
英語発音学(マッケロウ) 220
英語発音辞典(市河) 46
英国風物談 220
英語名人 河村重治郎 208
英語を学ぶ人々の為に 240
英単語ターゲット1900 194
英文解釈研究(山貞) 182
英文解釈法(南日) 177,178,179,180
英文鑑 21
英文直読直解法 62
英文の解釈(小野圭) 183,186
英文標準問題精講 187
英文法解説 27,30
英文法研究(市河) 26
英文法シリーズ 26,28
英文和訳法(南日) 178,180
英米対話捷径 38,56
英和対訳辞書(開拓使) 199
英和対訳袖珍辞書 83,195,199,201
英和対訳袖珍辞書の遍歴 197
絵を使った文型練習 78
オーグルビーの辞書 200
和蘭字彙 196
オランダ風説書 6,7,9

か

外国語教授新論(岡倉) 235
外国語最新教授法(岡倉訳) 71
外国語問題(浮田) 271
改正増補英和対訳袖珍辞書 199
改正増補和訳英辞書 198,199
解体新書 18,52

学習辞典にモノ申す 213
学生英和(河村) 207
カッケンボス(Quackenbos)英文典 24
カムカム英語会話 47
看板の英語と中学の英語 274
教育の独立(大岡) 271
教科書を使いこなす工夫 78
教壇の英文法 29,255
クエスチョン・ボックス 28,29,249,255
クラウン英和辞典 205,207
グループ・メソッド 62
黒船(吉村昭) 196
ケニヨン・ノットの発音辞典 48
言語教育は転換せざるべからず！ 68
現代英語教育 191,213,256
高校英語研究(雑誌) 183
皇国(グリフィス) 219
皇太子の窓 225
高等科英語(教科書) 158,238
語学教育(雑誌) 252
語学養成法(漱石) 86,105,264
国語元年(井上ひさし) 263

さ

最新外国語の学習と教授 237
最新コンサイス英和辞典 48
三省堂英和大辞典 203
試験と学修 186
試験にでる英単語 193
自修英文典(山貞) 25
実用英文典(斎藤) 24
ジャック・アンド・ベティ物語 166
ジャンル別英文読解以前・長文解法編 191
袖珍コンサイス英和辞典 46
熟語本位英和中辞典 47,203
松香私志(長与) 54

小学校各科教授法 236
ジョーンズの発音辞典 46,48
新英英大辞典 94,223
新英語教育(雑誌) 259
新英語教育講座 163
新英和大辞典 48,203
新クラウン英和辞典 207,209
信州の旅から－英語の義務教育化に対する疑問 282
新和英大辞典 203
スウィントン(Swinton)の英文典 24
スペリング・ブック(綴字書) 42,43
正則文部省英語読本 110,128,139,142,147
増訂華英通語(福沢) 40

た

大英和辞典(冨山房) 203
大正増補・和訳英辞林 43,199
武信和英大辞典 202
中外英字(雑誌) 248
中学校英語科全廃論 281
中学校に於ける英語教育の拡張 271
中等学校英語科問題 278
ヅーフ・ハルマ(辞書) 54
哲学字彙 201
鉄道唱歌 60
データに見る現代英語表現・構文の使い方 186
当世書生気質 85

な

ナショナル・リーダー 44,110,128,129,136,137,141,143,146
ナショナル第四読本研究 130
何を恐るゝか日本 274
難問分類英文詳解(南日) 178,266
日本英学新誌 247

日本口語文典　219
日本事物誌　138,219
ニュー・クラウン　171
ネスフィールド(Nesfield)の英文法
　24

は

ハリス日本滞在記　41,215
ピネオ(Pinneo)の英文典　24,60
頻出英語長文解法40講　189
附音挿図英和字彙(柴田)　199
福翁自伝　41,54,262
ブレティン　250,251
米国語を追払え　273
ペリー遠征日誌　37

ま

模範英和辞典　203
文部省英語読本　219

や

訳読と翻訳(澤村)　63

ら

蘭学階梯　33
蘭学事始　18,52

わ

和英語林集成　201
和英商売対話集(本木昌造)　40

■事項索引

ALT(外国語指導助手) 124,228, 231,246
ASTP(アメリカ陸軍外国語訓練計画) 168,231
BASIC English 76
BETS(英国人英語指導教員) 3,228
CIE(民間情報教育局) 93,94,162
ELEC(日本英語教育研究委員会,のち英語教育協議会) 72,75,113, 226,227,283
GDM(Graded Direct Method) 76
JALT(全国語学教育学会) 228
JET Program 228,231,246
JTE(Japanese Teacher of English) 231
MEF(文部省イングリッシュ・フェロー) 227,229
Reader System(パーマーの) 148
Realien(風物教授) 71
SEN-SIT(GDM) 77
TOEFL(Test of English as a Foreign Langnage) 124,286
TOEIC(Test of English for International Communication) 124,194
YMCA teachers 221,249

あ

青山女学院 221
アメリカ英語(米語) 47,161,224
アメリカ教育使節団 91,162,242
按針会 3,228
一種検定 152
インフォーマント(情報提供者) 230
ウェブスター式の発音区別符号 43, 44,46,200
英学 247,262,265

英検(実用英語技能検定) 124,174, 286
英語が使える日本人 230,285
英語教育改善協議会 284
英語教育協議会(ELEC) 75
英語教育目的論 261,266
英語教員大会 250,271
英語教授研究所 73,93,157,222,241, 250
英語教授研究大会 74,223
英国人英語指導教員(BETS) 228
英語指導主事助手 227
英語存廃論 81,261,275
英語第二公用語化論 263,284
英問英答 73,74,75,141
オーディオ・リンガル教授法 67,72, 75,78
オーラル・アプローチ 30,72,75,227
オーラル・イントロダクション(口頭導入) 73,74,79
オーラル・コミュニケーションA・B・C 31,100
オーラル・メソッド 72,75,149,161, 162,223,242,250
御雇外国人 84,216,229
オランダ商館 4,7
オランダ通詞 8,9,10,17,18

か

外国語指導助手 228,229
外国(輸入)読本 137,138
開成学校 82,84
開成所 82,83,125,173,195
開成所・開成学校 57,82
会読 52,53,55
概念・機能シラバス 113
概要・要点 99
科学文法 26,27
学習活動 97,98,109,112,119

学習辞典　205, 207
学習指導要領の告示　97
学習指導要領の法的拘束力　97
学習指導要領の目標　101
学習指導要領(試案)　91, 97, 112
学習文法　30
革新教授法　69, 79
学制(明治5年)　88, 104, 217
学年指定　109, 113, 171
加設率　234, 235, 236, 237
学校巡回訪問(one shot visit)　229
学校文法　25, 27, 30
カナ表記(発音の)　49, 50
ガリオア留学　225
漢字語　263
漢文訓読法　39, 52, 56
咸臨丸　41
基礎・基本　98
機能語　119, 203
客観テスト　173, 174, 187
教育的価値　268, 279
教育令　88, 239
教員養成　217
教科書検定　97, 113, 125
教科書無償法　171
教科調査官　89, 112, 162
教授要目　88, 104, 109, 111, 128
教養英語論　168, 269, 280, 283
教養価値　276, 277, 279, 280
教養派　168, 187, 192, 283, 286
グアン・メソッド　68
句読教授　82
熊本洋学校　219
訓詁注釈　61, 64
慶応義塾　52, 55, 60, 127
言語活動　98, 109, 112, 119
言語学習の5段階　75
言語習得の5習性　75
言語の使用場面　121
言語の働き(機能)　121

検定強化　113, 168, 171
検定教科書　118, 123, 125, 153
広域採択制度　171
構造言語学　30, 74, 79, 227
高等科(小学校の)　87, 158, 233
行動主義心理学　74
高等小学校　235
高等女学校　87, 151, 281
コース(教科書)　143, 144, 157, 168
語学教育研究所　74, 93, 157, 222, 224,
　226, 243, 245, 250
語学指導などを行う外国青年招致事業
　(JETプログラム)　228, 231, 246
国際音声学協会　46, 68
国際理解　98, 246
国定教科書　152, 158
個人的改革者　69
『ことば』としての英語　95
5文型　25, 30, 114
コミュニケーション　31, 90, 98, 113,
　119, 121, 123, 205, 231
コントラスト(対立)　76, 225

さ

在日外人教師の会　220, 224
札幌農学校　58, 85, 218
暫定教科書　159
サンマー英語学校　218
GDM英語教授法研究会　77
実践的コミュニケーション能力　31,
　73, 100, 111, 121, 172
実用的価値　268, 276, 280, 283
実用派　187, 283, 286
師範学校　87, 281
習慣形成理論　68, 79
週3時間　99, 103, 107, 108
授業時数　103, 109
受験英語　173, 177, 265, 284
受信型　172

小学校の英語　233,234,246
小学校部会(語研の)　245
湘南プラン　74,223
ジョーンズ式発音表記　48
助語　19
女子英学塾　150,221
新英語教育研究会　259
随意科(選択)　107,151,234,239,273,276,279,281
墨塗り教科書　159
成城小学校・成城学園初等学校　243
精選　98,113,157
正則　57,59,61,69,84,138
正則英語学校　70,249
生徒同士の対話(P-P dialog)　76
青年会英語教師　221,222,249
設問形式　190,191
線画(stick figure)　77
全国語学教育学会(JALT)　228
総合的な学習の時間　233,246
素読　52,53

た
第一高等中学校　175
大学南校・南校　57,82,84,216
大学予備門　58,84,86
チャート　170,225
長文読解　190,191
直接教授法　244
直訳　129,177
ティーム・ティーチング　226,229,231
帝国大学　82,84,86,218
適塾　53
独逸学協会学校　264
東奥義塾　220
東京英語学校　84
東京外国語学校　84,220
東京教育大学　254,256

東京教育大学外国語研究施設　242
東京高師附属小学校　239,242
東京高師附属中学校　73,129,136,142,157,240
東京高等師範学校　71,157,220,240
東京高等師範学校英語部　278
(東京)師範学校　217,239
東京女子大学　221
東京専門学校　84,264
東京大学　82,85,174,217,218
東京大学附属中学校　225
東京文理科大学　252
東北学院　220
督学官　88,103
読書力の養成　269,270,279
読本　30,71,99,148

な
長崎通詞　17,20,31,83
長崎出島　4,6,7
長崎奉行　4,8
21世紀日本の構想(懇談会)　284
日経連(日本経営者連盟)　283
日本英語検定協会(STEP)　245
日本児童英語教育学会(JASTEC)　245
入門期　93,144,157
認知学習理論　79
ネイティブ・スピーカー　34,194,230

は
パーシング(文の解剖)　23,58,188
排日移民法　272,273
パタン・プラクティス(文型練習)　75,76,98,227
発音記号　46,112,220
発信型　172
場面　121

場面シラバス　113,172
蕃書調所　81,82,83
反復練習　139,141,281
独案内　56,129,177
品詞分類　21
フェートン号事件　3,5,7,10,19,34
フェリス女学校　221
フォニックス(phonics)　42,244
福島プラン　74,223,252
フルブライト教員招致計画　225
フルブライト助手招聘制度　227
分科(英語科の)　90,111,148
文化教養説(岡倉)　269
文型・文法事項　114,119,172
文型練習　30,75,143
文法・翻訳教授法　65,67,68,69
文法・訳読式　20
文法シラバス　98,113,119,147,172
ヘボン式ローマ字　202
ペリー来航　37,81,232
ベルリッツ・メソッド　68,70
変則　57,59,60,61,84
北星女学校　220
北海道開拓使　85,199
翻訳院(あるいは翻訳局)　262,263,271,275,280

ま

マスタリー・システィム　59,70,215
ミシガン・メソッド　225,226
民間情報教育局(CIE)　93,94,162
文選読み　57
文部省小学読本　126
文部省必修語　113,118

や

訳読　51,53,61,64,83,143
役に立つ英語　113,283
洋書調所　82
容認発音(ジョーンズ)　46
用例(辞書の)　204,208,209

ら

ラトガース大学　216,219
蘭学　18,262
リーダー(読本)　143,144,161,168
リーダビリティ(読みやすさ)　136,146
リーフデ号　3
羅馬字会　202
六斎の会読　53

[著者略歴]

伊村元道（いむら　もとみち）
1935年生まれ，静岡県藤枝市出身。東京教育大学英文科卒。
玉川大学教授，拓殖大学大学院客員教授，（財）語学教育研究所所長，日本英語教育史学会会長などを歴任。
○英語教育史関係主要著作
『ある英文教室の100年』（共著，大修館書店，1978）,『昭和50年の英語教育』（共著，大修館書店，1980）,『英語教育の歩み』（共著，中教出版，1980）,「日本の英語受容・教育史」『英語の常識百科』（共著，研究社出版，1988）,「昭和時代の英語教育」『ECOLA 英語科教育実践講座第17巻』（ニチブン，1992）,『財団法人語学教育研究所　七十周年記念誌』（語学教育研究所，1994）,『パーマーと日本の英語教育』（大修館書店，1997）, The Selected Writings of Harold E. Palmer（共編，本の友社，1995）

英語教育21世紀叢書
日本の英語教育200年
© Motomichi Imura, 2003　　　　　NDC 375/x, 309p/19cm

初版第1刷──2003年10月20日
第5刷──2016年9月1日

著者────伊村元道
発行者───鈴木一行
発行所───株式会社大修館書店
　　　〒113-8541　東京都文京区湯島2-1-1
　　　電話03-3868-2651（販売部）　03-3868-2293（編集部）
　　　振替00190-7-40504
　　　［出版情報］http://www.taishukan.co.jp

装丁者────中村愼太郎
印刷所────文唱堂印刷
製本所────難波製本

ISBN978-4-469-24486-1　Printed in Japan
Ⓡ本書のコピー，スキャン，デジタル化等の無断複製は著作権法上での例外を除き禁じられています。本書を代行業者等の第三者に依頼してスキャンやデジタル化することは，たとえ個人や家庭内での利用であっても著作権法上認められておりません。